古代歷史文化 研究輯刊

二七編

王明蓀 主編

第 1 冊

《二七編》總目

編輯部編

先秦文物中的神話歷史

宋亦簫 著

國家圖書館出版品預行編目資料

先秦文物中的神話歷史／宋亦簫 著 -- 初版 -- 新北市：花木
蘭文化事業有限公司，2022〔民 111〕
目 4+260 面；19×26 公分
（古代歷史文化研究輯刊 二七編；第 1 冊）
ISBN 978-986-518-769-9（精裝）
1.CST：中國神話 2.CST：歷史 3.CST：文物研究
618　　　　　　　　　　　　　　　　　110022103

ISBN-978-986-518-769-9

9 789865 187699

古代歷史文化研究輯刊
二七編 第 一 冊　　　　　　ISBN：978-986-518-769-9

先秦文物中的神話歷史

作 者	宋亦簫	
主 編	王明蓀	
總 編 輯	杜潔祥	
副總編輯	楊嘉樂	
編輯主任	許郁翎	
編 輯	張雅淋、潘玟靜、劉子瑄　美術編輯　陳逸婷	
出 版	花木蘭文化事業有限公司	
發 行 人	高小娟	
聯絡地址	235 新北市中和區中安街七二號十三樓	
	電話：02-2923-1455／傳真：02-2923-1452	
網 址	http://www.huamulan.tw 信箱 service@huamulans.com	
印 刷	普羅文化出版廣告事業	
初 版	2022 年 3 月	
定 價	二七編 13 冊（精裝） 台幣 38,000 元	

《二七編》總目

編輯部　編

《古代歷史文化研究輯刊》
二七編　書目

先秦歷史文化研究專輯

第 一 冊　宋亦簫　先秦文物中的神話歷史
第 二 冊　張龍鳳　戰國趙國歷史地名考證

魏晉南北朝歷史文化研究專輯

第 三 冊　王　萌　北魏軍鎮及軍鎮職官考──以正史文獻與墓誌為中心的探討（上）
第 四 冊　王　萌　北魏軍鎮及軍鎮職官考──以正史文獻與墓誌為中心的探討（下）

隋唐五代歷史文化研究專輯

第 五 冊　董文陽　唐代嶺南國家化進程研究
第 六 冊　曾育榮　五季宋初史論探（上）
第 七 冊　曾育榮　五季宋初史論探（中）
第 八 冊　曾育榮　五季宋初史論探（下）

區域史研究專輯

第 九 冊　徐華龍　中國海洋文化

佛教歷史文化研究專輯

第 十 冊　潘秀英　中國書院發展與佛教的關係

道教歷史文化研究專輯

第十一冊　薛中華　道教辟穀文化研究

藝術史研究專輯

第十二冊　楊舒逸　督陶榷使唐英之研究
第十三冊　蔡麗惠　清代翡翠裝飾用玉分析──以文獻、種類與功能為中心

《古代歷史文化研究輯刊》二七編
各書作者簡介・提要・目錄

第一冊　先秦文物中的神話歷史

作者簡介

宋亦蕭，湖北蘄春人，歷史學博士。華中師範大學歷史文化學院教授、博士生導師。主要從事早期東西文化交流史、藝術考古、神話學、文化遺產等研究。出版專著《青銅時代的東西文化交流》《早期東西文化交流研究》《楚文化中的域外文化因素研究》等 3 部，在《西域研究》《華夏考古》《殷都學刊》《美術研究》《民族藝術》等期刊發表學術論文 50 餘篇。先後獲得國家社會科學基金 2 項（包括「冷門絕學」研究專項 1 項）。近期致力於早期東西文化交流背景下的中外神話、藝術交流研究，並著手探索早期外來文化與中華文明起源和發展的關係問題。

提　要

本書討論了先秦文物中的圖像和造型等所蘊含的神話歷史內容。因為作為元歷史的神話，是歷史發生的敘述性動力機制。研究神話歷史，就是要研究文化大小傳統中的文化文本及其編碼程序。全書內容分為三編，分別是崑崙神話歷史、鯀禹神話歷史和其他文物圖像或造型中的神話歷史。

重新解讀了新石器時代至夏商時期的崑崙神山特別是象徵崑崙的器物刻畫符號和造型，提出了全新的崑崙神話歷史觀。即崑崙這一外來的神話意象，影響及於早期中國的眾多族群，揭示了中外之間久遠的神話和文化交流景

象。解讀了良渚文化神徽和玄武的龜蛇形象，指出它們分別是大禹騎龜和伯鯀與其妻修己的形象。並通過新發現的遂公盨銘有關大禹治水傳說，進一步討論了大禹的神話歷史。一方面呼應了 20 世紀上半期古史辨派學者們對鯀禹神話的討論，另一方面則用更多物證勾連了中外神話和文化之間的廣泛交流。重新解讀了禮玉六器、玉璇璣、楚鎮墓獸、西王母、戰國人物御龍帛畫等文物和人物的少有人知的內涵，讓我們首次領略到了這些先秦文物中的神話歷史意蘊和體現出的早期東西文化交流現象。

對先秦中國這些極富特點又撲朔離迷的文物藝術品所做的全新解讀，會對先秦史、先秦藝術史和早期中外文化交流史研究產生一定影響。

目　次

前　言 ……………………………………………………………………… 1

上編　崑崙神話歷史 …………………………………………………… 7

第一章　崑崙山新考 …………………………………………………… 9

一、崑崙山是世界崑崙神話中的神山 ……………………………… 10

二、崑崙神話最先進入陝甘交界地區和山東地區 ……………… 11

三、中國境內有多處崑崙山 …………………………………………… 16

四、崑崙的內涵及影響 ………………………………………………… 25

第二章　大汶口文化和良渚文化刻符中的崑崙形象 …………… 31

一、崑崙山與崑崙丘（崑崙虛） …………………………………… 33

二、大汶口文化和良渚文化刻符中的崑崙形象 ………………… 36

三、同時代的其他崑崙形象、泰山神話及其他外來文化 …… 43

第三章　大汶口文化立鳥神器為崑崙模型說 …………………… 49

一、崑崙之特性 …………………………………………………………… 51

二、立鳥神器與崑崙之比較 …………………………………………… 52

三、大汶口文化和良渚文化中的其他崑崙形象 ………………… 54

四、立鳥神器之功能 …………………………………………………… 55

第四章　論玉（石）琮為崑崙之象徵 …………………………… 57

一、崑崙之特性 …………………………………………………………… 58

二、玉琮的特徵符合崑崙特性 ……………………………………… 60

三、以龜為中介勾連起玉琮和崑崙 ……………………………… 63

四、琮的起源和功能 …………………………………………………… 66

第五章　夏商考古遺存中的亞形造型起源及其內涵探索 ⋯⋯⋯⋯ 69

　一、夏商考古遺存中的亞形造型 ⋯⋯⋯⋯⋯⋯⋯⋯⋯⋯ 70

　二、域外的同類造型 ⋯⋯⋯⋯⋯⋯⋯⋯⋯⋯⋯⋯⋯⋯ 74

　三、中外的亞形造型內涵 ⋯⋯⋯⋯⋯⋯⋯⋯⋯⋯⋯⋯ 77

　四、中外亞形造型的關係及它的起因試析 ⋯⋯⋯⋯⋯⋯ 78

中編　鯀禹神話歷史 ⋯⋯⋯⋯⋯⋯⋯⋯⋯⋯⋯⋯⋯⋯⋯⋯ 83

第六章　良渚文化神徽為「大禹騎龜」說 ⋯⋯⋯⋯⋯⋯⋯⋯ 85

　一、神徽之獸面乃龜形 ⋯⋯⋯⋯⋯⋯⋯⋯⋯⋯⋯⋯⋯ 88

　二、鯀、禹的天神性及其與龜之關係 ⋯⋯⋯⋯⋯⋯⋯⋯ 89

　三、良渚文化與夏文化之關係及越地的大禹傳說 ⋯⋯⋯ 94

　四、西亞創世神話與鯀、禹之關係及良渚文化中的外來文化 ⋯ 97

　五、玉禮器上刻「大禹騎龜」神徽之功能 ⋯⋯⋯⋯⋯⋯ 102

第七章　「玄武」龜蛇形象的神話解讀 ⋯⋯⋯⋯⋯⋯⋯⋯⋯ 107

　一、中國及其他古文明區龜、蛇的神話 ⋯⋯⋯⋯⋯⋯⋯ 108

　二、西亞創世神話對鯀、禹神話的影響 ⋯⋯⋯⋯⋯⋯⋯ 112

　三、玄武龜蛇形象的由來 ⋯⋯⋯⋯⋯⋯⋯⋯⋯⋯⋯⋯ 115

　四、玄武的生殖象徵 ⋯⋯⋯⋯⋯⋯⋯⋯⋯⋯⋯⋯⋯⋯ 116

第八章　《天問》中的鯀禹故事與近東開闢史詩 ⋯⋯⋯⋯⋯⋯ 121

　一、《天問》中的鯀禹故事 ⋯⋯⋯⋯⋯⋯⋯⋯⋯⋯⋯⋯ 122

　二、近東開闢史詩與鯀禹故事之關聯 ⋯⋯⋯⋯⋯⋯⋯⋯ 126

第九章　大禹神話及其在晴川閣的傳說 ⋯⋯⋯⋯⋯⋯⋯⋯⋯ 133

　一、大禹研究現狀 ⋯⋯⋯⋯⋯⋯⋯⋯⋯⋯⋯⋯⋯⋯⋯ 133

　二、鯀禹故事是神話而非信史 ⋯⋯⋯⋯⋯⋯⋯⋯⋯⋯⋯ 135

　三、鯀禹神話受到了近東神話的影響 ⋯⋯⋯⋯⋯⋯⋯⋯ 137

　四、晴川閣的大禹傳說遺存及大禹文化 ⋯⋯⋯⋯⋯⋯⋯ 141

第十章　遂公盨銘所反映的大禹及其神話歷史 ⋯⋯⋯⋯⋯⋯ 145

　一、對遂公盨銘所載大禹故事的主要觀點及評價 ⋯⋯⋯ 146

　二、遂公盨銘大禹故事體現出來的當時人對神、人關係的認知 ⋯ 149

　三、從神話學和考古學角度對大禹身份的認識 ⋯⋯⋯⋯ 150

下編　其他文物圖像或造型中的神話歷史 ⋯⋯⋯⋯⋯⋯⋯⋯ 155

第十一章　禮玉「六器」的陰陽性別及與四神的關聯 ……………157
　一、六器的陰陽性別 …………………………………………158
　二、六器與四神的關聯 ………………………………………168
第十二章　玉璇璣為中央天區、天門及北極星神象徵說 …………175
　一、玉璇璣之「肉」、牙、齒及旋轉之形的象徵 …………176
　二、玉璇璣之「好」及璇璣整體的象徵 …………………181
　三、玉璇璣的功能 ……………………………………………184
第十三章　楚「鎮墓獸」功能新解 …………………………………187
　一、研究現狀 …………………………………………………187
　二、楚「鎮墓獸」形制發展 ………………………………190
　三、楚「鎮墓獸」三個部分寓意分析 ……………………193
　四、對前人觀點的剖析 ………………………………………196
第十四章　西王母的原型及其在世界古文明區的傳衍 ……………201
　一、西王母的神格 ……………………………………………202
　二、西王母的原型是西亞神話中的大母神和金星神伊南娜－易士塔兒 ·210
　三、伊南娜－易士塔兒神格在世界古文明區的傳衍 ……216
　四、金星神神格傳至古代中國演化出的其他女神形象 …219
　五、金星神與月神有部分神格及特徵混同的現象 ………222
第十五章　戰國《人物御龍帛畫》為「湘君乘龍車」論 …………225
　一、《人物御龍帛畫》與《九歌‧湘君》之「湘君乘龍車」神話比較 …226
　二、黃帝乘龍車及世界神話中的土星神乘龍車神話 ……230
　三、湘君御龍帛畫的功用 ……………………………………235
參考文獻 …………………………………………………………………237
附錄：行走在多學科結合研究古典文明的道路上 …………………245
後　記 ……………………………………………………………………259

第二冊　戰國趙國歷史地名考證

作者簡介

　　張龍鳳，女，漢族，1981 年 3 月生於內蒙古包頭市，博士畢業於北京大學城市與環境學院，現為內蒙古大學歷史與旅遊文化學院講師。主要研究方向為歷史人文地理。參編《北京宣南歷史地圖集》，在《中國歷史地理論叢》、《北方文物》等期刊上發表學術論文數篇。

提　要

　　本書第一章闡述了戰國趙國的疆域變遷。這一部分首先追溯了趙國建國前的趙氏領地，再以磨笄山為切入點探討了代域問題；接著分析了從趙敬侯到趙惠文王時期的趙國疆域的擴展過程，後面討論了長平之戰對趙國政治地理格局的影響以及疆域的萎縮直至趙國滅亡。第二章共整理出 200 多個趙國地名，並進行了細緻地考證，所利用的史料，包括《史記》、《戰國策》、《漢書・地理志》、《後漢書・郡國制》、《宋書・州郡志》、《晉書・地理志》、《魏書・地形志》、《水經注》、《括地志》、《元和郡縣圖志》、《太平寰宇記》、《元豐九域志》、《輿地廣記》、《大元一統志》、《大明一統志》、《大清一統志》，《讀史方輿紀要》、《方輿考證》、《戰國策釋地》、《國策地名考》等，並結合古文字、地方志等資料。隨著考古資料的不斷發現以及對文獻的深入解讀，趙國地名研究的一些結論被確證、但仍有部分闕疑，故需給予持續的關注。地名考證是戰國趙國歷史地理研究中一項非常重要的基礎工作，希望本書能為學界同仁搭建了一個共同探討的平臺，共同推動該項研究。

目　次

序　張久和

第一章　趙國疆域變遷 …………………………………………………………1
　一、趙襄子建國前的趙氏領地 ………………………………………………1
　二、趙國初期的疆域拓展 …………………………………………………10
　三、趙敬侯至趙肅侯時期——從向中原擴張到收縮 ……………………22
　四、趙武靈王和惠文王時期——由「屏南拓北」轉為南進 ……………31
　五、長平之戰與趙國的政治地理格局 ……………………………………42
　六、趙國疆域的萎縮 ………………………………………………………47
第二章　趙國地名考證 ………………………………………………………49
參考文獻 ………………………………………………………………………181
後　記 …………………………………………………………………………203

第三、四冊　北魏軍鎮及軍鎮職官考——以正史文獻與墓誌為中心的探討

作者簡介

　　王萌，男，漢族，內蒙古包頭市人。現任職於內蒙古大學歷史與旅遊文

化學院歷史系，從事秦漢史、魏晉南北朝史、魏晉南北朝碑刻研究。2007 年 8 月考入吉林大學古籍研究所，師從張鶴泉先生研習秦漢史，2009 年 6 月畢業；同年 8 月，師從碩導恩師研治魏晉南北朝史，2012 年 6 月畢業，獲中國古代史博士學位。目前發表學術論文、會議論文共 6 篇，出版專著 3 部。申請、承擔 2014 年內蒙古自治區哲學社會科學規劃基金項目，項目名稱：北魏北部邊疆與民族政策研究；項目批准號：2014C117；此項目已結項，結項證書編號：1214089。

提 要

本書以北魏軍鎮為研究主線，將正史文獻、墓誌、地方志充分結合，洞悉北魏軍鎮設置及其分布位置；立足自然因素，透視北魏軍鎮防禦體系規劃布局；通過對散佈於文獻、墓誌中的北魏軍鎮職官史料的詳細梳理，構建完整的軍鎮軍政機構；通過探究北魏軍鎮鎮將的族屬與家世出身的多元化，揭示北魏統治者在鎮將選任上的「不拘一格降人才」，闡述北魏軍政權力結構建立在胡漢族群的廣泛社會基礎上，進而使得北魏軍鎮鎮將群體在較長時間內能保持活力與銳意進取之生機；立足自然與人為因素，洞察北魏軍鎮盛衰之原因。

目 次

上 冊

序 王紹東

前 言 ………………………………………………………………………1

第一章 正史文獻與墓誌所見北魏軍鎮 ……………………………………11

  第一節 北方地區軍鎮 …………………………………………………13

  第二節 東部地區軍鎮 …………………………………………………63

  第三節 南部地區軍鎮 …………………………………………………76

  第四節 西部地區軍鎮 …………………………………………………116

  第五節 方位暫不可考之軍鎮 …………………………………………137

    附論 1 存疑之軍鎮 …………………………………………………140

下 冊

第二章 自然因素對北魏軍鎮防禦體系規劃布局的影響——以北部邊疆軍鎮防禦體系為中心 …………………………………………167

第一節　自然因素對古代軍事攻防之影響 …………………167

第二節　北部邊疆軍鎮地帶在北魏時期的戰略地位及變化 …………198

第三章　北魏軍鎮機構考論 …………………………………205

　　一、鎮將 ………………………………………………………205

　　二、鎮將下屬職官 …………………………………………206

第四章　北魏軍鎮鎮將族屬與家世出身、仕宦發展 …………215

　　一、北魏時期軍鎮鎮將族屬情況分析 ……………………266

　　二、北魏時期軍鎮鎮將家世出身情況 ……………………280

　　三、北魏軍鎮鎮將的仕宦發展 ……………………………288

　　附論 2　北魏軍鎮集團的權力結構——元深對道武至孝明八朝軍鎮

　　　　　　權力構成的闡釋 ………………………………294

第五章　北魏軍鎮盛衰的原因——以邊疆軍鎮為中心的考察 …………309

第一節　北魏邊疆形勢的變化 ………………………………309

第二節　北魏國家實力的演變 ………………………………317

第三節　北魏統治重心的遷移 ………………………………321

第四節　軍鎮機構由精練到漸趨繁冗 ………………………326

第五節　自然環境因素 ………………………………………327

結　語 ……………………………………………………………331

參考文獻 …………………………………………………………335

後　記 ……………………………………………………………345

第五冊　唐代嶺南國家化進程研究

作者簡介

　　董文陽，男，1990 年生，漢族，安徽省滁州市人。先後就讀於安徽師範大學（本科）、安徽大學（碩士）。2016 年考入華東師範大學，師從牟發松先生攻讀博士學位。現任教於南通大學文學院歷史系，從事中國古代史的教學和研究工作。主要研究方向為魏晉南北朝隋唐史，對這一時期內的邊緣地區治理、邊疆族群、歷史地理等問題有所關注。

提　要

　　任何國家要維持其統治，都必須從社會中獲取用於支持統治的資源。國家從一塊領土上獲取、利用統治資源的能力稱為領土效益。中國古代王朝以

提高領土效益為目的而對邊緣地區進行的政治管理、控制與整合活動就是國家化。唐代嶺南國家化有其特定的背景，包括嶺南的地理環境、交通線路、疆界範圍、族群結構及前代的國家化政策。基於上述背景，唐代在嶺南採取了一系列國家化措施，包括：在地方行政體系方面，增設行政中心、增加行政層級，對蠻族豪酋裂地授官；在選官制度方面，在唐前期實行南選，在唐後期實行使司差攝；在軍事體系方面，建立上下相維、輕重相制的統兵體制，並以這一體制來統轄一定數量的常備軍，再配以戰時動員機制，構成嶺南的全部武裝力量。上述國家化措施對唐代嶺南的領土效益產生了重大影響。這種影響在唐前期主要表現為國家對戶口的控制，以及在此基礎上對軍隊的徵調；在唐後期，主要表現為財賦的增長，嶺南成為國家所倚重的穩定賦稅來源地之一。在唐代，與嶺南類似的南方邊緣地區還有福建、雲南、黔中。四個地區在國家化的背景、措施、結果等方面有諸多差異。通過對比，南方邊緣地區國家化的共性和嶺南國家化的特點均得以顯現。

目　次

緒　論 ……………………………………………………………………… 1
第一章　唐代嶺南國家化背景之一：地理環境、交通路線與疆界 ……… 29
　　第一節　嶺南的地理環境 ……………………………………………… 29
　　第二節　嶺南的交通路線 ……………………………………………… 35
　　第三節　嶺南的疆界 …………………………………………………… 42
第二章　唐代嶺南國家化背景之二：族群結構與前代國家化政策 ……… 49
　　第一節　兩漢時期 ……………………………………………………… 50
　　第二節　漢末至宋齊時期 ……………………………………………… 54
　　第三節　梁至隋時期 …………………………………………………… 62
第三章　唐代嶺南國家化措施之一：地方行政體系建設 ………………… 85
　　第一節　嶺南最高行政長官與四級行政體制 ………………………… 85
　　第二節　唐代蠻族興替與政區的增置 ………………………………… 93
第四章　唐代嶺南國家化措施之二：選官方式變遷 ……………………… 119
　　第一節　唐前期嶺南的選官方式 ……………………………………… 119
　　第二節　唐後期嶺南的使司差攝 ……………………………………… 124
第五章　唐代嶺南國家化措施之三：軍事行動與軍事體系建設 ………… 133
　　第一節　唐代嶺南的內亂和外患 ……………………………………… 133

第二節　唐代嶺南的統兵體制 ……………………………………156

第三節　唐代嶺南的武裝力量 ……………………………………173

第六章　領土效益與嶺南國家化 ……………………………………187

第一節　唐代嶺南的財賦 …………………………………………187

第二節　唐代嶺南戶口的變動 ……………………………………206

第三節　唐代嶺南軍隊的出征 ……………………………………214

第七章　比較視角下南方邊緣地區的國家化 ………………………227

第一節　唐以前三個地區的國家化與領土效益概況 ……………229

第二節　地理與交通條件的比較 …………………………………235

第三節　三個地區的特色因素 ……………………………………245

第四節　國家化措施及領土效益的比較 …………………………262

結　論 …………………………………………………………………275

參考文獻 ………………………………………………………………281

附錄　唐嶺南州沿革考 ………………………………………………299

後　記 …………………………………………………………………313

第六、七、八冊　五季宋初史論探

作者簡介

曾育榮（1969～），湖北鄂州人。歷史學博士，湖北大學歷史文化學院教授、博士生導師。主要從事五代十國史、宋代史、湖北地方史和中國史學史研究。迄今在《中華文史論叢》《歷史文獻研究》《思想戰線》《江漢論壇》《湖北社會科學》《南開學報》《湖北大學學報》《中國地方志》《中國史研究動態》《中國民族報》等刊物和報紙（含論文集）發表論文50餘篇；出版專著《高氏荊南史稿》、合著《中國歷史・五代史》《荊楚史學》。

提　要

《五季宋初史論探》收錄25篇論文，所涉時段上起唐末下迄兩宋，主要集中於五代至宋初。以論題探討的內容差異、時間先後類而聚之，大體分為六個板塊：其一指向於唐末五代的政治軍事問題，具體分析汴晉爭衡時期李克用勢力消漲的盡忠唐室因素，以及唐末五代朗州蠻的興衰導致的長江中游政治地理格局的變遷。其二關注的是五代時期選人文書的種類和功能，募兵制的特點與影響，後周內政的整頓與官員的懲治。其三著力探究高氏荊南人

口、疆域、政權形式、使府僚屬、外交等問題，其四討論五季宋初的政治變革及其演進趨勢、侍衛親軍制度的淵源流變、荊門軍的前後沿革、農具稅的興忽歷程。其五聚焦於王禹偁的史學、仕宦人生及其政治理念。其六限定於史籍、文獻的範疇，包括史書命名、藝文輯考、史源分析和史料引徵等內容。以上各篇論題指向有所不同，總體涵蓋亦廣，但多為具體而微之問題，是以此集諸文對於客觀層面之掘發或有裨於若干事實之論證，宏觀意旨之論述則自不免有失於學殖之膚淺。

目　次

上　冊

序　彭忠德

試析李克用盡忠唐室及其影響——以汴、晉爭衡為中心的考察 ……………1
朗州蠻與唐末五代長江中游政治地理格局的變遷——以雷氏父子為中心
　的考察 …………………………………………………………………………11
五代吏部選人文書初探 …………………………………………………………27
五代十國時期的募兵制 …………………………………………………………47
後周太祖郭威內政改革瑣論 ……………………………………………………61
後周太祖、世宗懲治官員考析 …………………………………………………71
談談高氏荊南國史研究 …………………………………………………………85
關於高氏荊南時期的人口問題 …………………………………………………93
五代十國時期歸、峽二州歸屬考辨 …………………………………………105
高氏荊南疆域考述 ……………………………………………………………119

中　冊

高氏荊南的二元政治體制及其優劣 …………………………………………141
高氏荊南藩鎮使府幕職、僚佐考 ……………………………………………157
事大稱臣：高氏荊南外交方略之基調 ………………………………………171
抗衡諸侯，或和或戰——五代荊南武信王高季興的縱橫之術 ……………187
五季宋初政治變革及其演進趨勢論析 ………………………………………205
五代宋初侍衛親軍制度三題 …………………………………………………251
五代兩宋時期農具稅探析——兼論鐵禁的演變 ……………………………263
王禹偁史學發微 ………………………………………………………………283

下　冊

出處之間：王禹偁的仕、隱取向及其抉擇 ……………………………297

《舊唐書》書名溯源 ………………………………………………………321

《晉開運用兵論》史實辨誤 ………………………………………………333

高氏荊南藝文輯考 ………………………………………………………337

《五代史闕文》管窺 ………………………………………………………365

陶懋炳著《五代史略》引文正誤 ………………………………………377

後　記 ………………………………………………………………………441

第九冊　中國海洋文化

作者簡介

　　徐華龍，1948 年生，民族：漢。復旦大學研究生畢業。筆名有文彥生、曉園客、林新乃等，上海文藝出版社編審。上海筷箸文化促進會會長、上海市非物質文化遺產保護工作專家委員會委員、《中國民間文學大系》出版工程編輯專家委員會「民間傳說組」副組長。

　　理論類著作：《國風與民俗研究》，中國民間文藝出版社 1986 年版；《中國歌謠心理學》，新疆人民出版社 1990 年版；《中國鬼文化》，上海文藝出版社 1991 年版；《中國神話文化》，遼寧人民出版社 1993 年版；《泛民俗學》，黑龍江人民出版社 2003 年版；《山與山神》（與人合作），學苑出版社 1994 年版；《鬼學》，北嶽文藝出版社 2008 年版；《上海服裝文化史》，東方出版中心 2010 年版；《鬼》，上海辭書出版社 2012 年版；《中國民國服裝史》，花木蘭文化出版社 2014 年版；《中國民間故事及其技巧研究》，花木蘭文化出版社 2015 年版；《箸史》，花木蘭文化出版社 2016 年版；《中國歌謠與心理研究》，花木蘭文化出版社 2017 年版；《中國文學民俗史》，上海交通大學出版社 2017 年版；《中國歌謠與心理研究》，花木蘭文化出版社 2017 年版；《中國神話文化集》，上海文藝出版社 2019 年版。

　　主編類著作：《鬼學全書》，中國華僑出版社 2004 年版，《中國鬼文化大辭典》，廣西民族出版社 1994 年版，《上海風俗》，上海文藝出版社 2009 年版，《筷子文化概論》，黑龍江人民出版社 2019 年版；《筷子文化・少兒版》，上海文化出版社 2019 年版；《中國筷子文化論集》，上海文化出版社 2019 年版。

提　要

　　《中國海洋文化》對中國海洋文化進行一系列研究的著作。其涉獵的視野，不僅僅停留在海洋本身，更與陸地緊密聯繫，從而可以看出海洋文化對陸地文化的影響，也可以得知陸地文化對海洋文化的作用，以及兩者之間的互相牽制與互相滲透。主要分四個部分：一是海洋文化史的研究。介紹從秦始皇開始到清代中國海洋文化的認識與發展。有秦一代中國人開始有了海洋的潛意識，隨著社會的進步，海洋神靈的觀念也逐漸加深，有了媽祖等海洋護祐神。二是海洋文化對陸地文化影響之研究。如上海海派文化就是吸收西方文化而產生的新的城市文明，徐光啟就是其中傑出的代表，為中西方海洋文化搭起一座橋樑。李福清是俄羅斯著名漢學家，長期與中國開展學術交流，為流失在海外的孤本小說、年畫回歸中國做了許多有益的工作。三是中國內陸的強烈的海洋輸出的意識不斷延伸的研究。從清末就開始的湖北茶葉，就曾經通過經過千山萬水從上海、滿洲里到達俄羅斯、法國、德國等歐洲國家。四是海洋文化故事研究。海洋是浩如煙海，有著許許多多的生物，人們賦予它們各種各樣的傳說，同時海洋是神秘的，有種種難以言狀的神奇、怪異，而這些具有極大的魅力，引發人們的思考與追求。

目　次

序：海洋文化對上海紡織業的貢獻
第一章　秦始皇與海洋文化……………………………………………………1
　一、巡視沿海……………………………………………………………………2
　二、秦始皇與神仙………………………………………………………………9
　三、秦始皇探尋海洋的原因…………………………………………………16
第二章　元代海洋民俗文化…………………………………………………23
　一、祭祀………………………………………………………………………23
　二、天妃………………………………………………………………………31
　三、海船………………………………………………………………………35
　四、尾語………………………………………………………………………43
第三章　明代海洋祭祀及其成因……………………………………………45
　第一節　海洋祭祀……………………………………………………………45
　第二節　海神祭祀……………………………………………………………51
　第三節　天妃祭祀……………………………………………………………55

第四節　祭祀之成因 ……………………………… 58

第五節　結論 ………………………………………… 63

第四章　海洋文化對上海城市發展的歷史貢獻 …… 65

一、海洋文化與上海的發展息息相關 ……………… 65

二、海洋文化對上海民俗文化的三次重大影響 …… 67

三、海洋文化對上海所帶來的文化價值 …………… 72

四、結論 ……………………………………………… 79

第五章　海洋社會學：神話運作之妙趣 ………… 81

一、神話運作的特點 ………………………………… 81

二、神話運作的妙趣 ………………………………… 85

三、海洋神話的思考 ………………………………… 89

第六章　鬼神信仰與媽祖崇拜 …………………… 93

一、媽祖原型 ………………………………………… 93

二、從鬼變神 ………………………………………… 99

三、媽祖祭祀 ………………………………………… 104

四、結論 ……………………………………………… 116

第七章　麻姑為海上神仙考 ……………………… 117

一、誰是麻姑 ………………………………………… 117

二、麻姑原型 ………………………………………… 121

三、麻姑是海上神仙 ………………………………… 126

四、餘證 ……………………………………………… 132

第八章　魚的靈性 ………………………………… 137

一、表現種種 ………………………………………… 137

二、產生的原因 ……………………………………… 140

三、社會意義 ………………………………………… 144

第九章　中國醫書文獻中的海洋文化 …………… 149

一、海洋崇拜 ………………………………………… 149

二、海產功能 ………………………………………… 154

三、淡菜功用 ………………………………………… 157

第十章　筷子的海外流佈及其影響 ……………… 163

第一節　筷子的日本傳播 …………………………… 163

第二節 中外筆下的筷子文化 …………………………………166

第十一章 《清稗類鈔》與清代海洋文化 ……………………171

一、新的海洋政策 ………………………………………171

二、新的地理知識 ………………………………………175

三、新的貿易活動 ………………………………………179

四、新的文化交流 ………………………………………182

五、結論 …………………………………………………185

第十二章 李福清與他的《東幹民間故事傳說集》 …………187

一、李福清是著名的漢學家 ……………………………187

二、《東幹民間故事傳說集》是收集民間故事的範本 …189

三、東幹民間故事的特點 ………………………………191

第十三章 紀念徐光啟的現代意義 ……………………………197

一、努力刻苦的學習精神 ………………………………197

二、不斷追求的進取精神 ………………………………198

三、學習西方先進的科學知識 …………………………199

四、愛國愛家的高尚情操 ………………………………201

五、徐光啟的出現不是偶然的現象 ……………………203

第十四章 中華民俗是連結海外華人的文化紐帶 ……………205

一、民俗是一個民族的根 ………………………………205

二、中華民俗是海外華人的象徵 ………………………207

三、中華民俗文化圈在不斷發展和延伸 ………………210

第十五章 舟山魚類傳說是中國海洋文化圈的重要一環 ……213

一、海洋魚類的傳說 ……………………………………214

二、海洋魚類傳說的價值 ………………………………215

第十六章 鄂茶的文史書寫 ……………………………………217

第一節 茶稅大戶 ………………………………………217

第二節 習俗 ……………………………………………223

第三節 茶寇 ……………………………………………227

第十七章 上海城市服裝的原生態及其當代穿著方式研究與思考 ………231

一、上海城市服裝的原生態 ……………………………231

二、新的穿著方式 ………………………………………234

　　三、新的服裝款式 ………………………………………………238

　　四、新的觀念變化 ………………………………………………242

　　五、新的文化思考 ………………………………………………248

參考文獻 ……………………………………………………………257

第十冊　中國書院發展與佛教的關係

作者簡介

　　潘秀英，1994 年取得新亞文商書院文史系學士學位。2006 年取得新亞研究所歷史碩士學位，論文題目為《唐‧五代書院興起的原因》。因此本人多年前已開始研究中國書院。受嚴耕望先生〈唐人習業山林寺院之風尚〉一文啟發，深入研究書院與佛教關係。2015 年取得新亞研究所歷史博士學位，師從李學銘教授，論文題目為《書院與佛教的關係析論》。本人曾在志蓮淨苑夜書院任教三年，主要教授中國歷史課程，其中包括宋代書院及書院與唐代文化，現為新亞研究所圖書館主任。

提　要

　　中國文化以儒家思想作為主流，主因在重視教育，自孔子開拓私家講學後，私學教育是官學以外的另一種教育方式。東漢時，佛教自印度傳入，儒佛兩種文化相遇後融和、發展，成為後來的中國文化面貌。書院是儒、佛兩種文化融和後的產物，一方面保留了儒家傳統教育的精神，另方面吸收了佛教的制度形式等，使書院發展能得以擴大和完善。本書的主要內容，正是研究佛教傳入後，如何影響到書院的發展，並使之成為完善的教育機構。

　　本書研究範圍由漢至明代，析論儒、佛互動與書院的起源及發展的關係。本書前數章主要是清楚闡釋佛教自東漢傳入後與儒學的關係，從而發展出書院制度的過程。儒、佛二者有紛爭和融合，及彼此消長的過程。書院之名始見於唐，本是唐代國家的藏書修書之所，後發展成私學教育。書院從唐代起源至宋代的過程中，發展出各種制度，各種制度中皆發現禪宗的影響力。筆者認為制度的研究更能具體反映儒釋二者的關係，因此研究重點，放在後兩章，把儒、釋兩者的各種制度關係的析論，包括祭祀、講學形式、經講義疏、學規、管理、藏書、刻書及建築等七方面。期望在研究書院的發展過程中，能較深入地探討佛教在教育與文化學術所發揮的影響，以致形成了後來的中國文化面貌，讓讀者能從中有所啟發。

目 次

序 李學銘

第一章 緒 論 ……………………………………………………………… 1
第二章 佛教傳入與私學的關係 ……………………………………… 15
　　第一節 漢代主流思想與佛教得以發展的原因 ………………… 15
　　第二節 東漢末教育與社會狀況 ………………………………… 21
　　第三節 佛寺和精舍的關係 ……………………………………… 25
　　第四節 佛教的影響力增加與私學的關係 ……………………… 30
第三章 儒家思想與佛學的紛爭及融合 …………………………… 41
　　第一節 魏晉時的佛學與儒學 …………………………………… 41
　　第二節 唐代士大夫的奉佛與排佛 ……………………………… 50
　　第三節 儒佛融合與理學的產生 ………………………………… 58
　　第四節 宋代書院與理學的關係 ………………………………… 70
第四章 元、明書院與佛教彼此的消長 …………………………… 81
　　第一節 寺田與學田的由來 ……………………………………… 82
　　第二節 元朝時佛寺侵奪書院的情況 …………………………… 88
　　第三節 元、明朝的佛教政策和書院政策的比較 ……………… 93
　　第四節 明代佛寺被書院侵奪情況 …………………………… 100
　　第五節 佛教與儒學的盛衰變化 ……………………………… 109
第五章 書院各種制度與佛教的關係（上）……………………… 123
　　第一節 書院的祭祀制度與佛教的關係 ……………………… 123
　　第二節 書院講學形式與佛教的關係 ………………………… 138
　　第三節 書院的講義與佛教講經義疏的關係 ………………… 150
　　第四節 書院的學規與禪林制度 ……………………………… 158
第六章 書院各種制度與佛教的關係（下）……………………… 173
　　第一節 書院的管理制度與佛教的關係 ……………………… 173
　　第二節 佛教對書院刻書及藏書的影響 ……………………… 184
　　第三節 佛教對書院建築的影響 ……………………………… 195
第七章 總 結 …………………………………………………………… 215
參考資料 ……………………………………………………………………… 225
後 記 ……………………………………………………………………… 295

第十一冊　道教辟穀文化研究

作者簡介

　　薛中華，男，漢族，1983 年 6 月生，山東煙臺人，西南大學物理學學士、教育學碩士、哲學博士，近年主要研究方向為中華傳統養生文化的現代轉化與創新發展；任重慶國學院養生文化研究所及西南大學養生養老養病文化研究所兼職研究員、重慶市傳統醫藥類非物質文化遺產老氏靜臥養生法研究會特邀研究員、西南大學《養生學》課程主講教師；現為老子道學文化研究會理事，中國醫學氣功學會會員、重慶國學學會會員、重慶市非遺康養專委會委員、重慶市健康管理研究會會員等。

提　要

　　道教辟穀文化是道教文化的重要組成部分。本書以「總─分」的結構展開對道教辟穀文化的解析。首先，總體上把握道教辟穀文化的內涵，並給出其在道教文化中的清晰定位，通過系統的分析和梳理，說明其在道教的地位和作用。其次對道教辟穀文化進行分維度論述，從縱、橫兩個維度對道教辟穀文化展開系統的梳理和討論。縱向維度研究道教辟穀文化的起源和歷史發展，結合道教文化發展的歷史對道教辟穀文化的歷史發展做出清晰的分段，並就各分段關於辟穀的記載做全面系統的考察和研究，通過對大量的歷史文獻、道教典籍、歷代方志等資料的搜集和整理，闡明道教辟穀文化發展的基本脈絡、基本形式、歷代的主要代表人物，審視道教辟穀發展的動力和歷史必然。橫向的維度，主要研究道教辟穀文化的理論和實踐兩個方面，以把握道教辟穀文化的主要形態，解析道教辟穀的思想理論與方法。通過搜集整理大量的相關文獻，逐條理出道教辟穀文化的主要思想理論及對應的辟穀方法。在整理思想理論與方法的時候，本書依據道教辟穀文化的主要分段，將其劃分為早期道教內丹興起前的辟穀和內丹興起之後的內丹辟穀兩個大的部分來分章節。

目　次

第一章　緒　論 ………………………………………………………………… 1
第二章　道教辟穀文化的概念和定位 ………………………………………… 17
　2.1　道教辟穀文化的相關概念 ……………………………………………… 17
　2.2　道教辟穀在道教文化中的地位 ………………………………………… 27
　2.3　道教辟穀在道教文化中的作用 ………………………………………… 35

第三章　道教辟穀文化的歷史發展 ⋯⋯⋯⋯⋯⋯⋯⋯⋯⋯⋯⋯ 41
　3.1　道教辟穀的起源：西漢之前 ⋯⋯⋯⋯⋯⋯⋯⋯⋯⋯⋯ 42
　3.2　道教辟穀的早期發展：東漢至唐 ⋯⋯⋯⋯⋯⋯⋯⋯⋯ 54
　3.3　道教辟穀的成熟發展：唐末至近代 ⋯⋯⋯⋯⋯⋯⋯⋯ 81
第四章　道教辟穀的思想 ⋯⋯⋯⋯⋯⋯⋯⋯⋯⋯⋯⋯⋯⋯⋯⋯ 105
　4.1　內丹興起前的辟穀思想 ⋯⋯⋯⋯⋯⋯⋯⋯⋯⋯⋯⋯⋯ 105
　4.2　內丹辟穀思想 ⋯⋯⋯⋯⋯⋯⋯⋯⋯⋯⋯⋯⋯⋯⋯⋯⋯ 132
第五章　道教辟穀的方法 ⋯⋯⋯⋯⋯⋯⋯⋯⋯⋯⋯⋯⋯⋯⋯⋯ 147
　5.1　內丹興起前的辟穀方法 ⋯⋯⋯⋯⋯⋯⋯⋯⋯⋯⋯⋯⋯ 147
　5.2　內丹辟穀方法 ⋯⋯⋯⋯⋯⋯⋯⋯⋯⋯⋯⋯⋯⋯⋯⋯⋯ 166
第六章　結　語 ⋯⋯⋯⋯⋯⋯⋯⋯⋯⋯⋯⋯⋯⋯⋯⋯⋯⋯⋯⋯ 179
參考文獻 ⋯⋯⋯⋯⋯⋯⋯⋯⋯⋯⋯⋯⋯⋯⋯⋯⋯⋯⋯⋯⋯⋯⋯ 185
致　謝 ⋯⋯⋯⋯⋯⋯⋯⋯⋯⋯⋯⋯⋯⋯⋯⋯⋯⋯⋯⋯⋯⋯⋯⋯ 203

第十二冊　督陶榷使唐英之研究

作者簡介

　　楊舒逸，台灣桃園人，輔仁大學歷史學系學士、輔修中文、國立中央大學歷史研究所碩士，現任國中歷史科教師。

提　要

　　明清時期，皇室為生產數量龐大、品質精良之瓷器，故設置御窯廠，並由督陶官管理燒造。清代督陶官，除完成燒造任務之外，還必須負責瓷器解運及籌募燒造經費與核銷。唐英（1682～1756）即為清代最知名傑出之督陶官。其內務府包衣出身，歷經康熙、雍正、乾隆三朝，因而深悉皇室品味。任職淮安關與九江關期間，盡心了解與經營窯務，不但協助皇帝推行窯治改革，並留下傳世珍品，故獲得皇帝的賞識。其不但在瓷器燒造與窯務制度留下範例，亦成就乾隆時期御窯的發展。

　　此論文除探討唐英協助乾隆改革窯治，盡心督造御窯的斐然成就外，亦同時注意其生涯另外的兩個領域。首先是他的忠心、盡心與行政能力，先後被乾隆皇帝派任管理淮安關、九江關及粵海關，形成收掌關稅為正職，督陶則為兼管。唐英擔任稅差近二十年（1736～1756），足見皇帝對他的信任與重用。

　　唐英生涯的另一特色，則是他多才多藝。在文學、藝術、戲曲，繪畫上都展現其才華。他在任職地區寄情山水，寄託胸懷，並與文人士紳、窯工漁樵互動交遊，留下情意真摯的紀錄，表現在詩詞、崑曲雜劇中。而其詩文亦屢屢流露聖恩難報與儒家忠君愛民的思想，這亦反映出他的特殊身份及與皇帝密切之關係。

目　次

緒　論 ‧‧‧ 1

第一章　御窯與督陶官 ‧‧‧‧‧‧‧‧‧‧‧‧‧‧‧‧‧‧‧‧‧‧‧‧‧‧‧ 19
　第一節　官窯制度的形成與發展 ‧‧‧‧‧‧‧‧‧‧‧‧‧ 19
　第二節　明代出現御器廠 ‧‧‧‧‧‧‧‧‧‧‧‧‧‧‧‧‧‧‧‧ 22
　第三節　清初御窯廠的建立及督陶官吏 ‧‧‧‧‧ 32

第二章　唐英與唐窯 ‧‧‧‧‧‧‧‧‧‧‧‧‧‧‧‧‧‧‧‧‧‧‧‧‧‧‧‧ 51
　第一節　唐英生平之探究 ‧‧‧‧‧‧‧‧‧‧‧‧‧‧‧‧‧‧‧‧ 52
　第二節　唐英之交遊 ‧‧‧‧‧‧‧‧‧‧‧‧‧‧‧‧‧‧‧‧‧‧‧‧‧ 66
　第三節　唐英詩文中的心境與生活 ‧‧‧‧‧‧‧‧‧ 78
　第四節　唐窯的時間問題 ‧‧‧‧‧‧‧‧‧‧‧‧‧‧‧‧‧‧‧‧ 89

第三章　陶為志榷為業 ‧‧‧‧‧‧‧‧‧‧‧‧‧‧‧‧‧‧‧‧‧‧‧‧‧ 97
　第一節　唐英對窯務制度的經營與推行 ‧‧‧‧‧ 97
　第二節　唐英督造御窯之成就 ‧‧‧‧‧‧‧‧‧‧‧‧‧‧ 109
　第三節　關務與窯務 ‧‧‧‧‧‧‧‧‧‧‧‧‧‧‧‧‧‧‧‧‧‧‧‧ 124

結　論 ‧‧‧ 139

徵引書目 ‧‧‧‧‧‧‧‧‧‧‧‧‧‧‧‧‧‧‧‧‧‧‧‧‧‧‧‧‧‧‧‧‧‧‧‧‧‧‧ 143

附錄一：唐英生平事略 ‧‧‧‧‧‧‧‧‧‧‧‧‧‧‧‧‧‧‧‧‧‧‧ 153

附錄二：國立故宮博物院器物典藏資料庫中乾隆年間御窯 ‧‧‧‧‧‧‧‧ 159

第十三冊　清代翡翠裝飾用玉分析——以文獻、種類與功能為中心

作者簡介

　　蔡麗惠，畢業於台中逢甲大學歷史文物研究所。因工作背景對文物產生濃郁的興趣，尤其是玉器類。為了在學術領域獲得更多的資糧，選擇教學嚴謹，對文物歷史有著深厚研究的逢甲歷文所就讀，在校期間承蒙李建緯教授

的指導及啟蒙，對於中國古玉有更進一步的探討及認識，故將對中國古玉歷史資料的收集及學習成果發表於此篇論文。

提　要

本篇論文主要說明「翡翠」存在中國的過程，用科學角度來解釋「翡翠」，並分析「翡翠」在清代快速發展的成因，進而影響到西方珠寶世界。

中國玉器歷史中，翡翠的存在直到宋代才於文獻中具體確認出現。翡翠有別於和闐玉的溫潤，具有輝石玉的玻璃光彩，顏色翠綠，因此被運用製作成裝飾用玉，而非一般的玉器。

本文主要透過清代傳世的翡翠裝飾用玉及清宮造辦處的檔案來探討清代的翡翠發展過程及翡翠玉文化轉變的成因，並將文獻及清宮造辦處《各作成做活計清檔》比對，印證慈禧太后身為女性主義對美的珠寶喜愛，同時也對當時的市場造成不小的影響。

清末時期的東西化交流，更將西方珠寶帶入中國，改變東方人對珠寶的審美觀，並將東方的玉石翡翠帶入西方珠寶世界，直至現在，翡翠仍是貴重珠寶之一。

目　次

第一章　緒　論 ……………………………………………………………… 1
第二章　翡翠的科學定義與歷史發展 ……………………………………… 9
　第一節　科學定義上的翡翠 ……………………………………………… 9
　第二節　翡翠釋義及運用歷史 ………………………………………… 17
第三章　清代翡翠裝飾玉 ………………………………………………… 39
　第一節　男性翡翠飾物 ………………………………………………… 40
　第二節　女性翡翠飾物 ………………………………………………… 64
第四章　翡翠在清代地位的上升：穩定的原料來源與皇室的加持 ……… 109
　第一節　從溫潤的美玉到玻璃光澤的綠色寶石的喜好 ……………… 109
　第二節　慈禧太后的影響 ……………………………………………… 116
第五章　結　論 …………………………………………………………… 133
參考文獻 …………………………………………………………………… 139

先秦文物中的神話歷史

宋亦簫 著

作者簡介

宋亦簫，湖北蘄春人，歷史學博士。華中師範大學歷史文化學院教授、博士生導師。主要從事早期東西文化交流史、藝術考古、神話學、文化遺產等研究。出版專著《青銅時代的東西文化交流》《早期東西文化交流研究》《楚文化中的域外文化因素研究》等 3 部，在《西域研究》《華夏考古》《殷都學刊》《美術研究》《民族藝術》等期刊發表學術論文 50 餘篇。先後獲得國家社會科學基金 2 項（包括「冷門絕學」研究專項 1 項）。近期致力於早期東西文化交流背景下的中外神話、藝術交流研究，並著手探索早期外來文化與中華文明起源和發展的關係問題。

提　　要

　　本書討論了先秦文物中的圖像和造型等所蘊含的神話歷史內容。因為作為元歷史的神話，是歷史發生的敘述性動力機制。研究神話歷史，就是要研究文化大小傳統中的文化文本及其編碼程序。全書內容分為三編，分別是崑崙神話歷史、鯀禹神話歷史和其他文物圖像或造型中的神話歷史。

　　重新解讀了新石器時代至夏商時期的崑崙神山特別是象徵崑崙的器物刻畫符號和造型，提出了全新的崑崙神話歷史觀。即崑崙這一外來的神話意象，影響及於早期中國的眾多族群，揭示了中外之間久遠的神話和文化交流景象。解讀了良渚文化神徽和玄武的龜蛇形象，指出它們分別是大禹騎龜和伯鯀與其妻修己的形象。並通過新發現的遂公 銘有關大禹治水傳說，進一步討論了大禹的神話歷史。一方面呼應了 20 世紀上半期古史辨派學者們對鯀禹神話的討論，另一方面則用更多物證勾連了中外神話和文化之間的廣泛交流。重新解讀了禮玉六器、玉璇璣、楚鎮墓獸、西王母、戰國人物御龍帛畫等文物和人物的少有人知的內涵，讓我們首次領略到了這些先秦文物中的神話歷史意蘊和體現出的早期東西文化交流現象。

　　對先秦中國這些極富特點又撲朔離迷的文物藝術品所做的全新解讀，會對先秦史、先秦藝術史和早期中外文化交流史研究產生一定影響。

聲明：本著作是 2019 年度國家社科基金冷門絕學研究專項《早期外來文化與中華文明起源研究》的階段性研究成果，項目批准號：19VJX039

目

次

前　言 ……………………………………………………………… 1

上編　崑崙神話歷史 ……………………………………………… 7

第一章　崑崙山新考 ……………………………………………… 9

　一、崑崙山是世界崑崙神話中的神山 ……………………… 10

　二、崑崙神話最先進入陝甘交界地區和山東地區 ……… 11

　三、中國境內有多處崑崙山 ………………………………… 16

　四、崑崙的內涵及影響 ……………………………………… 25

　五、結論 ……………………………………………………… 29

第二章　大汶口文化和良渚文化刻符中的崑崙
**　　　　形象** ………………………………………………… 31

　一、崑崙山與崑崙丘（崑崙虛） ………………………… 33

　二、大汶口文化和良渚文化刻符中的崑崙形象 ……… 36

　三、同時代的其他崑崙形象、泰山神話及其他外
　　　來文化 ……………………………………………………… 43

　四、結論 ……………………………………………………… 46

第三章　大汶口文化立鳥神器為崑崙模型說 ……… 49

　一、崑崙之特性 ……………………………………………… 51

　二、立鳥神器與崑崙之比較 ……………………………… 52

　三、大汶口文化和良渚文化中的其他崑崙形象 …… 54

　四、立鳥神器之功能 ……………………………………… 55

　五、結論 ……………………………………………………… 56

第四章　論玉（石）琮為崑崙之象徵 …………… 57
　　一、崑崙之特性 …………………………… 58
　　二、玉琮的特徵符合崑崙特性 …………… 60
　　三、以龜為中介勾連起玉琮和崑崙 ……… 63
　　四、琮的起源和功能 ……………………… 66
　　五、結論 …………………………………… 67

第五章　夏商考古遺存中的亞形造型起源及其
　　　　內涵探索 ………………………………… 69
　　一、夏商考古遺存中的亞形造型 ………… 70
　　二、域外的同類造型 ……………………… 74
　　三、中外的亞形造型內涵 ………………… 77
　　四、中外亞形造型的關係及它的起因試析 … 78
　　五、結論 …………………………………… 81

中編　鯀禹神話歷史 ……………………………… 83
第六章　良渚文化神徽為「大禹騎龜」說 ……… 85
　　一、神徽之獸面乃龜形 …………………… 88
　　二、鯀、禹的天神性及其與龜之關係 …… 89
　　三、良渚文化與夏文化之關係及越地的大禹傳說 … 94
　　四、西亞創世神話與鯀、禹之關係及良渚文化中
　　　　的外來文化 …………………………… 97
　　五、玉禮器上刻「大禹騎龜」神徽之功能 …… 102
　　六、結論 …………………………………… 104

第七章　「玄武」龜蛇形象的神話解讀 ……… 107
　　一、中國及其他古文明區龜、蛇的神話 … 108
　　二、西亞創世神話對鯀、禹神話的影響 … 112
　　三、玄武龜蛇形象的由來 ………………… 115
　　四、玄武的生殖象徵 ……………………… 116
　　五、結論 …………………………………… 118

第八章　《天問》中的鯀禹故事與近東開闢史詩 … 121
　　一、《天問》中的鯀禹故事 ……………… 122
　　二、近東開闢史詩與鯀禹故事之關聯 …… 126
　　三、結論 …………………………………… 131

第九章　大禹神話及其在晴川閣的傳說⋯⋯⋯⋯ 133
　　一、大禹研究現狀 ⋯⋯⋯⋯⋯⋯⋯⋯⋯⋯ 133
　　二、鯀禹故事是神話而非信史 ⋯⋯⋯⋯⋯ 135
　　三、鯀禹神話受到了近東神話的影響⋯⋯⋯ 137
　　四、晴川閣的大禹傳說遺存及大禹文化⋯⋯⋯ 141
　　五、結論 ⋯⋯⋯⋯⋯⋯⋯⋯⋯⋯⋯⋯⋯ 143

第十章　遂公盨銘所反映的大禹及其神話歷史 ⋯ 145
　　一、對遂公盨銘所載大禹故事的主要觀點及評價⋯ 146
　　二、遂公盨銘大禹故事體現出來的當時人對神、
　　　　人關係的認知 ⋯⋯⋯⋯⋯⋯⋯⋯⋯⋯ 149
　　三、從神話學和考古學角度對大禹身份的認識⋯ 150
　　四、結論 ⋯⋯⋯⋯⋯⋯⋯⋯⋯⋯⋯⋯⋯ 153

下編　其他文物圖像或造型中的神話歷史⋯⋯⋯ 155
第十一章　禮玉「六器」的陰陽性別及與四神的
　　　　　關聯 ⋯⋯⋯⋯⋯⋯⋯⋯⋯⋯⋯⋯ 157
　　一、六器的陰陽性別⋯⋯⋯⋯⋯⋯⋯⋯⋯ 158
　　二、六器與四神的關聯 ⋯⋯⋯⋯⋯⋯⋯⋯ 168
　　三、結論 ⋯⋯⋯⋯⋯⋯⋯⋯⋯⋯⋯⋯⋯ 173

第十二章　玉璇璣為中央天區、天門及北極星
　　　　　神象徵說 ⋯⋯⋯⋯⋯⋯⋯⋯⋯⋯ 175
　　一、玉璇璣之「肉」、牙、齒及旋轉之形的象徵⋯ 176
　　二、玉璇璣之「好」及璇璣整體的象徵 ⋯⋯ 181
　　三、玉璇璣的功能 ⋯⋯⋯⋯⋯⋯⋯⋯⋯⋯ 184
　　四、結論 ⋯⋯⋯⋯⋯⋯⋯⋯⋯⋯⋯⋯⋯ 185

第十三章　楚「鎮墓獸」功能新解⋯⋯⋯⋯⋯⋯ 187
　　一、研究現狀 ⋯⋯⋯⋯⋯⋯⋯⋯⋯⋯⋯ 187
　　二、楚「鎮墓獸」形制發展 ⋯⋯⋯⋯⋯⋯ 190
　　三、楚「鎮墓獸」三個部分寓意分析 ⋯⋯⋯ 193
　　四、對前人觀點的剖析 ⋯⋯⋯⋯⋯⋯⋯⋯ 196
　　五、結論 ⋯⋯⋯⋯⋯⋯⋯⋯⋯⋯⋯⋯⋯ 200

第十四章　西王母的原型及其在世界古文明區的
　　　　　傳衍 ⋯⋯⋯⋯⋯⋯⋯⋯⋯⋯⋯⋯ 201
　　一、西王母的神格 ⋯⋯⋯⋯⋯⋯⋯⋯⋯⋯ 202

二、西王母的原型是西亞神話中的大母神和
金星神伊南娜－易士塔兒 ………………… 210

三、伊南娜－易士塔兒神格在世界古文明區的
傳衍 …………………………………………… 216

四、金星神神格傳至古代中國演化出的其他女神
形象 …………………………………………… 219

五、金星神與月神有部分神格及特徵混同的現象‥ 222

六、結論 …………………………………………… 223

第十五章　戰國《人物御龍帛畫》為「湘君
乘龍車」論 ……………………………… 225

一、《人物御龍帛畫》與《九歌‧湘君》之「湘君
乘龍車」神話比較 …………………………… 226

二、黃帝乘龍車及世界神話中的土星神乘龍車
神話 …………………………………………… 230

三、湘君御龍帛畫的功用 ……………………… 235

四、結論 …………………………………………… 235

參考文獻 ……………………………………………… 237

附錄：行走在多學科結合研究古典文明的道路上‥ 245

一、求學三部曲 ………………………………… 245

二、從考古走向立體釋古 ……………………… 247

三、兩種「田野」的交織 ……………………… 249

四、談讀書與寫作 ……………………………… 251

五、我對自己的古典文明研究的期許…………… 254

六、結語 …………………………………………… 257

後　記 ………………………………………………… 259

前　言

一

　　「神話歷史」是近年來在國外歷史學界特別是「新史學」界、國內文學人類學界使用較為頻繁的一個概念。用葉舒憲先生的話說，「神話歷史」是「國際新史學的前沿性術語，也是國內文學人類學派倡導的多學科整合打通的概念工具」〔註1〕。葉先生近年來提出了文學人類學派的一系列理論方法，如神話觀念決定論、文化大小傳統論、文化文本 N 級編碼論、玉文化先統一中國論、四種證據法等等〔註2〕，在他看來，研究神話歷史，就是要研究文化文本及其編碼程序。而且，葉先生將神話歷史和神話圖像〔註3〕結合在一起，指出「神話圖像的一個重要認知功能在於，相當於找到先於文字而存在和外於文字而存在的一套思想觀念表達的符碼系統，藉此有助於重建無文字時代和無文字民族的複數的神話歷史，即史前史和少數民族史」〔註4〕。

　　王倩更是從概念溯源上追蹤了「神話歷史」的生成發展史〔註5〕。在評述

〔註1〕葉舒憲：《神話歷史與神話圖像》，《民族藝術》，2017 年第 1 期。
〔註2〕葉舒憲等編：《文化符號學——大小傳統新視野》，陝西師範大學出版社，2013年。還有其他葉舒憲著或編相關著述。
〔註3〕神話圖像是指與考古學密切相關的實物紋飾、圖案和造型中含有神話意象的部分。它們是神話的四種外在表現形式，即口傳神話、儀式神話、圖像神話和文本神話之一。參見王倩：《作為圖像的神話——兼論神話的範疇》，《民族文學研究》，2011 年第 2 期。
〔註4〕葉舒憲：《神話歷史與神話圖像》，《民族藝術》，2017 年第 1 期。
〔註5〕王倩：《論文明起源研究的神話歷史模式》，《文藝理論研究》，2013 年第 1 期。

威廉·H·麥克尼爾、唐納德·R·凱利和約瑟夫·馬里等歷史學家的「神話歷史」內涵的過程中，她強調「神話歷史這一概念將神話視為歷史的敘述性起源，進而消解了神話與歷史之間的根本對立。在文明起源研究中，神話歷史模式探討的核心問題為神話如何進入歷史，其旨趣在於探究神話在文明生成進程中具有的塑造性功用。在該模式下，多數研究者達成了一種共識：作為元歷史的神話是歷史發生的敘述性動力機制」〔註6〕。

筆者近年來專注於探索中華文明起源和早期東西文化交流問題，議題多涉藝術考古或神話考古，乃孜孜汲取文學人類學派學者們的學術理論方法和研究成果，更覺以「神話歷史」概念來探討中國上古的傳說時代和中華文明起源研究，非常貼切和形象。筆者的理解，中國的傳說時代，實際也是神話時代，它雖被納入歷史範疇，但那是將神話裁剪雅馴後的「歷史」，是謝選駿先生所言的神話的歷史化三條途徑之一種，即「將神話本身化為歷史傳說」的「中國式」歷史化的道路〔註7〕。這樣的一種「歷史」，不以「神話歷史」名之恐怕是名不副實的了。當然，世界各民族的早期史，都是「神話歷史」。「神話作為歷史的元敘述這樣一種事實」〔註8〕，是普遍存在的。約瑟夫·馬里也說，「神話因敘述了人類歷史的起源和超然存在的歷史事件，從而為人類共同體提供了一種具有歷史意義的情感象徵模式或原型」〔註9〕」，這就是人類的早期史，也即是神話歷史。

人類的神話歷史階段，因沒有文字，往往會通過口傳、儀式和圖像等形式傳承他們的神話和歷史，而上古文物中的紋飾、圖像或造型，它們既反映當時的文化和觀念，往往也是神話的載體，這種神話也即王倩所言的神話的四種表現形式之一的圖像神話。這樣的既表現神話，又反映歷史的圖像或造型，自然是一種「神話歷史」的呈現。本書重點考察了先秦文物圖像或造型中的崑崙神話歷史、鯀禹神話歷史，也對與中華文明起源問題密切相關的其他重要先秦文物圖像或造型中的神話歷史做出了一些探索。下面分別撮要介紹。

〔註6〕王倩：《論文明起源研究的神話歷史模式》，《文藝理論研究》，2013年第1期。
〔註7〕謝選駿：《神話與民族精神》，山東文藝出版社，1986年，第333~337頁。
〔註8〕〔美〕唐納德·R·凱利，陳恒、宋立宏譯：《多面的歷史：從希羅多德到赫爾德的歷史探尋》，生活·讀書·新知三聯書店，2003年。
〔註9〕Mali, Joseph. Mythistory: The Making of a Modern Historiography. Chicago: The University of Chicago Press, 2003.

二

　　第一組討論的是崑崙神話歷史。崑崙問題真的是一個既困擾學界已久又常說常新的論題。我開始關注崑崙問題，是受到前輩學者影響，如蘇雪林的《崑崙之謎》、凌純聲的《中國的封禪與兩河流域的崑崙文化》《崑崙丘與西王母》、丁山的《論炎帝太嶽與崑崙山》、楊希枚的《論殷周時代高層建築之「京」、崑崙與西亞之 Zikkurat》、林梅村的《祁連與崑崙》等等都給了我極大的啟發，循著他們勝義紛出的觀點中我認為是對的方向追索，我發現了中國境內更多的被古人當做崑崙神山的大山，而且在面向海洋的新石器時代晚期諸考古學文化陶器和玉器刻畫符號中，我也捕捉到了崑崙的蹤跡，尤其是良渚文化玉琮，完全就是崑崙的象徵，是良渚文化族群上層大巫兼首領的通天法器。在他們生前，玉琮或用於求神請神的祭儀中，他們死後則用之於隨葬。

　　而夏商考古遺存中的眾多亞形造型，也跟崑崙、明堂、宗廟等象徵大地中心的構造和意象一致，它們均成為溝通天人的中介，並且能夠促進人類的再生和新生。要追溯其源，直接源頭是對龜腹甲（呈亞形）的模擬，遠源則是模擬西亞創世神話中木星神馬杜克屠龍創世所屠之「龍」即混沌孽龍（原始女怪）的龜形腹甲，後者也呈一亞形的造型。因原始女怪乃西亞大母神、天地之祖，她所具有的生育、豐產神格，也影響到她的象徵物亞形結構上來，使崑崙、明堂、宗廟、夏商器物或建築上的各種亞形造型，都表達著神聖、通神、再生、新生等非凡的寓意。

　　這正是新石器時代和夏商時期各類文物中通過圖像或造型，給後人保留下來的崑崙神話歷史的豐富內涵和深遠寓意。

三

　　鯀和禹雖被古史辨派和蘇雪林等還原為神話人物，但這份學術遺產並未被好好吸收和繼承。今天的主流學術界和普羅大眾，多認為鯀、禹是歷史人物，是夏朝的開創者。筆者利用考古發掘和傳世或出土文獻中的實物和圖像等多重資料，繼續挖掘籠罩在鯀、禹身上的神性、神跡，接續前賢有關鯀、禹的神話歷史研究。

　　在領會蘇雪林有關西亞創世神話大神哀亞（Ea）和馬杜克（Marduk）父子深深影響了中國上古治水英雄鯀、禹父子的神格神跡觀點後，筆者發現良渚文化神徽和玄武的龜蛇形象，竟然跟鯀（包括其妻修己）、禹都大有干係，

這一方面向學界提出了有關這些文物和圖像的新解讀和新觀點，另一方面也彰顯了蘇雪林的西亞古文明影響了古代東亞說，並在具體文物和圖像上找到了神人鯀、禹的茫茫神跡和歷史注腳。

同時我們也通過後代的傳說遺存，來解讀古人的鯀、禹神話觀或歷史觀，不管古人持何種觀點，他們的言行作為和遺留下來的歷史蹤跡，都已成為今人觀察過去的歷史。因此，這些鯀、禹的傳說遺跡，變成了一種真實存在過的歷史文化。需要後人特別明白的地方是，古人的認識只是古人的認識，不就是真相，不就是事實。也即是說，那是觀念史，而不是歷史。這是我們在解讀鯀、禹的神話歷史時該有的認知態度。

四

第三組文物都是先秦時期極富特色的器物，它們的造型或器物上的圖像，雖極受關注並得到不斷解讀，但並不能讓筆者滿意。因此我們從全新的角度，解讀出不一樣的神話歷史寓意。

禮玉六器是指璧、琮、圭、璋、琥、璜等六種玉禮器，它們出現的時代並不統一，璧、琮、璜可以早到新石器時代，圭、琥、璋略晚，但在青銅時代也紛紛亮相了。筆者推斷「六器」皆有陰陽性別，分別是璧、琥、璜屬女性陰性，琮、圭、璋屬男性陽性。依據則是上古的巫術思維和生殖巫術，且與形成於《禮記》《周禮》時代的四靈或四神，有對應的陰陽屬性關係，二者的對應相符，應是共同受到陰陽五行觀念影響的結果。這一認識發前人所未發，對我們重新認識禮玉六器、四神和陰陽五行背後所包含的神話歷史內涵，或有裨益。

而玉璇璣這種史前和夏商周時代存在的特形玉器，筆者提出它是中央天區、天門及北極帝星的象徵，是一種極其神聖的禮神、象神之器，它的神話意象，對我們理解製造和使用它們的族群的神話觀念和天文、宇宙觀念，當大有裨益。

楚國的鎮墓獸到底是何寓意？前人做過很多探討，觀點不下十幾種，但筆者新提出它是楚人「司命神」之偶像，擁有它的則是楚國的巫覡，它是楚人神話觀念裏掌管生死的死神和生神、生殖神，這種新認識自然有利於我們瞭解楚人的巫術觀、神話觀以及生殖崇拜觀念。

西王母神話是一個極受學界重視的研究課題，筆者利用文獻和漢代畫像

磚石中的西王母圖像，討論她的神格以及她與域外古文明區大母神的同源關係，並分析了中國除西王母外的其他眾多女神如女媧、王母娘娘、湘夫人、高唐神女、嫘祖、織女、馬頭娘、媽祖、素女、泰山娘娘、觀音等等，也是西亞大母神和金星神伊南娜的衍形。如此，中外一眾女神，其神格和形象彼此相仿，這當然是早期中外神話及其他文化交流影響的結果。

在長沙子彈庫楚墓出土的戰國《人物御龍帛畫》，筆者提出該帛畫描繪的是「湘君乘龍車」的全新觀點，並指出作為土星神的湘君，與龍車所形成的「虬龍負熊」（熊指向黃帝的有熊氏，黃帝也正是土星神）形象，對應著域外的翼龍負獅（獅是域外土星神的寵獸和象徵）形象，從而也揭示出以湘君、黃帝乘龍為代表的中外神話交流情形。

當然，本書以文物的造型和圖像為媒介，揭示它們所蘊含的神話意象和神話歷史寓意，但其背後，又都隱含著深遠的中外神話和文化交流，筆者正在從事《早期外來文化與中華文明起源研究》這一國家社科基金冷門絕學項目，本書是該項目的階段性研究成果，我希望這項基礎性研究，能為最終的成果提供堅實和開闊的地基，這些文物背後所體現的神話歷史觀和中外神話文化的交流現象，也當成為中國神話研究、史前史研究和中外文化交流史研究的基石，筆者唯願建立在這樣基石上的大廈，能最終建成建好。

上編　崑崙神話歷史

第一章　崑崙山新考

提要：

崑崙山是崑崙神話中的神山，它包含域外文化因素。「崑崙」是外來詞，它有崇高、聖天之意，崑崙神話最先分頭進入古代中國的以隴山為中心的陝甘交界地區和以泰山為中心的山東地區，隨著崑崙神話的傳播，在中國境內出現了至少十多處地理神山——崑崙山，也出現過更多的同樣源自域外的人工建築（Ziggurat）的各種祭壇，如祖、社、畤、臺、京、高、壇、墠等等，當然還包括崑崙丘和崑崙虛，它們均譯自或出自西亞的 Ziggurat。

崑崙問題困擾了學術界很久，歷代學者也不遺餘力地予以探求。歸納起來，研究的成果主要集中在三個方面，一是崑崙的地望，二是崑崙的源頭，三是崑崙的語義。這些研究雖多至汗牛充棟，但仍有不少值得修正和補充的地方，筆者在廣泛汲取前人研究成果的基礎上，提出一些個人淺見，認為「崑崙」首先是一個神話概念，它包含了源自域外的文化因素，崑崙山是崑崙神話中的神山，在神話崑崙的影響下，出現了實際上的崑崙山和人工的也名為崑崙的壇廟建築。崑崙神話最先進入古代中國的以隴山為中心的陝甘交界地區和以泰山為中心的山東兩地，它是與同期其他外來文化如彩陶、冶銅術、綿羊、山羊、黃牛和小麥等伴隨而來的。崑崙神話傳播到的地方，除了多有人工的崑崙之丘和崑崙之虛，還有被指定的高山——崑崙山。因此，古代中國有多處崑崙山。崑崙文化影響了古代中國許多的文化現象，例如丘虛文化、封禪文化、明堂文化、亞形造型，等等。

一、崑崙山是世界崑崙神話中的神山

　　中國學者在討論崑崙問題時，雖容易將神話崑崙與實體崑崙搞混，但一直有著將崑崙山看作是崑崙神話中的神山的正確傳統，例如中國神話學開創者之一茅盾先生，便認為可堪與希臘的神山奧林匹斯山比擬的，就是崑崙〔註1〕。關於此神山的神話源頭，中國學者要麼不予關注，要麼意見不一。只有少數學者認為崑崙神話包含著域外文化因素。他們是蘇雪林、凌純聲、丁山、楊希枚等人。筆者大致認同他們的觀點，仍在此闢專節討論，一為此觀點是後文展開的前提，二為此觀點在學界不彰，大有申述的必要。因此，筆者從中外崑崙神話主要情節的雷同和崑崙二字的外來詞性質兩方面重新展開論證。

　　先看域外的崑崙山神話情節。蘇雪林考西亞神話，說有一仙山名叫 Khursag Kurkura，義為「世界山」，或「大地唯一之山」，是諸神聚居之處，也是諸神的誕生地。而希臘的奧林匹斯神山情節更細緻，此山最高處有天帝宙斯宮殿，其他諸神各有山頭，宙斯宮殿雲母所造，殿中寶座，黃金白銀所成，群神會議常在此處召集，此山之高，直通於天，因此它也是登天的階梯。印度的蘇迷盧山，是天地之中心，眾神（常譯作「諸天」）住在山頂，城池宮殿，毗琉璃珠，真金為壁，門戶亦是。山上樹出眾香，香遍山林，一切禽獸，身皆金色，等等〔註2〕。

　　崑崙山的神跡散見於《山海經》、《淮南子》等典籍，歸納起來有這些特點，它是「天地之中」〔註3〕，是天柱，它有三層，從第三層懸圃再上，就上天了〔註4〕，因此它也是登天的階梯，山上是「百神之所在」〔註5〕，當然更是大神黃帝和西王母所居之地，又稱「帝之下都」〔註6〕。山上物產豐富，多玉，又稱玉山，有各種珍禽、奇獸、嘉禾和珠樹，例如扶桑、若木、壽木、不死樹等等，山上有黃帝之宮、西王母宮等宮殿。

〔註1〕茅盾：《神話研究》，百花文藝出版社，1981年，第167頁。
〔註2〕蘇雪林：《崑崙之謎》，《屈賦論叢》，武漢大學出版社，2007年，第511～514頁。
〔註3〕袁珂譯注：《山海經全譯》，貴州人民出版社，1991年，第247頁注釋28。
〔註4〕〔西漢〕劉安、許匡一譯注：《淮南子全譯》卷四「地形」篇，貴州人民出版社，1990年，第233頁。
〔註5〕袁珂譯注：《山海經全譯》，貴州人民出版社，1991年，第244。
〔註6〕袁珂譯注：《山海經全譯》，貴州人民出版社，1991年，第244。

　　將域內外的這些神山一比較，便可見出它們的諸多重合情節。我們再從「崑崙」二字的語源來一探這些神山的關係。

　　「崑崙」二字字面無甚高義，符合音譯外來詞的特點，幾位前輩學者也確實找到了兩個可能的外族語言原詞，一是前文提到的西亞仙山之「Kurkura」，蘇雪林認為它音近「崑崙」，而義當是「大山」、「高山」之意〔註 7〕。凌純聲和楊希枚則都認為崑崙當譯自兩河流域的「Ziggurat」（Zikkurat）之第二、三音節，後者是西亞的多層廟塔〔註 8〕，乃仿自仙山「Kurkura」。我們比照二者的音讀，是相當可信的。此外，林梅村先生也曾從語詞上討論過「祁連」和「崑崙」的涵義，他認為二者都是外來詞，同譯自吐火羅語「kilyom」，後者是「聖天」之意，漢代譯作「祁連」，唐代譯作「祁羅漫」、「析羅漫」，而「崑崙」卻是該詞最早的漢語譯詞〔註 9〕。今天的新疆天山，在唐代被稱作「析（初、折）羅漫山」，而今天的祁連山，古代則有「祁連天山」的聯稱，可見「祁連」和「崑崙」，均有「天」之意，這正是崑崙山所具有的通天之山的名實相符之表現。

　　綜上，崑崙山的神山性質及它受到域外神山的影響已十分明顯。崑崙山當與印度的蘇迷盧山、希臘的奧林匹斯山有同源關係，它們均應源自兩河流域的 Khursag Kurkura 山。

二、崑崙神話最先進入陝甘交界地區和山東地區

　　崑崙神話既然傳自域外，那它最先進入東亞大陸的地域在何處？經綜合判斷，筆者以為它率先分頭傳到了以隴山為中心的陝甘交界地區和以泰山為中心的山東地區，且分別曾將隴山和泰山當作這一神話中的通天之山──崑崙山。至於為何將隴山和泰山認作崑崙山，筆者將在下一節作解析，這裡我們先以隴山和泰山神話以及這兩地出現的其他外來文化因素為依據，考察崑崙神話進入這兩地的可能狀況。

　　崑崙山神話中講到此神山是「百神之所在」，其中提及最多的是西王母和

〔註 7〕蘇雪林：《崑崙之謎》，《屈賦論叢》，武漢大學出版社，2007 年，第 512 頁。
〔註 8〕凌純聲：《崑崙丘與西王母》，《中央研究院民族學研究所集刊》，第二十二期（1966 年），第 219 頁；楊希枚：《論殷周時代高層建築之「京」、崑崙與西亞之 Zikkurat》，《先秦文化綜論》，廣西師範大學出版社，2008 年，第 80 頁。
〔註 9〕林梅村：《祁連與崑崙》，《漢唐西域與中國文明》，文物出版社，1998 年，第64～69 頁。

黃帝，還有稱崑崙山「為天地心，神仙所居，五帝所理」〔註10〕。這都不出三皇五帝的範圍，儘管今天還有不少學者將三皇五帝當作歷史人物，但筆者只將他們看作神話人物，且主要神話情節也源自域外〔註11〕，後代史籍將他們混同於真實歷史記載中，不過是神話歷史化的結果。

隴山及其周圍，正集中存在著大量三皇五帝神話傳說。如言黃帝生於天水軒轅谷〔註12〕，或稱生於上邽（今甘肅天水）壽丘〔註13〕，西王母的「遺跡」也不少，酒泉南山（今祁連山）有西王母石室，王母堂，珠璣鏤飾，煥若神宮云云〔註14〕，甘肅涇川有王母宮山，也稱回中山，乃紀念周穆王臨別西王母回望流連之意，山上宮觀寺廟多處，王母宮是中心建築之一（圖 1-1）。明陝西巡撫薛綱過回中山王母宮，曾吟詩一首「曉騎驄馬過回中，上有西池阿母宮。瑤草變成芳草綠，蟠桃讓與野桃紅」。可見明代回中山的西王母信仰依然正盛〔註15〕。其他三皇五帝傳說也有許多。如伏羲生於甘肅成紀〔註16〕，其妹女媧生地自不必說，女媧葬地有多說，其中三處指向陝、晉、豫三省交界的黃河大轉彎處的風陵渡的風陵〔註17〕。炎帝的誕生地，經范三畏先生考證，當在天水附近的西漢水上游，也即漾水（姜水）〔註18〕。其他如秦安伏羲廟、女媧祠（圖 1-2：1）、媧皇廟、聖母廟，甘谷羲皇故里石碑，天水羲皇故里伏羲廟（圖 1-2：2），成紀女媧洞，清水軒轅溪、軒轅窯、三皇溝，平涼崆峒山〔註19〕，等

〔註10〕〔宋〕洪興祖：《楚辭補注》，中華書局，2015 年，第 33 頁。

〔註11〕詳細論證要等待筆者在《三皇五帝新解》論文中展開。

〔註12〕〔北魏〕酈道元：《水經注全譯》卷十七「渭水」條，貴州人民出版社，1996年，第 619 頁。

〔註13〕范三畏：《曠古逸史——隴右神話與古史傳說》，甘肅教育出版社，1999 年，第 138 頁。

〔註14〕〔西漢〕司馬遷：《史記》，第九冊，「司馬相如列傳」，中華書局，1959 年，第 3061 頁。

〔註15〕西北師範大學古籍整理研究所：《甘肅古蹟名勝辭典》，甘肅教育出版社，1992年，第 107 頁。

〔註16〕羅泌：《路史·後紀一》卷十，欽定四庫全書本，第 2 頁；〔北魏〕酈道元：《水經注全譯》卷十七「渭水」條，貴州人民出版社，1996 年，第 615 頁。范三畏第 1、2 頁。

〔註17〕范三畏：《曠古逸史——隴右神話與古史傳說》，甘肅教育出版社，1999 年，第 74 頁。

〔註18〕范三畏：《曠古逸史——隴右神話與古史傳說》，甘肅教育出版社，1999 年，第 116 頁。

〔註19〕李潤強：《曠古逸史——關於伏羲、女媧、黃帝和西王母的傳說》，《中國典籍與文化》，1994 年第 4 期。

等。還值得一提的是「冀」，此地名曾用在先秦的甘肅甘谷，如「（秦）武公十年，伐邽、冀戎，初縣之」〔註 20〕，這冀戎所在地正是今天的甘谷縣，在這初設的冀縣區域，還有冀川、冀水和冀谷〔註 21〕。至於「冀」字的本義及山東也存在的冀、齊，下文再予以討論。

圖 1-1：1
甘肅涇川王母宮山西王母宮

圖 1-1：2
甘肅涇川王母宮山西王母下降處石刻
〔註 22〕

圖 1-2：1
甘肅秦安隴城女媧廟

圖 1-2：2
甘肅天水伏羲廟先天殿〔註 23〕

　　泰山附近的三皇五帝神話傳說也非常集中。「黃帝生於壽丘，在魯城東門之北」〔註 24〕，此「壽丘」和「魯」有兩解，除上文所說在上邽（今甘肅天水）外，還有一說是在山東曲阜東北。黃帝戰蚩尤傳說裏，說到「蚩尤幻變多

〔註 20〕〔西漢〕司馬遷：《史記》，第一冊，「秦本紀」，中華書局，1959 年，第 182頁。
〔註 21〕〔北魏〕酈道元：《水經注全譯》卷十七「渭水」條，貴州人民出版社，1996年，第 613～614 頁。
〔註 22〕分別採自張懷群：《臺灣—涇川：西王母朝聖之旅 20 年》，九州出版社，2011年，第 14、4 頁。
〔註 23〕採自霍想有主編：《伏羲文化》，中國社會出版社，1994 年，彩頁 1。
〔註 24〕〔晉〕黃甫謐：《帝王世紀》，齊魯書社，2010 年，第 9 頁。

方，徵風召雨，吹煙噴霧，黃帝師眾大迷。帝歸息太（泰）山之阿，昏然憂寢，王母遣使者被玄狐之裘。以符授帝，……佩符既畢，王母乃命一婦人，人首鳥身，謂帝曰：『我九天玄女也。』授帝以三官五意陰陽之略，太乙遁甲六壬步斗之術，陰符之機，靈寶五符五勝之文。遂克蚩尤於中冀」〔註25〕。這裡指出黃帝的歸息地是太（泰）山，也提到了「中冀」。有人論證西王母是早期的泰山女神〔註26〕，上面引證的黃帝戰蚩尤傳說中的王母，正是西王母。溫玉春等論證黃帝、顓頊、帝嚳、堯、舜等五帝氏族，均原居今山東〔註27〕，他們的論證依據，正是歷代保留下來的三皇五帝傳說記載。

　　不管是論證包含崑崙神話在內的三皇五帝事蹟在陝甘交界的隴山周圍的學者，還是想論證它們在山東泰山周圍的學者，他們看到這些歧見，不是想盡力證否一處，就是想通過「合理解釋」來彌合分歧。例如何光岳認為「山東曲阜之壽丘，乃黃帝族以後東遷到曲阜而帶去的地名。最早的壽丘，應從姬、姜二水和軒轅谷附近去找」〔註28〕。學者們之所以要曲意彌合分歧，是因為他們相信三皇五帝都是信史，既是歷史人物，當然不存在既生於甲地，又生於乙地的說法，這不合邏輯。但若我們知道三皇五帝不過是神話，而且還是揉合了大量域外文化因子的混合式神話，就不必斤斤計較於一地了。因為神話會在傳播的過程中與當地人事和環境結合，變成本地族群的創世或族群起源神話，更何況從域外傳來的崑崙神話和三皇五帝神話，如果它們最先分頭進入的是陝甘交界的隴山地區和山東的泰山地區，完全可以各自在當地扎下根來，因為有共同來源，故有重合重複之處。這是我對崑崙神話和三皇五帝神話分別集中於這兩地的解釋。

　　我們還想做更具體解釋的是「壽丘」和「冀」。「壽丘」乃黃帝出生地，作為崑崙神話和三皇五帝神話的主角，他完全可以分頭進入隴山地區和泰山地區，因此留下相同的「壽丘」地名。根據蘇雪林的研究，黃帝是域外五星神話中的土星神，同於《九歌》中的湘君。土星神所對應的土星，在五星中公轉週期最長，繞太陽公轉一周大約29年，故西亞人稱它為「不動者」和「永久者」，希

〔註25〕〔明〕董斯張：《廣博物志》，上海古籍出版社，1992年，第112頁。
〔註26〕呂繼祥：《泰山娘娘信仰》，學苑出版社，1994年，第16頁。
〔註27〕溫玉春：《黃帝氏族起於山東考》，《山東大學學報》，1997年第1期；溫玉春、曲惠敏：《少昊、高陽、高辛、陶唐、有虞諸氏族原居今山東考》，《管子學刊》，1997年第4期。
〔註28〕何光岳：《炎黃源流史》，江西教育出版社，1992年，第509頁。

臘人稱土星神克洛諾斯（Cronus，宙斯之父）為時間之神，是時間老人〔註29〕，這「永久者」、「時間老人」之謂，不正符合「壽丘」之「壽」麼？因此這「壽丘」當也不是胡亂取的，應是與黃帝神話一併傳到陝甘和山東地區的。兩地的「壽丘」，對應於各自的黃帝誕生神話，並不衝突，可以和平共處。

關於「冀」，蘇雪林引高誘注《淮南子》：「冀州，大也，四方之主」，郭璞注《爾雅》：「兩河之間為冀州」，因而推斷「冀」也為外來概念，最先當指西亞兩河之間的美索不達米亞平原，引到東亞，冀州實指國之中者，即「中國」，而非九州中的一州。而道家書中，又多用「齊州」表中國，冀、齊當係一音之轉〔註30〕。山東有古齊地、齊國，冀之名，仍用於山東的近鄰河北之簡稱。這「齊」和「冀」，怕也是域外神話一併傳來時的遺痕。無獨有偶。甘肅甘谷先秦有冀戎，後設冀縣，當也是域外神話傳到陝甘地區的遺留。這便是我們對兩地的「冀」所做的解釋。

若兩地僅有神話的相重和所謂「史蹟」的重複纏繞，還不能肯定就是外來同源神話分頭進入兩地所造成之現象，但若結合這兩地史前的其他外來文化，特別是考古學上之證據，恐怕就要坐實我們的觀點。下面略述這些考古學上之外來文化證據。

筆者曾以彩陶、冶銅術、綿羊、山羊、黃牛、小麥等為例，探討了外來文化進入中國的時間和傳入地，時間可以早到新石器時代，其後續有往來，新石器時代中晚期和青銅時代，成為中外接觸最持久和活躍的時期，地點則集中於兩地，即陝甘交界地區和山東地區〔註31〕。在另一篇文章中，筆者考證出外來小麥在仰韶時代末期和龍山時代，以大致同時的時間分頭進入這同樣的兩地，排除了兩地經過河南為中介的小麥傳播可能性〔註32〕。這兩個地域，恰是崑崙神話和三皇五帝神話流傳最為集中的地方。我們認為這不是巧合，當是帶來彩陶、冶銅術，或是馴化綿羊、山羊、黃牛，或是栽培小麥的外來人群，也同時帶來了他們的崑崙神話和五星神話（三皇五帝神話是五星神話的中國化），他們在這兩個地方融入當地族群，讓彩陶、冶銅術、綿羊、山羊、黃牛、小麥，還有神話在當地扎下了根，並向四周傳播開來，這些外來的物

〔註29〕蘇雪林：《屈原與〈九歌〉》，武漢大學出版社，2007年，第239、244頁。
〔註30〕蘇雪林：《屈賦論叢》，武漢大學出版社，2007年，第541～551頁。
〔註31〕宋亦簫：《中國與世界的早期接觸：以彩陶、冶銅術和家培動植物為例》，《吐魯番學研究》2015年第2期。
〔註32〕宋亦簫：《小麥最先入華的兩地點考論》，《華夏考古》2016年第2期。

質文化和神話，逐漸融入華夏文明並成為華夏文明的源頭之一。

三、中國境內有多處崑崙山

崑崙神話既屬外來，它最先傳入之地陝甘交界的隴山地區和山東的泰山地區，當是崑崙神話的最早落地生根處，隴山和泰山也正是最早的崑崙山。隨著崑崙神話向四處傳播，形成了有崑崙神話處便有「崑崙山」的局面。因此中國境內有多處「崑崙山」。需要說明的是，這些「崑崙山」均是當地族群對崑崙神話中的崑崙神山在當地的指代，故儘管多不以「崑崙」名之，但均可解析出與「崑崙」千絲萬縷的聯繫。下面選取若干予以分析。

1. 泰山

言泰山就是崑崙山者，有蘇雪林、何幼琦和何新，他們均言之成理，因此我在這裡主要是歸納他們的觀點。

蘇雪林說，泰就是太、大，泰山者就是大山也，取的是西亞的「世界大山」之義。泰山古名「天中」，言其居天下之中，也稱它處在大地的臍上。天門在泰山之頂，幽都在泰山腳下，這都跟世界大山的條件無一不合〔註33〕（圖1-3）。

| 圖1-3：1　泰山天街〔註34〕 | 圖1-3：2　泰山天柱峰（玉皇頂）〔註35〕 |

何幼琦通過對《山海經》中的《海經》的新探，發現《海經》所說的疆域，就是泰山周圍的山東中部地區，其中心大山名崑崙虛，經對其周邊七條河川的分析，與泰山周圍的水系無一不合，相反以之去衡量其他各處崑崙，則一個都不具備。因此這中心大山崑崙虛就是泰山〔註36〕。

何新在認同何幼琦結論的基礎上，補充論證了「流沙」和「弱水」，指出「流沙」也就是「沙河」，泰山地區有季節性異常洪水和異常枯水的極端現象，每逢

〔註33〕蘇雪林：《屈賦論叢》，武漢大學出版社，2007年，第545、565、567頁。
〔註34〕作者自攝於2016年夏。
〔註35〕採自王佳編著：《中國名山》，黃山書社，2012年，第44頁。
〔註36〕何幼琦：《〈海經〉新探》，《歷史研究》，1985年第2期。

夏秋暴雨，山洪挾帶泥沙礫石洶湧向前，但歷時很短，水位迅速下落，沙礫紛紛停積下來，形成所謂流沙，平時，則只剩下涓涓細流，這大面積的沙礫和涓涓細流，應是古書裏所說的「流沙」和「弱水」。此外，何新又從名稱上作了進一步論證，因泰山古稱太山，太、大、天三字古代通用，而崑崙也有「天」之意，二者從名稱上便相通了。他還從軒轅的古音為 Kuang lun，其對音是崑崙，而崑崙山在《呂氏春秋·古樂篇》中記作「阮隃」山，從而引證崑崙—阮隃—軒轅是一聲之轉。另今山東有隃隃山、昆崳山，疑皆崑崙一詞的變名〔註37〕。

　　除了以上論證，從泰山神話傳說與黃帝、西王母的密切關係，也能看出泰山與崑崙山的等同性來。

　　2. 隴山

　　隴山之「隴」，同「壟」。呂微通過蛙和蟾蜍別名苦蠪，論證隴山得名，當由崑崙而來〔註38〕。聞一多首先論證過蛙和蟾蜍得名苦蠪是因它們腹圓〔註39〕，呂微認為，苦蠪、窟窿、葫蘆，都是崑崙的音轉，其相同的內涵是它們都表示「圓」。因此，「隴」當也含有「圓」之意，隴山也是崑崙山。這是從語音語義上對隴山與崑崙山的鉤連。

　　此外，回中山即王母宮山，屬隴山北段，其上曾有王母宮建築，還有北魏開鑿保存至今的王母宮石窟及其他西王母遺跡，這又從西王母與崑崙山的關係上強化了隴山也是崑崙山的結論。

　　3. 祁連山

　　持祁連山是崑崙山觀點的學者最多，有顧頡剛〔註40〕、黃文弼〔註41〕、蒙文通〔註42〕、唐蘭〔註43〕、孫作雲〔註44〕、楊寬〔註45〕、趙逵夫〔註46〕、

〔註37〕何新：《諸神的起源》，時事出版社，2002 年，第 123～142 頁。
〔註38〕呂微：《「昆侖」語義釋源》，《民間文學論壇》1987 年第 5 期。
〔註39〕聞一多：《詩經研究》，巴蜀書社，2002 年，第 29～32 頁。
〔註40〕顧頡剛：《崑崙傳說與羌戎文化》，《古史辨自序》，河北教育出版社，第 867～879 頁。
〔註41〕黃文弼：《西北史地論叢·河西古地新證》，上海人民出版社，1981 年，第 99 頁。
〔註42〕蒙文通：《周秦少數民族研究》，龍門聯合書局，1961 年，第 27 頁。
〔註43〕唐蘭：《崑崙所在考》，《國學季刊》第 6 卷第 2 期，1935 年。
〔註44〕孫作云：《敦煌畫中的神怪畫》，《考古》，1960 年第 6 期。
〔註45〕楊寬：《〈穆天子傳〉真實來歷的探討》，《中華文史論叢》，第 55 輯，第 200 頁。
〔註46〕趙逵夫：《崑崙考》，《屈騷探幽》，巴蜀書社，2004 年，第 362～365 頁。

朱芳圃〔註47〕、蕭兵〔註48〕等人，他們多從祁連山符合《山海經》中所載山水位置、祁連山上有西王母石室等遺跡、「祁連」義為「天」同於「崑崙」等方面考訂，這都頗有見地。但他們的出發點都是實定出唯一的崑崙山，而要否定其他，這是筆者不能同意的。原因在於他們還沒有認識到崑崙神話來自域外，這神話崑崙傳入中土後，每到一處是會將當地最有名、最接近神話崑崙的神話地理的高山定做崑崙山的。

4. 賀蘭山

「賀蘭」當為音譯詞。湯惠生論證過賀蘭可能譯自匈奴語「天」，祁連、崑崙、赫連、賀蘭都是古代匈奴語「天」的稱謂〔註49〕。關於「赫連」，這是十六國中的胡夏國建立者赫連勃勃給自己取的姓，《晉書·赫連勃勃載記》稱「帝王者，係天為子，是為徽赫，實與天連」，這「赫連」當然是取「天」之義，進一步印證了與「赫連」音近的「賀蘭」，確為外來語「天」之音譯。賀蘭山既是天山，自然有崑崙山之意。此外，湯惠生從賀蘭山擁有中國最多、最集中的人面像岩畫出發，認為這體現了賀蘭山的宇宙山、世界山地位，而崑崙山正是信奉崑崙神話的族群的宇宙山或世界山。

5. 嵩山

嵩山可比崑崙山之處，一在它的名稱，嵩山又稱嵩高，還稱崇高〔註50〕，含有高山、大山之意，崑崙山作為世界山、宇宙山，也有高山、大山之意，崑崙所譯自的「Zikkurat」，也有高、大之意。二在嵩山的形狀，它有「外方山」之稱，見於《尚書·禹貢》〔註51〕和《漢書·地理志》。《漢書》中直稱：「崇高，武帝置，以奉太室山，是為中嶽，有太室、少室山廟。古文以崇高為外方山也」〔註52〕。而崑崙山呈「方形」則在《山海經》裏有多處見載。三在嵩山的主峰山脈太室山名稱上，清代阮元討論金文中的亞形外廓，他發現金文中每有此形，其銘便有「王格太室」幾字，而這亞形，就是明堂之形。則太室

〔註47〕朱芳圃：《中國古代神話與史實》，中州書畫社，1982年，第149頁。
〔註48〕蕭兵：《神話崑崙及其原型》，《楚辭與神話》，江蘇古籍出版社，1986年，第501～505頁。
〔註49〕湯惠生：《崑崙山神話與薩滿教宇宙觀》，《青藏高原古代文明》，三秦出版社，2003年，第424～426頁。
〔註50〕顧頡剛：《論巴蜀與中原的關係》，四川人民出版社，1981年，第46頁。
〔註51〕屈萬里注譯：《尚書今注今譯》，新世界出版社，2011年，第31頁；
〔註52〕施丁主編：《漢書新注》，三秦出版社，1994年，第1131頁。

也就是明堂〔註53〕。後文中我們還將論證明堂是崑崙的異名或遺形，則這太室山也可等同於崑崙山了。

　　最重要的是第四點，嵩山周圍有眾多的三皇五帝神話〔註54〕。如盤古開闢神話，分布在黃河北岸、豫西和嵩山周圍，其中盤古肢體化生情節，堪比西亞創世神話中的原始女怪肢體被創造神馬杜克肢解化生神話。三皇功業在嵩山更是有著密集的分布，少室山上有三皇寨，寨里有三皇廟，嵩山餘脈密縣天爺洞上有三皇殿，伏羲畫卦被認為在嵩山北麓的「洛訥」，涉縣的媧皇宮、西華的女媧城、泌陽的女媧山、嵩山北麓的「陰陽石」等等，都是女媧神話遺跡。

　　嵩山上還有黃帝和西王母神跡。如黃帝出生和建都在嵩山餘脈風後嶺附近的軒轅丘；黃帝及其後裔帝嚳、顓頊、堯、舜、禹，都在嵩山周圍留下了活動遺跡，並留下活態傳說。嵩山上還留下了西王母與黃帝飲美酒、賜后羿不死藥等傳說。嵩山如此多的神話傳說，難怪被神話學家張振犁先生譽為東方的奧林匹斯聖山。鑒於與崑崙山關係密切的黃帝和西王母神話嵩山皆有，加上以上四證，我們認為嵩山也曾被先民當作崑崙山（圖1-4）。

1　　　　　　　　　　2　　　　　　　　　　3

圖1-4：1　河南登封嵩山三皇寨和三皇廟　　　圖1-4：2　河南登封嵩山啟母石〔註55〕　　　圖1-4：3　河南登封嵩山「天地之中」歷史建築群之觀星臺〔註56〕

6. 陰山

　　陰山是今內蒙中部黃河以北的一座高山。「敕勒川，陰山下」的北朝民歌

〔註53〕劉宗迪：《失落的天書——〈山海經〉與古代華夏世界觀》，商務印書館，2016年，第506頁。
〔註54〕張振犁：《東方奧林匹斯聖山——嵩山神話探秘》，《中原神話研究》，上海社會科學院出版社，2009年，第315～325頁。
〔註55〕圖1-4：1、2由登封李歡歡提供。
〔註56〕圖1-4：3採自王佳編著：《中國名山》，黃山書社，2012年，第57頁。

使其聲名大振。但在遼金時期，陰山也稱連山、祁連山和天山〔註57〕，可見北方族群也是將它當作崑崙山的。丁山也認為，陰山或許可指《山海經·海內北經》中的崑崙虛〔註58〕。

7. 陸渾山（三塗山）

陸渾山在河南嵩縣，得名於陸渾之戎遷居於此。三塗山見於《逸周書》〔註59〕、《左傳》〔註60〕和《水經注》〔註61〕，《左傳》杜注言其位於今嵩縣西南伊水之北，俗名崖口。丁山論證陸渾即崑崙，而三塗即須彌（Sumeruo，又譯蘇迷盧），三塗山，就是今天的陸渾山〔註62〕。比較音讀，似乎三塗比須彌更接近 Sumeruo。今天的陸渾山周圍，其西南有王母澗，澗北山有王母祠，而陸渾山的主峰「女幾山」南麓，有西王母祠，附近的伏流嶺上有崑崙祠〔註63〕。女幾山南麓現存有漢代的石刻三皇廟，等等。這些遺跡印證和強化了陸渾山（三塗山）曾擔當過崑崙山的神山使命。

8. 塗山

塗山有兩處，一在安徽懷遠縣，一在浙江紹興市，二者都有著禹娶塗山氏和禹會諸侯於塗山的神話，懷遠塗山有塗山氏祖廟，而紹興塗山則曾建大禹廟，可見塗山是一座富含大禹神話的神山。顧頡剛、楊寬和聞一多等諸位先生都認為塗山就是三塗山的簡稱〔註64〕，顧頡剛還認為禹與塗山之神話都應產生於今嵩縣的三塗山，而這兩處塗山的禹神話，應是「秦漢以後裝點出

〔註57〕蕭兵：《神話崑崙及其原型》，《楚辭與神話》，江蘇古籍出版社，1986 年，第507 頁。

〔註58〕丁山：《論炎帝太嶽與崑崙山》，《古代神話與民族》，商務印書館，2005 年，第412 頁。

〔註59〕黃懷信等撰：《逸周書匯校集注》（上冊），卷五「度邑解」，上海古籍出版社，2007 年，第481 頁。

〔註60〕楊伯峻編著：《春秋左傳注》「昭公四年、十七年」，中華書局，2009 年，第1246、1389 頁。

〔註61〕〔北魏〕酈道元：《水經注全譯》卷十五「洛水」條，貴州人民出版社，1996年，第540 頁。

〔註62〕丁山：《論炎帝太嶽與崑崙山》，《古代神話與民族》，商務印書館，2005 年，第420 頁。

〔註63〕〔北魏〕酈道元：《水經注全譯》卷十五「洛水」條，貴州人民出版社，1996年，第539～540 頁。

〔註64〕顧頡剛：《論巴蜀與中原的關係》，四川人民出版社，1981 年，第47 頁；聞一多：《天問疏證》，三聯書店，1980 年，第30 頁。

來的」〔註65〕。筆者由此推測這二處山名及禹神話可能是文化遷延的結果。但也因此將三塗山的崑崙山性質，繼承了過來。還值得一析的是大禹所娶的塗山氏，聞一多先生比較了她和高唐神女，發現二者在天帝之女的身份、所遇合的帝王對象、都是極主動的奔女三方面高度雷同〔註66〕。其實這是世界性的大母神神話在古代中國的衍化，她們也同於西王母，甚至遠同於西亞的大母神伊南娜和易士塔兒〔註67〕。如此，則塗山氏神話更強化了塗山的崑崙山地位。

9. 會稽山

會稽山是否有崑崙山之內涵，尚沒有人提出。筆者比較《山海經‧南山經》對會稽山的描述，如「會稽之山，四方，其上多金玉，其下多砆石」〔註68〕，認為它在外形、物產上符合崑崙山之特徵。此外，會稽山有大禹神話，雖缺三皇五帝神話，但或許是崑崙神話傳播過程中的文化衰減和變異現象。「會稽」二字之音讀，恐也似外來語譯詞，其與「崑崙」或許有同源關係。

10. 岷山

岷山延伸於甘南川北，其主峰雪寶頂位於四川省松潘縣境內。蒙文通曾根據《山海經》的山水形勝認定「河水出（崑崙）東北隅，以行其北」的「崑崙」，「捨岷山莫屬」〔註69〕。鄧少琴也認為「岷即崑崙也，古代地名人名有複音，有單音，崑崙一辭由複音變為單音，而為岷」〔註70〕。賈雯鶴還補充岷山就是蜀山、汶山，且岷山之得名，當取自「岷山，……，其上多金、玉，其下多白瑤」之「瑤」〔註71〕，這「瑤」正是美玉，因此岷山也即是玉山，而崑崙山也因盛產美玉而稱玉山或群玉之山。因此他認為岷山是崑崙的原型〔註72〕。三位學者只是站在實勘的角度論證地理上的崑崙山就是岷山，沒有意識到崑崙山首先是神話中的神山，且有著渺遠的域外源頭。因此看不到岷山其實也只是人間眾多的崑崙山之一，且崑崙才是原型，是源，岷山只是崑

〔註65〕顧頡剛：《論巴蜀與中原的關係》，四川人民出版社，1981 年，第 47 頁。

〔註66〕聞一多：《高唐神女傳說之分析》，《神話與詩》，天津古籍出版社，2008 年，第 133～134 頁。

〔註67〕宋亦簫：《西王母的原型及其在世界古文明區的傳衍》，《民族藝術》，2017 年第 2 期。

〔註68〕袁珂譯注：《山海經全譯》，貴州人民出版社，1991 年，第 8 頁。

〔註69〕蒙文通：《巴蜀古史論述》，四川人民出版社，1981 年，第 161 頁。

〔註70〕鄧少琴：《巴蜀史蹟探索》，四川人民出版社，1983 年，第 119 頁。

〔註71〕袁珂譯注：《山海經全譯》，貴州人民出版社，1991 年，第 159 頁。

〔註72〕賈雯鶴：《神話的文化解讀》，重慶大學出版社，2010 年，第 217～226 頁。

崙神山的人間鏡象，是流。

11. 天柱山

天柱山在安徽潛山縣，又名潛山，皖山，秦漢時稱「霍山」，漢武帝曾登山禮拜，封為「南嶽」。隋代詔改南嶽為衡山。天柱山則被稱為「古南嶽」。目前尚無人考證其與崑崙山的關係，也缺乏相關神話傳說。唯一可聯繫起來的是它的山名──天柱。崑崙山作為天柱，多有記載。如《山海經圖贊》：「崑崙……犖然中峙，號曰天柱」〔註73〕，《神異經》：「崑崙之山，有銅柱焉，其高入天，所謂天柱也，圍三千里，周圓如削」〔註74〕，《海內十洲記》：崑崙山「上通璇璣，……鼎於五方，鎮地理也，號天柱於珤城，象綱輔也」〔註75〕，等等。這「天柱」正代表了崑崙山上通於天，作為登天的階梯的特性。天柱山的得名，是否有崑崙神話影響的因素，目前還沒發現十足的證據，暫列在此，以待將來吧。

12. 天山

橫斷新疆的「天山」，是直到清代才成為固定的叫法，之前有很多異稱，如北山、白山、凌山、綾山、三彌山等〔註76〕，但唐代它已有「天山」之稱，如李白詩「明月出天山，蒼茫雲海間」可證，當時的胡人也稱之為「析羅漫山」〔註77〕，林梅村論證過此胡名與漢人所稱的「祁連山」都是吐火羅語「kilyom」（聖天）的音譯詞，而漢代的「祁連山」，也被林梅村和王建新證明指的正是今天的東天山，而不是今祁連山〔註78〕。如此，天山自漢代就有了與崑崙等義的名稱，自然具有了崑崙山的某些屬性了。

支持天山也曾作為崑崙神話中的神山的證據，還有它上面的西王母傳說

〔註73〕〔晉〕郭璞：《山海經圖贊譯注》，嶽麓書社，2016年，第52頁。

〔註74〕〔西漢〕東方朔：《神異經》，《漢魏六朝筆記小說大觀》，上海古籍出版社，1999年，第57頁。

〔註75〕〔西漢〕東方朔：《海內十洲記》，《漢魏六朝筆記小說大觀》，上海古籍出版社，1999年，第70頁。

〔註76〕成一等：《絲綢之路漫記》，新華出版社，1981年，第81頁。

〔註77〕林梅村：《吐火羅人與龍部落》，《漢唐西域與中國文明》，文物出版社，1998年，第72頁。

〔註78〕林梅村：《吐火羅人與龍部落》，《漢唐西域與中國文明》，文物出版社，1998年，第71～73頁；王建新：《中國西北草原地區古代游牧民族文化研究的新進展──古代月氏文化的考古學探索》，《周秦漢唐文化研究》，第三輯，三秦出版社，2004年，第240～243頁。

及遺跡。例如西王母祖廟、王母腳盆、天池及其傳說等。東天山的最高峰博格達峰，已被林梅村證明當是最早所指的「敦煌」，而後者在吐火羅語中是「高山」之意〔註79〕，這就跟同有「高山」之意的「崑崙」產生了聯繫。也有人認為《禹本紀》中所言「崑崙」，就是指博格達峰（圖1-5）。

圖 1-5　天山天池（西王母瑤池）〔註80〕

13. 崑崙山

崑崙山是指今日新疆和西藏的界山，它本稱于闐南山。得名「崑崙山」是漢武帝在張騫的介紹和按古圖書《山海經》的記載而御定〔註81〕。既有皇帝親定，歷代便也多將其當作崑崙神山看待，黃帝、西王母紀念建築及祭祀活動也鋪張開來。道教徒更尊其為仙山，明末道教混元派在崑崙山設道場，號稱崑崙派。至今海內外道教信徒經常千里迢迢朝拜崑崙山，尋祖訪道〔註82〕（圖1-6）。

14. 西寧「青海南山」

青海西寧在漢代屬金城郡臨羌縣。《漢書·地理志》記載：「金城郡臨羌，西北至塞外，有西王母石室、仙海、鹽池，……西有須抵池，有弱水、崑崙山祠」〔註83〕。這崑崙山祠，當建在當時的崑崙山上，由仙海（即今青海湖）、

〔註79〕林梅村：《吐火羅人與龍部落》，《漢唐西域與中國文明》，文物出版社，1998年，第77頁。

〔註80〕圖1-5採自宋本蓉編著：《名山之謎》，哈爾濱出版社，2009年，第7頁。

〔註81〕蘇雪林：《屈賦論叢》，武漢大學出版社，2007年，第488～489頁。

〔註82〕曲六乙：《青海崑崙文化是金色文化》，《崑崙文化論集》，青海人民出版社，2002年，第3頁。

〔註83〕施丁主編：《漢書新注》（二）「地理志第八下」，三秦出版社，1994年，第1178頁。

鹽池等與西王母石室近，且西邊還有須抵池、弱水、崑崙山祠等推斷，這崑崙山或許為今西寧市以西、青海湖西南隅的青海南山。

圖1-6：1　俯瞰崑崙山

圖1-6：2　崑崙山黃帝故里祠區〔註84〕

15. 敦煌、三危山

敦煌在今甘肅西境，因境內莫高窟而馳名。前已引林梅村釋「敦煌」乃吐火羅語「高山」之意，且最先指的是東天山的博格達峰。則今敦煌之名可能為「其不能去者，保南山羌」的小月氏人所帶來，且一併將本指東天山的祁連山名也帶到了酒泉南山，久之異名為祁連山。「敦煌」的「高山」本義將其與崑崙山聯繫起來。此外，《漢書·地理志》敦煌郡條下記載：「敦煌……廣至，宜禾都尉治崑崙障」〔註85〕。這崑崙障是防禦工事，當建在有險可恃的山陵之上，由其名「崑崙」，可推應即是崑崙山上。

三危山首現於《尚書·舜典》，言舜「竄三苗於三危」〔註86〕，不少人以史實觀之，但筆者以為還是將其看作神話且「三危」也是神話中的神山為好。再見於《山海經·西山經》之「西次三經」，言「三危之山，三青鳥居之」〔註87〕。因此，《山海經》中的三危山是西王母和三青鳥居住的地方。三危山在現實地理中位於敦煌莫高窟附近。宋代，在三危山頂修建了王母宮。以後歷朝又修建了不少廟宇，幾經滄桑，幾度興衰。現在，保存下來的仍有王母宮、觀音井、南天門、老君堂等建築和遺跡。三危山就是崑崙山，

〔註84〕圖1-6：1、2均採自宋本蓉編著：《名山之謎》，哈爾濱出版社，2009年，第24、26頁。

〔註85〕施丁主編：《漢書新注》（二）「地理志第八下」，三秦出版社，1994年，第1182頁。引文中的「廣至」，縣名，在今甘肅安西縣南破城子。

〔註86〕江灝等譯注：《今古文尚書全譯》，貴州人民出版社，1990年，第27頁。

〔註87〕袁珂譯注：《山海經全譯》，貴州人民出版社，1991年，第39頁。

已被鄧少琴〔註88〕和賈雯鶴〔註89〕等討論過，我們再補充一些分析。先分析「三危」二字，「危」釋「高」，這就近於崑崙山所謂的高山、大山了，而崑崙山，被描述為三個層級——崑崙、涼風和懸圃〔註90〕，這正合三危山的「三」，因此我們認為三危山也是崑崙山。此外，「三青鳥」本是為西王母取食的伴鳥，它在崑崙山，漢畫像中，我們也常見到居中坐在龍虎座上的西王母，旁邊有三青鳥相伴，因此這居於三危山的三青鳥，再次將三危山與崑崙山歸併到了一起（圖1-7）。

圖1-7：1　　　　　　　圖1-7：2　　　　　　　圖1-7：3
遠眺三危山　　　　　　三危山南天門　　　　　三危山頂王母宮〔註91〕

　　敦煌、崑崙障、三危山三名在今甘肅西境匯合一處，當然不是偶然巧合，它們都指向了崑崙神話中的神山——崑崙山。

四、崑崙的內涵及影響

　　還想從語義上對崑崙的內涵作一番梳理，彌補前文在這方面探討的不足。崑崙神話傳衍到古代中國，不僅出現了多處實地崑崙山，還對中國古代文化產生了多方面的影響，下面也集中作一些討論。

1. 崑崙的語義

　　崑崙屬外來詞，殆無疑義。數位學者已對崑崙的外來語原詞做過勘同工作。如上文提到的蘇雪林認為是西亞之仙山「Kurkura」之音譯，義為大山、高山。凌純聲、楊希枚認為是譯自兩河流域的「Ziggurat」（Zikkurat）之第二、三音節，義為崇高〔註92〕。楊希枚還認為殷周的甲金文「京」、「高」，均表示人工高層建築，且二者無甚區別，而「京」字當也譯自 Ziggurat，它和崑崙，

〔註88〕鄧少琴：《鄧少琴西南民族史地論集》，巴蜀書社，2001年，第498頁。
〔註89〕賈雯鶴：《神話的文化解讀》，重慶大學出版社，2010年，第221～223頁。
〔註90〕〔西漢〕劉安等著：《淮南子全譯》，貴州人民出版社，1993年，第233頁。
〔註91〕圖1-7由敦煌研究院張小剛、宋利良提供。
〔註92〕凌純聲：《崑崙丘與西王母》，《中央研究院民族學研究所集刊》，第二十二期（1966年），第219頁。

可看成是同音異譯〔註93〕。林梅村則另闢蹊徑，找到了表示「聖天」之意的吐火羅語詞「kilyom」，認為在漢代以前，崑崙是對該詞的音譯，漢代以後則譯作「祁連」〔註94〕。這幾種看法，看似不一，其實不矛盾，且能互補。蘇雪林與凌純聲、楊希枚所定的外來語詞實為一致，只不過蘇所定乃指高大的神山，而凌、楊所定是以前者為依據所擬造的多重廟塔，這樣崑崙的所指則涵蓋二者，一方面指神話中的世界大山，另一方面則是指按照這世界山而造出的人工高塔。《山海經》中的崑崙丘、崑崙虛，呈四方形，正是模擬神話中的崑崙山而造出的多重人工建築。林梅村則挖掘出崑崙所含有的「天」之意。如此，則崑崙的本義，由神話中的世界大山，到模擬它的人工高塔，從而引出「高」、「天」之意，且均包含著崇高、神聖的宗教意蘊。

呂微曾專文討論過「崑崙」語義〔註95〕，筆者雖不完全贊同，但也多有可取之處，下面結合呂微的部分觀點，繼續考察「崑崙」概念的更多引申義。

崑崙有「圓」義。筆者以為這是因崑崙表「天」，而天是圓的，從而得義。因此衍生出混淪、渾沌、葫蘆、窟窿等表圓形的語詞，包括上面提到的蟾蜍別名苦蠪，也因它的腹大而圓。

由「圓」義，又引申出整個、完全的意思，如「囫圇吞棗」；再引申出「不可分離」之義，如渾沌神神話，他無面目、孔竅，被鑿開七竅後卻死了。這則莊子寓言想說明「圓」、「渾沌」在本質上不可分離，由此引申出「不可分離」之意，再引申出「不開通」、「不開明」、「不諳事理」，又由「不開明」引申出「黑」義，唐宋兩代的崑崙奴，就是黑人奴隸。

2. 崑崙的影響

崑崙神話傳入中國後，除了各崑崙神話的傳播地將本地高山認作崑崙山並賦予它「百神之所在」的神山地位外，崑崙神話還影響到古代社會的很多方面，例如丘虛文化、封禪文化、明堂文化乃至亞形造型等等。

先看丘虛文化。「丘」本指天然的小土山，龍山時代，先民開始從自然高丘向較為寬廣的平原發展，為了避免潮濕和水患，他們往往將聚落基址用土墊高，形成一種人工加築的聚落形式，仍以「丘」名之，這就是人工之丘。而

〔註93〕楊希枚：《論殷周時代高層建築之「京」、崑崙與西亞之 Zikkurat》，《先秦文化綜論》，廣西師範大學出版社，2008 年，第 80 頁。

〔註94〕林梅村：《祁連與崑崙》，《漢唐西域與中國文明》，文物出版社，1998 年，第 64～69 頁。

〔註95〕呂微：《「崑崙」語義釋源》，《民間文學論壇》，1987 年第 5 期。

「虛」則指「大丘也」〔註 96〕。由於人工丘虛的普及，它們也成了先秦時期的基層地域組織，自然也是人類活動的中心場所，一如凌純聲先生所言，「丘之功用，為一社群的宗教、政治和喪葬的中心。大至一國，小至一村，莫不有丘，蓋丘即社之所在」〔註 97〕。這裡提到的「社」，是指丘虛之居民進行祭祀神鬼的場所。形成了有丘即有社的局面，因此王增永先生又稱丘虛文化為「社丘文化」〔註 98〕。

而這祭祀神鬼的場所——社，經凌純聲先生研究，它是西亞廟塔建築 Ziggurat 的首音節音譯，當然還包括祖（古音讀姐）、畤、臺（古音讀持）〔註 99〕、京、高〔註 100〕等字，而「崑崙」譯自該詞第二、三音節，這幾個漢語詞都是同詞異譯而已。可見崑崙文化對丘虛文化的影響，首先在丘虛中必有的社祀上。其次，作為人工建築的 Ziggurat，傳來中國後，還稱為崑崙丘或崑崙虛，當是與丘虛文化結合的結果。此外，社壇的形制有圓有方、社壇層級三重、社木社樹等等方面，都應該是對崑崙的模仿。

再看封禪文化。狹義的封禪僅指中國古代帝王在太平盛世或天降祥瑞之時的祭祀天地的大型典禮。且封禪之地皆在泰山及附近小山上。而廣義的封禪，當指所有以壇墠設祭的活動。因為「中國古代祭祀神鬼之所在，曰壇曰墠，封土曰壇，除地曰墠；又築土曰封，除地曰墠。故凡言封禪，亦即是壇墠而已」〔註 101〕。關於「壇」「墠」二字，凌純聲認為這「壇」當是「崑崙」的中國語又一叫法，而「墠」則可能是 Saqāru（Ziggurat 同詞異寫）首音節節譯。故這壇墠文化，就是封禪文化，也是崑崙文化。若此說不誤，則上文已提及的祖、社、畤、臺、京、高、壇、墠、崑崙，均來自西亞的 Ziggurat。

〔註 96〕〔東漢〕許慎撰，〔清〕段玉裁注：《說文解字注》，中州古籍出版社，2006 年，第 386 頁。

〔註 97〕凌純聲：《美國東南與中國華東的丘墩文化》，中央研究院民族學研究所專刊之十五，1968 年，第 45 頁。

〔註 98〕王增永：《社丘為崑崙原型考》，《華夏文化源流考》，中國社會科學出版社，2005 年，第 213 頁。

〔註 99〕凌純聲：《中國的封禪與兩河流域的崑崙文化》，《中央研究院民族學研究所集刊》，第十九期（1965 年），第 1 頁。

〔註 100〕楊希枚：《論殷周時代高層建築之「京」、崑崙與西亞之 Zikkurat》，《先秦文化綜論》，廣西師範大學出版社，2008 年，第 72～80 頁。

〔註 101〕凌純聲：《中國古代社之源流》，《中國邊疆民族與環太平洋文化》，聯經出版事業公司，1979 年，第 1430 頁。

　　三看明堂。明堂是古代中國天子的太廟，據蔡邕考證，這種「宗嗣其祖以配上帝」的建築，在夏代稱「世室」，在商代稱「重屋」，周人稱「明堂」〔註102〕（圖5-10），後代沿用周人的叫法。總結明堂的功用，有「為祭天祀神之祭壇，為行政布令之宮殿，為施教興學之淵府，為朝見聚會之庭堂，國之大事皆行於明堂」〔註103〕。關於明堂與崑崙的關係，凌純聲先生考證為「明堂即壇，壇即崑崙」、「明堂為崑崙」〔註104〕，劉宗迪先生也討論過二者的關係，他認為明堂是崑崙的原型，並舉十一例以證二者之同〔註105〕。筆者認為這是未弄清崑崙的來源而造成的誤判，正確的說法是崑崙是明堂的原型，明堂也就是崑崙，只不過它屬崑崙中的人工建築那一部分，而非神山。至於劉宗迪先生總結的十一同點，放在筆者的觀點上同樣適用。例如二者都是觀象授時之所、崑崙「八隅之岩」與明堂的亞形結構、崑崙丘三成與明堂「土階三等」〔註106〕、崑崙神木與明堂測影圭表、崑崙弱水環繞與明堂四面環水之辟雍等等，這些相似，正是明堂按照崑崙丘或崑崙虛來構造的明證。

　　四看亞形造型。明堂的平面布局呈亞形，同於崑崙之丘的「八隅之岩」即平面有八個方角的結構，這已經被劉宗迪先生揭示過〔註107〕。這種模擬崑崙亞形造型的結構還體現在很多古代器物和建築構型中。筆者曾撰文對夏商時期的亞形造型作過分析，將這些亞形造型歸納為三類，一是青銅器、陶器上的亞形鏤孔或鑲嵌紋，二是金文、璽印上的亞形符號或「邊飾」，三是商代墓葬裏的亞形墓壙或墓室（圖5-4）。筆者認為這種亞形造型源自域外，最早的源頭是西亞兩河流域的新石器時代同類符號。且認為亞形造型是對龜板外形的模擬，而後者又出於西亞創世神話馬杜克劈開原始女怪龜形軀體以其下半部的龜板造大地的龜板之模擬，因龜板兩側正中為連接龜背而有突出甲片，

〔註102〕蔡邕：《明堂月令論》，《蔡中郎集》，掃葉山房藏版，第13頁。

〔註103〕劉宗迪：《失落的天書——〈山海經〉與古代華夏世界觀》，商務印書館，2016年，第495頁。

〔註104〕凌純聲：《崑崙丘與西王母》，《中央研究院民族學研究所集刊》，第二十二期（1966年），第237、238頁。

〔註105〕劉宗迪：《失落的天書——〈山海經〉與古代華夏世界觀》，商務印書館，2016年，第495～523頁。

〔註106〕〔戰國〕呂不韋門客：《呂氏春秋全譯》「恃君覽第八」之「召類」篇，貴州人民出版社，1997年，第763頁。

〔註107〕劉宗迪：《失落的天書——〈山海經〉與古代華夏世界觀》，商務印書館，2016年，第499頁。

與龜板頭尾部稍突出甲片合看，正呈十字形也即亞形（圖 5-11）。因大地乃龜板所造，它便成為大地的象徵。而亞形符號的中心，便也象徵著世界中心，是溝通天人的中介，是促進人類再生和新生的「生殖崇拜」觀念的符號表達〔註 108〕」。該文中筆者尚未點出這亞形結構模擬的也是具有「八隅之岩」的崑崙，現在這裡補上。

　　上面說到亞形結構是對龜形原始女怪的龜板外形的模擬，而亞形也可說模擬自具「八隅之岩」的崑崙，因此崑崙也與龜形原始女怪建立了聯繫。這能用來很好的解釋為什麼崑崙一說為圓，一說為方，它上通於天，又下通於地。筆者推測，因崑崙也是模擬自用來造大地的龜形原始女怪，或許先以渾圓的龜背（以造天）模擬之，故崑崙為圓，以指天，後又以呈亞形的方正龜板（以造地）模擬之，故崑崙又為方，以指地。

五、結論

　　崑崙山是崑崙神話中的神山，也稱世界山和宇宙山，崑崙山的「崑崙」二字，是外來詞，它譯自西亞多重廟塔 Ziggurat，或是吐火羅語聖天 kilyom，因此它有「崇高」、「聖天」之意。崑崙山神話堪比西亞、印度、希臘等地的世界山或宇宙山神話。因此我們認為，崑崙神話包含有濃厚的域外文化因素，它的最古源頭，當在西亞神話中。

　　崑崙神話這一外來神話，進入古代中國的方式，既不是進入一地再四處擴散，也不是多地並進，而是分頭且以大致同時的方式進入兩地，這兩地是以泰山為中心的山東地區和以隴山為中心的陝甘交界地區。這是山東地區和陝甘交界地區各自出現崑崙神話和三皇五帝神話特別集中的原因所在，考古學上的彩陶、冶銅術、綿羊、山羊、黃牛和小麥遺存，其始源也集中於這兩地，而這些遺存均屬外來文化，由此強化了外來崑崙神話分頭進入山東和陝甘交界地區的結論。

　　崑崙神話在中國境內各族群中傳播開來，形成了有崑崙神話處便出現地理神山——崑崙山的局面，經過分析，我們認為古代中國境內有十多處「崑崙山」，它們是泰山、隴山、祁連山、賀蘭山、嵩山、陰山、陸渾山（三塗山）、塗山、會稽山、岷山、天柱山、天山、崑崙山、青海南山、敦煌和三危山等等，此外，源自域外的模擬自崑崙山的 ziggurat 也傳來中國，《山海經》中稱

〔註108〕見本書第 5 章。

之為崑崙丘和崑崙虛。

崑崙的原始語義當有高山、神山、聖天之意，還引申出圓、完全、不可分離、不開明、黑等義項，成為漢語中一個較大的詞族。

崑崙文化對古代中國的影響，除了傳播崑崙神話的各地出現了地理神山——崑崙山外，還深刻地影響著古代文化的很多方面，例如丘虛文化及其中的社祀、封禪文化、明堂文化以及很多亞形造型等等，《山海經》記載的崑崙丘和崑崙虛，是西亞人工建築的多重廟塔（Ziggurat）傳來中國後的譯名，除了這兩詞和崑崙，還有祖、社、畤、臺、京、高、壇、墠等等，均來自西亞的Ziggurat。

原載於《絲綢之路研究集刊》第四輯，商務印書館，
2019 年 11 月，第 1～19 頁。

第二章　大汶口文化和良渚文化
刻符中的崑崙形象

提要：

　　大汶口文化陶尊和良渚文化玉器上的絕大部分圖像式刻畫符號，是對崑崙山形象的描摹。崑崙神話中的崑崙山有「日月所出入」之山、崑崙山上有神樹——世界樹、崑崙山天柱、崑崙山形似偃盆、上廣下狹、崑崙山為三層之神山、崑崙山上有神鳥、崑崙山的支輔是四角大山、崑崙山下有幽都地府等等神話意象。外來的崑崙神話及反映在刻畫符號中的崑崙形象，並非外來文化孤例，其實它們是彩陶、冶銅術、綿羊、山羊、黃牛、小麥等外來文化進入山東等沿海地區的伴隨物。

　　大汶口文化和良渚文化是中國東部沿海兩處新石器時代中晚期考古學文化。大汶口文化主要分布於山東和皖北，良渚文化主要分布於蘇浙滬。時間上，大汶口文化中晚期（公元前 3500 年～前 2600 年）與良渚文化（公元前 3500 年～前 2600 年）大體同期〔註1〕，它們又是相鄰文化，故存在文化間的影響和交流，包括本文要探討的崑崙形象刻符。

　　大汶口文化和良渚文化刻符，主要存在於陶器和玉器上。本章所要討論的崑崙形象刻符，只見於大汶口文化的陶尊和良渚文化的玉璧、琮、鐲上。且它們均屬形象符號而非幾何形符號。關於這些形象刻符的意義，前人的研

〔註1〕欒豐實：《良渚文化的分期與年代》，《中原文物》1992 年第 3 期。

究很多。概括起來，有原始文字說〔註2〕，標記說〔註3〕或某種觀念說〔註4〕。觀念則包括宗教、神話、祭祀或圖騰觀念等等。僅有馮時和董楚平二人的部分觀點較接近我們的立場，馮時分析了其中的高臺立鳥形象，認為立鳥是鳥神也即太陽神，其下的三層高臺為祭壇〔註5〕，但未能推導出祭壇是崑崙形象。董楚平也只關注了這些刻符中的高臺立鳥形象，指出三層高臺刻符和良渚墓地祭壇都是神山、天地柱和崑崙山的象徵，立鳥則是祖先鳥，是良渚文化圖騰〔註6〕，我們認可董楚平的崑崙山說，但他只是提出看法，缺少深入分

〔註2〕 于省吾：《關於古文字研究的若干問題》，《文物》，1973 年第 2 期；唐蘭：《關於江西吳城文化遺址與文字起源的初步探索》，《文物》，1973 年第 2 期；李學勤：《考古發現與中國文字起源》，《中國文化研究集刊》，第 2 輯，1985 年；王樹明：《談陵陽河與大朱村出土的陶尊「文字」》，《山東史前文化論文集》，齊魯書社，1986 年，第 249～308 頁；陸思賢：《我國最早的文字》，《書法》，1988 年第 6 期；李學勤：《餘杭安溪玉璧與有關符號的分析》，《文明的曙光——良渚文化》，浙江人民出版社，1996 年，第 240～246 頁；牟永抗：《良渚文化的原始文字》，《文明的曙光——良渚文化》，浙江人民出版社，1996 年，第 247～256 頁；王凡：《良渚時代的萌芽文字及其意義》，《良渚文化論壇》，浙江古籍出版社，2002 年，第 108～116 頁；董楚平：《「鳥祖卵生日月山」——良渚文化文字釋讀之一，兼釋甲骨文「帝」字》，《故宮文物月刊》，第 168 期，1997 年 3 月。

〔註3〕 汪寧生：《從原始記事到文字發明》，《考古學報》，1981 年第 1 期；龐樸：《「火歷」三探》，《文史哲》，1984 年第 1 期；裘錫圭：《文字的起源和演變》，《中國古代文化史》，北京大學出版社，1989 年，第 124～185 頁。

〔註4〕 饒宗頤：《大汶口「明神」記號與後代禮制》，《中國文化》，1990 年第 2 期；宋兆麟：《巫與民間信仰》，中國華僑出版公司，1990 年，第 18～27 頁；趙國華：《生殖崇拜文化論》，中國社會科學出版社，1990 年，第 292 頁；王恒傑：《從民族學發現的新材料看大汶口文化陶尊「文字」》，《考古》，1991 年第 12 期；張文：《大汶口文化陶尊符號試解》，《考古與文物》，1994 年第 3 期；鄭慧生：《中國文字的發展》，河南人民出版社，1996 年，第 18 頁；陳勤建：《太陽鳥信仰的成因及文化意蘊》，《華東師範大學學報》，1996 年第 1 期；劉德增：《祈求豐產的祭祀符號——大汶口文化陶尊符號新解》，《民俗研究》，2002 年第 4 期；王吉懷：《再論大汶口文化的陶刻》，《東南文化》，2000 年第 7 期；鄧淑蘋：《由良渚刻符玉璧論璧之原始意義》，《良渚文化研究》，科學出版社，1999 年，第 202～214 頁；任式楠：《良渚文化圖像玉璧的探討》，《東方文明之光——良渚文化發現 60 週年紀念文集》，海南國際新聞出版中心，1996 年，第 324～330 頁；顧希佳：《良渚文化神話母題尋繹》，《良渚文化論壇》，中國文化藝術出版社，2003 年，第 152～183 頁。

〔註5〕 馮時：《中國天文考古學》，中國社會科學出版社，2010 年，第 203～208 頁。

〔註6〕 董楚平：《良渚文化祭壇釋義——兼釋人工大土臺和安溪玉璧刻符》，《良渚文化論壇》，浙江古籍出版社，2002 年，第 101、104 頁。

析，仍有詳細論證的必要，且他只談及良渚文化玉器刻符和墓地祭壇，未能將大汶口文化陶尊刻符綜合起來一併考察。鑒於此，本章擬從昆侖神話入手，論證大汶口文化陶尊和良渚文化玉器上的絕大部分形象刻符，是對昆侖山或昆侖丘（虛）的符號化刻畫，並以同時代考古遺存中的其他昆侖形象、泰山神話及其他外來文化為旁證。最後，簡略分析這些昆侖形象不以某一固定符號出現的原因，以及它們被刻畫在陶尊和玉器上的意義。

一、昆侖山與昆侖丘（昆侖虛）

我們這裡要討論的昆侖山，不是指今天新疆和西藏、青海之間的界山，而是指昆侖神話中的神山。筆者寫過一篇《昆侖山新考》〔註7〕，現結合該文的研究及歷代涉及昆侖山的文獻典籍，分析昆侖山和昆侖丘（虛）神話，以及它們的形狀、結構、跟本章研討對象相關的物產禽獸等等，為後文辨析大汶口文化和良渚文化刻符中的昆侖形象作鋪墊。

昆侖神話源自西亞兩河流域，在西亞神話中，有一世界人山，名 Khursag Kurkura，為諸神聚居之處，其後，西亞又有一種人工的多層廟塔，稱 Ziggurat 或 Zikkurat，是對前者的模擬。「昆侖」二字，當是外來詞，蘇雪林認為它譯自 Kurkura，意為「大山、高山」〔註8〕，凌純聲和楊希枚二位先生則認為它譯自 Zikkurat 之第二、三音節，義為「崇高」〔註9〕，林梅村先生另闢蹊徑，認為它譯自吐火羅語 kilyom，義為「聖天」，漢代以後也譯為「祁連」〔註10〕。其實這三說並不矛盾，且能互補，在昆侖神話中，昆侖山正是崇高、神聖且上通於天的大山。

中國的昆侖山，一如希臘的奧林匹斯山、印度的蘇迷盧山（須彌山），是西亞 Khursag Kurkura 的翻版〔註11〕，因此它首先是一座存在於昆侖神話中的神山。但信奉昆侖神話的族群，也會在他們的活動範圍內指定一處高山，作為現實生活中的昆侖山。古代中國境內因而被指定為昆侖山的名山總計有十

〔註7〕見本書第一章。

〔註8〕蘇雪林：《昆侖之謎》，《屈賦論叢》，武漢大學出版社，2007年，第512頁。

〔註9〕凌純聲：《昆侖丘與西王母》，《中央研究院民族學研究所集刊》，第二十二期（1966年），第219頁；楊希枚：《論殷周時代高層建築之「京」、昆侖與西亞之 Zikkurat》，《先秦文化綜論》，廣西師範大學出版社，2008年，第80頁。

〔註10〕林梅村：《祁連與昆侖》，《漢唐西域與中國文明》，文物出版社，1998年，第64～69頁。

〔註11〕蘇雪林：《昆侖之謎》，《屈賦論叢》，武漢大學出版社，2007年，第512頁。

多處〔註12〕。在《山海經》、《淮南子》等典籍中所記載的「崑崙丘」和「崑崙虛」，則多半屬仿自神山——崑崙山的人工多層建築，或者說它仿自西亞的多層廟塔 Ziggurat。下面，我們以這些典籍所載為依憑，歸納出崑崙山和崑崙丘（虛）的某些特徵。

　　《山海經·海內西經》：「海內崑崙之虛，在西北，帝之下都。崑崙之虛，方八百里，高萬仞。上有木禾，長五尋，大五圍」〔註13〕。

　　《山海經·海外南經》：「崑崙虛在其東，虛四方。一曰在岐舌東，為虛四方」〔註14〕。

　　《海內十洲記》：「崑崙，號曰昆陵，……，此四角大山，實崑崙之支輔也。……，上有三角，方廣萬里，形似偃盆，下狹上廣，故名曰崑崙山三角」〔註15〕。

　　這三段話所言崑崙和崑崙虛，有這幾個特點。1. 崑崙山和崑崙虛是方形；2. 其頂四周高中間低，形似偃盆；3. 山體或虛體下狹上廣；4. 有四角，為崑崙之支輔；5. 上有木禾，高大粗壯。《說文》中說「虛，大丘也」〔註16〕，可知這裡的崑崙虛是比崑崙丘更高大的人工建築，崑崙虛具備的特點，崑崙丘當也具備。

　　《淮南子·地形》：「崑崙之丘，或上倍之，是謂涼風之山，登之而不死。或上倍之，是謂懸圃，登之乃靈，能使風雨。或上倍之，乃維上天，登之乃神，是謂太帝之居」〔註17〕。

　　《水經注·河水》：「崑崙虛在西北，三成為崑崙丘。《崑崙說》曰：崑崙之山三級，下曰樊桐，一名板桐；二曰玄圃，一名閬風；上曰層城，一名天庭，是為太帝之居」〔註18〕。

〔註12〕見本書第一章。
〔註13〕袁珂譯注：《山海經全譯》，貴州人民出版社，1991年，第244頁。
〔註14〕袁珂譯注：《山海經全譯》，貴州人民出版社，1991年，第192頁。
〔註15〕〔西漢〕東方朔：《海內十洲記》，《漢魏六朝筆記小說大觀》，上海古籍出版社，1999年，第70頁。
〔註16〕〔漢〕許慎撰〔清〕段玉裁注：《說文解字注》，中州古籍出版社，2006年，第386頁。
〔註17〕〔西漢〕劉安等著：《淮南子全譯》，貴州人民出版社，1993年，第233頁。
〔註18〕〔北魏〕酈道元：《水經注全譯》卷一「河水」條，貴州人民出版社，1996年，第3頁。

　　《爾雅·釋丘》：「丘一成為敦丘，再成為陶丘，再成銳上為融
丘，三成為昆崙丘」〔註19〕。

　　這三段話，又揭示了昆崙丘和昆崙虛另一大特點，即它為三層或叫三重。
其影響所及，延及古代的祭壇和明堂建築。例如何休注《春秋公羊傳》莊公
十三年「莊公升壇」道，「土基三尺，土階三等，曰壇」〔註20〕；《呂氏春秋》
言「周明堂茅茨蒿柱，土階三等，以見儉節也」〔註21〕。這裡的「三等」，都
是三層之意。

　　中外的昆崙神話中，昆崙山都是作為天地之中心，它上通於天，是登天
的階梯。因此還有「天柱」之稱。如「昆崙……，粲然中峙，號曰天柱〔註22〕」，
「昆崙之山，有銅柱焉，其高入天，所謂天柱也，圍三千里，周圓如削」〔註23〕，
昆崙山「上通璇璣，……鼎於五方，鎮地理也，號天柱於珉城，象綱輔也」
〔註24〕，等等。

　　在《山海經·大荒西經》中，言及七處山為「日月所出入也」或「日月
所入」之山，它們是方山、豐沮玉門山、龍山、日月山、鏖鏊鉅山、常陽之
山、大荒之山〔註25〕等等，從這些山所具有的特性和神性看，都堪比昆崙
山，如言「日月山，天樞也」，顯然體現了昆崙山的「天中」、天柱特性。因
此我們都可視它們為昆崙山的翻版或異名，則昆崙山也是「日月所出入」之
山。

　　昆崙神話傳至薩滿教中，昆崙山被稱之為「世界山」和「宇宙山」，還衍
生出同等重要的「世界中心」意象，即「世界樹」或稱「宇宙樹」，這「世界
樹」通常就長在「世界山」上〔註26〕。《山海經》、《淮南子》等典籍所載昆崙
山上的建木、若木、扶桑、扶木、珠樹、青樹，還包括上面提到的高五尋之

〔註19〕周祖謨撰：《爾雅校箋》，雲南人民出版社，2004年，第95頁。
〔註20〕李學勤主編：《春秋公羊傳注疏》，北京大學出版社，1999年，第151頁。
〔註21〕〔戰國〕呂不韋門客：《呂氏春秋全譯》「恃君覽第八」之「召類」篇，貴州
　　　　人民出版社，1997年，第763頁。
〔註22〕〔晉〕郭璞：《山海經圖贊譯注》，嶽麓書社，2016年，第52頁。
〔註23〕〔西漢〕東方朔：《神異經》，《漢魏六朝筆記小說大觀》，上海古籍出版社，
　　　　1999年，第57頁。
〔註24〕〔西漢〕東方朔：《海內十洲記》，《漢魏六朝筆記小說大觀》，上海古籍出版
　　　　社，1999年，第70頁。
〔註25〕袁珂譯注：《山海經全譯》，貴州人民出版社，1991年，第297～300頁。
〔註26〕湯惠生：《昆崙山神話與薩滿教宇宙觀》，《青藏高原古代文明》，三秦出版社，
　　　　2003年，第414頁。

「木禾」，都應是這「世界樹」的具名。

《山海經‧西山經》：「崑崙之丘，是實惟帝之下都，神陸吾司之。……有鳥焉，其狀如蜂，大如鴛鴦，名曰欽原，蠚鳥獸則死，蠚木則枯。有鳥焉，其名曰鶉鳥，是司帝之百服」〔註27〕。

這裡記載了崑崙之丘上有神鳥。還能找到一些類似的例子。如《山海經‧大荒西經》載「弇州之山，五采之鳥仰天，名曰鳴鳥」〔註28〕。漢長安建章宮漸臺是一個具崑崙意象的高臺，在它的樓屋頂，鑄造了飾金銅鳳凰，高五丈〔註29〕。

在崑崙神話裏，崑崙山不僅上通於天，其地下還有幽都地府，如《博物志‧地理略》記載：「崑崙山北，地轉下三千六百里，有八玄幽都，方二十萬里。地下有四柱，四柱廣十萬里。地有三千六百軸，犬牙相舉」〔註30〕。

以上所舉崑崙山或崑崙丘（虛）的特點，在大汶口文化陶尊和良渚文化玉器刻符中都能找到印證。下面作具體分析。

二、大汶口文化和良渚文化刻符中的崑崙形象

據統計，目前所發現的大汶口文化陶尊圖像30例〔註31〕，除了3例帶柄斧鏟類圖像外，其他27例都可歸於崑崙形象。同類歸併，可劃分為5個類別。大汶口文化具崑崙形象陶尊為出土或採集品，現藏於山東、安徽、江蘇等地博物館。

良渚文化玉器上崑崙形象共有13例，分刻在7件璧、3件琮和1件鐲上〔註32〕。其中美國弗利爾博物館共藏有4件璧和1件鐲，有1件璧上刻畫兩

〔註27〕袁珂譯注：《山海經全譯》，貴州人民出版社，1991年，第38頁。

〔註28〕袁珂譯注：《山海經全譯》，貴州人民出版社，1991年，第299頁。

〔註29〕凌純聲：《中國的封禪與兩河流域的崑崙文化》，《中央研究院民族學研究所集刊》，第十九期（1965年），第31頁。

〔註30〕〔晉〕張華撰范甯校證：《博物志校證》，中華書局，1980年，第10頁。

〔註31〕欒豐實：《大汶口文化——從原始到文明》，山東文藝出版社，2004年，第105頁。

〔註32〕鄧淑蘋：《由良渚刻符玉璧論璧之原始意義》，《良渚文化研究》，科學出版社，1999年，第202～214頁。鄧淑蘋所介紹8件璧，有一件無崑崙形象，不在本文討論範圍；顧希佳：《良渚文化神話母題尋繹》，《良渚文化論壇》，中國文化藝術出版社，2003年，第155～157頁；陳甘棣：《鑒賞美國收藏的良渚文化玉器》，徐湖平主編：《東方文明之光——良渚文化發現60週年紀念文集》，海南國際新聞出版中心，1996年，第350頁。

處昆侖形象，其他每件一處圖像。臺北故宮博物院藏有 1 件璧，臺灣藏家藍田山房也藏有 1 件璧。北京首都博物館、法國集美博物館和臺北故宮博物館各藏有 1 件帶昆侖形象玉琮。以上皆為傳世品。有明確出土地點的僅有浙江安溪玉璧，正是它的出土，才使其他傳世品歸為良渚文化玉器變得確定無疑。安溪玉璧正反面各刻有 1 個昆侖形象。良渚文化昆侖形象可歸為 3 類。其中有 2 件屬「世界樹」和「日月」形象，與大汶口文化所見「世界樹」和「日月」形象類似，放在一起介紹。下面按類試作解析。

1. 日月與昆侖山形及其變體圖像

這是指大汶口文化陶尊上的 10 類及良渚文化玉鐲上的 1 類形象（圖 2-1），其中 6 類完整圖像，5 類為簡化變體或殘破圖像。完整圖像呈上中下三層的日、月、山形象，前人多解釋為「旦」、「炟」、「炅」等漢字，董楚平先生更解釋為「鳥祖卵生日月山」的語詞〔註33〕。筆者以為這些探索的方向不對，當向宗教神話的角度而不是文字的角度找答案。所以我們認為這組圖像要表達的是「日月所出入」的昆侖山形象。上文我們介紹了《山海經・大荒西經》中，有七處為「日月所出入」或「日月所入」的大山，這 6 類完整圖像要表現的正是這樣的昆侖山。圖像中的昆侖山，有 5 例均刻成 5 峰聳立，昆侖山有這樣的形狀嗎？丁山先生曾討論過山西渾源縣南的五臺山，其「五臺」義近印度須彌山與其四垛，名近於「五阮」。「五阮」在《穆天子傳》中稱作「隃關」，而「隃」有四隅五方之義。此外「阮讀若昆」〔註34〕，則這五阮、五臺可指向昆侖山了。

此類圖像還有 5 類不完整的。有的僅有日、月形，缺少下方的山形，我們認為是對完整的「日月所出入」之昆侖山形象的簡化變體。至於有的只能看到半邊山形，從其殘破的陶片趨勢及山、月殘痕判斷，其原形當屬完整的日月昆侖山形象。

〔註33〕董楚平：《「鳥祖卵生日月山」——良渚文化文字釋讀之一，兼釋甲骨文「帝」字》，《故宮文物月刊》，第 168 期，1997 年 3 月。

〔註34〕丁山：《論炎帝太丘與崑崙山》，《古代神話與民族》，商務印書館，2005 年，第 412～413 頁。

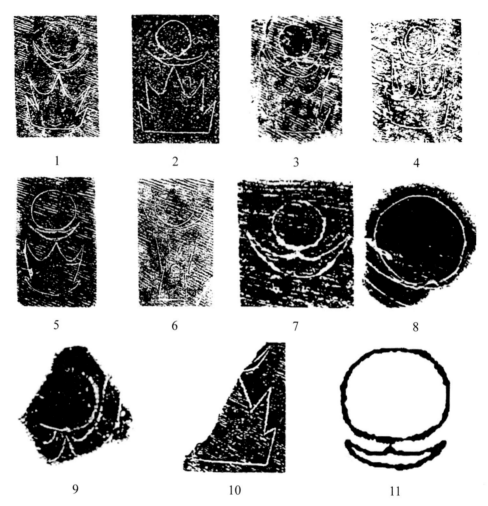

圖 2-1　日月與崑崙山形及其變體圖像〔註35〕

2. 崑崙山及世界樹圖像

這類圖像共見 2 例（圖 2-2：1、2），大汶口文化陶尊和良渚文化玉璧上各見 1 例。前者下半部呈一上廣下狹的方臺，臺頂若忽略中間的樹基部則呈「形似偃盆」之形。王樹明將此圖像解作「南」字〔註36〕。我們認為它完全符合前文所總結的崑崙山的形狀，其上的高樹，當理解為世界樹。良渚文化

〔註35〕圖 2-1：1-10 引自欒豐實：《大汶口文化——從原始到文明》，山東文藝出版社，2004 年，第 106 頁；11 引自徐湖平：《東方文明之光》，海南國際新聞出版中心，1996 年，第 350 頁。

〔註36〕王樹明：《談陵陽河與大朱村出土的陶尊「文字」》，《山東史前文化論文集》，齊魯書社，1986 年，第 266 頁。

玉璧上的世界樹刻在璧外緣側面，有兩株，與另一對鳥紋相間對稱分布。這件璧藏於美國華盛頓弗利爾博物館，與圖 2-6：7 號的昆侖日月神鳥圖像共存於一璧。前人多將此圖像理解為「魚符」〔註 37〕，不確。與陶尊上世界樹相比，此樹身更長，但其下的臺基很小，看來主要是突出上部的樹。此外，我們還能在良渚文化陶器刻符中看到類似的世界樹形象（圖 2-2：3、4、5）。

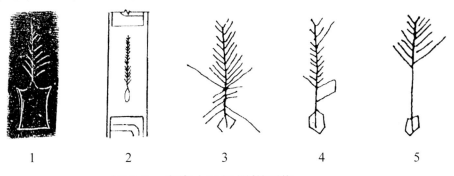

圖 2-2　崑崙山及世界樹圖像〔註 38〕

3. 崑崙山及天柱圖像

這類圖像見於大汶口文化陶尊上，共 5 例（圖 2-3）。欒豐實先生描述它們「形狀近似有肩石鏟，兩側呈階狀內收，頂端中部向上尖凸。此類圖像之上多數塗成朱紅色，並且在其內部刻畫有數量不等的圓圈」〔註 39〕。有人釋此圖像為「享」字〔註 40〕。我們認為此類圖像表現的是崑崙山和天柱，下部上廣下狹的方臺是崑崙山，臺頂中間一圓柱是天柱。天柱多數高於其下的崑崙山，只有一例不同，其天柱比其下的崑崙山矮小，而山體呈兩層，上廣下狹，第二層有兩處下陷的天池，分處天柱兩側。也可以將這一例圖像看作是呈三層的崑崙山，則所謂較矮小的「天柱」就變成了崑崙山的第三級懸圃或者層城了。

〔註 37〕鄧淑蘋：《由良渚刻符玉璧論璧之原始意義》，《良渚文化研究》，科學出版社，1999 年，第 202 頁。

〔註 38〕圖 2-2：1 引自欒豐實：《大汶口文化——從原始到文明》，山東文藝出版社，2004 年，第 108 頁；2 引自徐湖平：《東方文明之光》，海南國際新聞出版中心，1996 年，第 417 頁；3、4、5 引自良渚文化博物館：《良渚文化論壇》，浙江古籍出版社，2002 年，第 110 頁。

〔註 39〕欒豐實：《大汶口文化——從原始到文明》，山東文藝出版社，2004 年，第 108 頁。

〔註 40〕王樹明：《談陵陽河與大朱村出土的陶尊「文字」》，《山東史前文化論文集》，齊魯書社，1986 年，第 272～280 頁

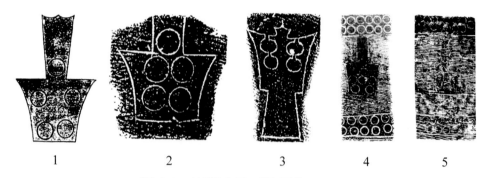

圖 2-3　崑崙山及天柱圖像〔註41〕

4. 崑崙三成及木禾、幽都圖像

此類圖像只見於大汶口文化陶尊，共 4 例（圖 2-4）。但只有 1 例完整。圖像整體呈上、下兩部分，上部居中是呈現三層的方形高臺，在地面和一層高臺兩側，各有一株「木禾」。王樹明將其釋作「濾酒圖像」〔註42〕。我們認為這是對成三層的崑崙山和其上的神樹建木、若木、扶桑、扶木的描摹。在崑崙山正下方，還有一方形空間，我們認為這是幽都，因幽都正在崑崙山下，呈方形。

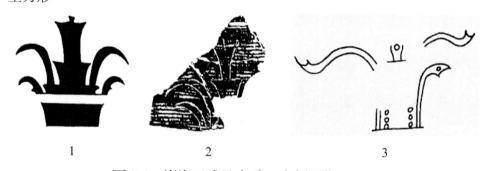

圖 2-4　崑崙三成及木禾、幽都圖像〔註43〕

5. 崑崙山之支輔——四角大山

四角大山的說法見於東方朔所著《海內十洲記》。這類圖像也只見於大汶口文化陶尊，共 3 例，三者相似度極高，均呈四角外伸的弧邊長方形（圖 2-

---

〔註41〕圖 2-3 引自樂豐實：《大汶口文化——從原始到文明》，山東文藝出版社，2004年，第 108 頁。

〔註42〕王樹明：《談陵陽河與大朱村出土的陶尊「文字」》，《山東史前文化論文集》，齊魯書社，1986 年，第 268 頁。

〔註43〕圖 2-4 引自樂豐實：《大汶口文化——從原始到文明》，山東文藝出版社，2004年，第 107 頁。

5）。王樹明釋其為「吹奏樂器」即「凡」字〔註44〕。我們不贊成，認為當是模擬昆侖神話中的昆侖山之支輔——四角大山。這種表現手法，有點類似於上文中提到的日月昆侖山圖像的簡化變體日月形，用部分代表整體，用四角大山指代昆侖山。

1　　　　　　　　　　　　2

圖 2-5　崑崙山之支輔——四角大山圖像〔註45〕

6. 崑崙山及神鳥

此類圖像僅見於良渚文化玉璧和玉琮上，共 7 例（圖 2-6）。圖像主體可分上下兩部分，下部均為三層高臺，上部有 5 例相似，有 2 例差異較大，由此分為三型，下面按型介紹並分析。

三層高臺帶立柱神鳥型。共 5 例，其中 1、5 號璧藏於美國弗利爾博物館，2 號璧藏於首都博物館，3 號璧藏於藍田山房，4 號璧藏於臺北故宮，此圖像神鳥殘損。下部的高臺，總體呈上廣下狹，高臺頂部有三層式臺階，表示「崑崙三成」，即崑崙山或崑崙丘乃有三層。在高臺立面中心，刻有一鳥及鳥背中心一圓圈，這當是金烏負日神話，《山海經・大荒東經》有載。另 5 號高臺立面未刻金烏負日，而代以一橢圓內劃兩短弧線，有人將其釋為「目」，意指日、月為天目〔註46〕，我們認為這是有道理的，還是在表現「日月所出入」之崑崙山的。上部為神鳥昂立於崑崙山頂的立柱即天柱上，且天柱下半部分是由多個圓圈疊立而成。上文所引《山海經》之「西山經」和「大荒西經」，有神鳥立於崑崙之丘，漢代建章宮漸臺仿自崑崙丘，其樓頂鑄造銅鳳凰，

〔註44〕王樹明：《談陵陽河與大朱村出土的陶尊「文字」》，《山東史前文化論文集》，齊魯書社，1986 年，第 258～265 頁。

〔註45〕圖 2-5 引自欒豐實：《大汶口文化——從原始到文明》，山東文藝出版社，2004年，第 108 頁。

〔註46〕董楚平：《良渚文化祭壇釋義——兼釋人工大土臺和安溪玉璧刻符》，良渚文化博物館：《良渚文化論壇》，浙江古籍出版社，2002 年，第 101 頁。

當也是對崑崙神話中已有意象所做的模仿。這兩處材料，可作為崑崙天柱神鳥型圖像的印證。

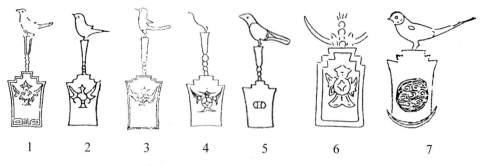

圖 2-6　崑崙山及神鳥〔註47〕

　　三層高臺帶部分立柱及「木禾」型。共 1 例（圖 2-6：6）。此件圖像所屬玉琮藏於法國集美博物館。上部有殘損，但仍能看到部分疊立的圓圈，可推斷其上原有立柱及神鳥，稍有不同的是在高臺頂層兩側，各有一「木禾」斜出。此圖像表達的除與上面相同的三層崑崙山、金烏負日、天柱、神鳥外，還多表現了崑崙山神木意象。

　　崑崙日月神鳥型。共 1 例（圖 2-6：7）。此圖像所在璧藏於美國華盛頓弗利爾博物館。在三層高臺上直接站立一鳥，另在高臺立面中部刻有一滿布火焰紋或云紋的圓圈，當表示太陽，高臺底部刻有一彎新月。因此這個圖像表達了崑崙神話中的崑崙山三層、乃「日月所出入」、崑崙山神鳥等神話意象。

　　7. 崑崙山

　　此類圖像只見於浙江安溪出土的同一件玉璧上，正反兩面各刻有 1 例（圖2-7），我們認為均是崑崙山的形象。正面崑崙山形象與前面已介紹的一樣，也是頂部呈三層臺階式，立面刻有金烏負日，高臺整體呈上廣下狹形狀，這當然表現的是崑崙山或崑崙丘（虛）。只是其上未再刻畫神鳥、天柱、神木等其他崑崙神話意象。但在反面，我們還能見到另一種風格的崑崙山形象。圖像整體呈上廣下狹，可分四部分，最下部像樹木根莖，有根須叉出，中間以臺階式高坎分成二層，最上部中間又有一立柱。整體上還是在表達崑崙山三層意象，但如何計算這三層，則有兩種看法，一是將底層看做崑崙山第一層，則其最頂層的立柱可看成是天柱；其二，若將「天柱」僅看作是崑崙山第三

_____

〔註47〕圖 2-6 引自良渚文化博物館：《良渚文化論壇》，浙江古籍出版社，2002 年，第 98 頁。

層，則似根莖的底層可看成是崑崙山下的八府幽都。此「根莖」還頗有《博物志‧地理略》中所言幽都地軸「犬牙交舉」的特點。無論何解，都不脫崑崙山意象。

8. 崑崙山和天柱形

這類圖像共 2 例（圖 2-8）。其一刻於美國華盛頓弗利爾博物館一件殘玉璧上，這件玉璧經歷了後代改造，磨去了外面一圈，因此現在看到的崑崙山形象只有高臺的兩側邊下半部及下底邊，靠近現璧外緣處有一橢圓內嵌兩圓圈，近於上面介紹的日、月為天目之「目」紋，這裡應該表現的是太陽和月亮。至於被磨去部分原有什麼，我們推測，當有完整的崑崙山三層臺階式頂部，再從其磨去的可能外圈尺寸看，其上有天柱、神鳥等，也是可能的。另一件刻在臺北故宮博物院玉琮上，僅刻有一立柱立在五個疊立的圓圈上，這顯然是完整的崑崙山天柱神鳥形象的中間一部分，我們認為這也是用部分代整體的表現形式，它要表現的仍是崑崙山神話意象。

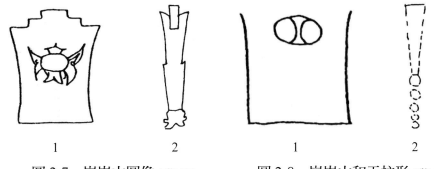

圖 2-7　崑崙山圖像〔註 48〕　　　　　圖 2-8　崑崙山和天柱形〔註 49〕

三、同時代的其他崑崙形象、泰山神話及其他外來文化

上面將大汶口文化陶尊和良渚文化玉器上的多種圖像式刻符，解讀為崑崙山及與之相關的崑崙神話意象。讀者或許還有疑慮，在距今 5500 年左右的新石器時代中期，難道中國的山東和江、浙沿海地區，就受到了外來的崑崙神話影響？答案是肯定的。下面我們從同時代的其他崑崙形象、泰山神話及

〔註 48〕圖 2-7 均引自餘杭市政協文史資料委員會等：《文明的曙光——良渚文化》，浙江人民出版社，1996 年，第 254 頁。

〔註 49〕圖 2-8：1 引自良渚文化博物館：《良渚文化論壇》，浙江古籍出版社，2002 年，第 98 頁；圖 2-8：2 引自良渚文化博物館：《良渚文化論壇》，中國文化藝術出版社，2003 年，第 157 頁。

其他外來文化等三個方面予以論證。

在良渚文化遺存中，發現過三座祭壇，它們分別位於瑤山、福泉山和匯觀山。董楚平先生對這三處祭壇做過專門研討，總結了它們的特點：1. 壇面基本呈方形。2. 都呈三層。福泉山的三層作高低級差。瑤山、匯觀山的三層作內外三重。3. 都坐北朝南〔註50〕。其實凌純聲先生多年前就研究過中國的壇壝文化，他認為壇壝文化就是封禪文化，封禪文化就是崑崙文化，而崑崙文化則源自西亞兩河流域〔註51〕。比照良渚文化這三座祭壇，它們符合崑崙山或崑崙丘的形制。瑤山和匯觀山祭壇的所謂「三層」，採取的是內外三重而不是高低級差，有別於福泉山祭壇。我們推斷這種形制可能是對高低級差的三層祭壇的變通，它們還是維持了三層，只是變高低三層為內外三層而已。

無獨有偶，我們在遼寧牛河梁也發現了紅山文化祭壇 2 座，一座三環圓壇，一座三重方壇〔註52〕。凌純聲研究過祭壇的起源地兩河流域的 Ziggurat 形制，發現多數壇為正方形，其次為長方形，圓形壇最少〔註53〕。可見牛河梁這兩種形制的壇都可以在源頭地找到。

這兩處祭壇的發現，一方面強化了崑崙文化在這兩種考古文化中的影響力，另一方面也暗示了外來崑崙文化似乎經歷遼寧、山東和江浙的傳播過程。筆者此前曾以外來小麥作為考察對象，得出過以小麥為代表的外來文化，在仰韶文化末期和龍山時代，分頭進入古代中國的陝甘交界地區和山東地區的結論〔註54〕，其進入的路線，推測當在北方的歐亞草原，故內蒙、遼寧等地當是外來文化進入華夏腹地的通道。而牛河梁正在這樣的通道線上。

山東作為龍山時代外來文化的一個聚集地，還體現在泰山神話上。而泰山神話卻彌漫了崑崙神話，崑崙神話又跟三皇五帝神話密不可分，筆者已在

〔註50〕董楚平：《良渚文化祭壇釋義——兼釋人工大土臺和安溪玉璧刻符》，《良渚文化論壇》，浙江古籍出版社，2002 年，第 96 頁。

〔註51〕凌純聲：《中國的封禪與兩河流域的崑崙文化》，《中央研究院民族學研究所集刊》，第十九期（1965 年），第 24～31 頁；凌純聲：《崑崙丘與西王母》，《中央研究院民族學研究所集刊》，第二十二期（1966 年），第 219 頁。

〔註52〕劉宗迪：《失落的天書——〈山海經〉與古代華夏世界觀》，商務印書館，2016 年，第 511 頁。

〔註53〕凌純聲：《中國的封禪與兩河流域的崑崙文化》，《中央研究院民族學研究所集刊》，第十九期（1965 年），第 23 頁。

〔註54〕宋亦簫：《小麥最先入華的兩地點考論》，《華夏考古》，2016 年第 2 期。

首章《崑崙山新考》中討論過。最能體現以上觀點的依據是泰山上古就是崑崙山。此觀點已經蘇雪林提出，並經何幼琦、何新等先生論證過，筆者完全贊同。這裡將諸位先進的主要觀點撮要，並附以筆者的補充。

蘇雪林說，泰就是太、大，泰山者就是大山也，取的是西亞的「世界大山」之義。泰山古名「天中」，言其居天下之中，也稱它處在大地的臍上。天門在泰山之頂，幽都在泰山腳下，這都跟世界大山「崑崙山」的條件無一不合〔註55〕。其實今天泰山諸多地名都還能體現出它的神山和通天之山性質。例如南天門和北天門、天街、玉皇頂等等，儼然是一處如崑崙山般的天堂仙境。在泰山腳下，還有一地叫「天外村」，也將泰山與山腳下的人間俗世分隔開。

何幼琦對《山海經》中的《海經》分析後，發現《海經》所說的疆域，就是泰山周圍的山東中部地區，其中心大山名「崑崙虛」，經對其周邊七條河川的分析，與泰山周圍的水系無一不合，相反以之去衡量中國其他各處被認定的「崑崙」，則一個都不具備。因此這中心大山「崑崙虛」就是泰山〔註56〕。

何新在認同何幼琦結論的基礎上，也做了補充論證，他認為泰山地區每逢夏秋暴雨，山洪挾帶泥沙礫石洶湧向前，形成所謂流沙，平時，則只剩下涓涓細流，這大面積的沙礫和涓涓細流，應是古書裏所說的「流沙」和「弱水」。他還認為，因泰山古稱太山，太、大、天三字古代通用，而崑崙也有「天」之意，二者從名稱上便相通了〔註57〕。

除了以上論證，從泰山神話傳說與黃帝、西王母的密切關係，也能看出泰山與崑崙山的等同性來。泰山的黃帝、西王母神話乃至三皇五帝神話傳說非常集中。「黃帝生於壽丘，在魯城東門之北」〔註58〕，此「壽丘」一指在山東曲阜東北。黃帝戰蚩尤傳說裏，說到「……黃帝師眾大迷。帝歸息太（泰）山之阿，昏然憂寢，王母遣使者被玄狐之裘。以符授帝」〔註59〕。這裡涉及的人物有黃帝和西王母，而黃帝的歸息地正是太（泰）山。還有人論證過西王母正是早期的泰山女神〔註60〕。溫玉春等論證黃帝、顓頊、帝嚳、堯、舜

〔註55〕蘇雪林：《屈賦論叢》，武漢大學出版社，2007年，第545、565、567頁。
〔註56〕何幼琦：《〈海經〉新探》，《歷史研究》，1985年第2期。
〔註57〕何新：《諸神的起源》，時事出版社，2002年，第123～142頁。
〔註58〕〔晉〕黃甫謐：《帝王世紀》，齊魯書社，2010年，第9頁。
〔註59〕〔明〕董斯張：《廣博物志》，上海古籍出版社，1992年，第112頁。
〔註60〕呂繼祥：《泰山娘娘信仰》，學苑出版社，1994年，第16頁。

等五帝氏族，均原居今山東〔註61〕，他們的論證依據，是歷代保留下來的三皇五帝傳說記載。他們將這些記載看作是信史當然不可，但我們將其作為三皇五帝神話在泰山傳播的資料，卻非常寶貴難得。

以上論證了泰山曾作為崑崙山，泰山神話飽含著崑崙神話和三皇五帝神話。因此其山腳分布的大汶口文化陶尊上，出現崑崙神話圖像並不是孤立現象。

早期外來文化遠不止以上這些。筆者曾以彩陶、冶銅術、綿羊、山羊、黃牛、小麥等為例，探討了早期外來文化進入中國的時間和傳入地問題，發現時間可以早到新石器時代，其後續有往來，新石器時代中晚期和青銅時代，成為中外接觸最持久和活躍的時期。地點則集中於兩地，即以隴山為中心的陝甘交界地區和以泰山為中心的山東地區〔註62〕。在另一篇文章中，筆者考證出外來小麥在仰韶時代末期和龍山時代，以大致同時的時間分頭進入這同樣的兩地〔註63〕。而這兩個區域，恰是崑崙神話和三皇五帝神話流傳最為集中的地方。我們認為這不是巧合，當是帶來彩陶、冶銅術，或是馴化綿羊、山羊、黃牛，或是栽培小麥的外來人群，也同時帶來了他們的崑崙神話和五星神話（被中國古人改造為三皇五帝神話），他們在這兩個地方融入當地族群，讓彩陶、冶銅術、綿羊、山羊、黃牛、小麥，還有神話在當地扎下了根，並向四周傳播開來。這些外來的物質文化和神話，迅速融入華夏文化並成為華夏文明的重要源頭之一。

四、結論

大汶口文化陶尊和良渚文化玉器上的圖畫式刻符，絕大部分是對崑崙山神話的形象描摹。它們刻畫了崑崙山是「日月所出入」之山、崑崙山上有神樹——世界樹、崑崙山天柱、崑崙山形似偃盆、上廣下狹、崑崙山為三層之神山、崑崙山上有神鳥、崑崙山的支輔是四角大山、崑崙山下有幽都地府等等神話意象。作為外來文化的崑崙神話，並非孤立地出現於山東和江浙等沿

〔註61〕溫玉春：《黃帝氏族起於山東考》，《山東大學學報》，1997年第1期；溫玉春、曲惠敏：《少昊、高陽、高辛、陶唐、有虞諸氏族原居今山東考》，《管子學刊》，1997年第4期。

〔註62〕宋亦簫：《中國與世界的早期接觸：以彩陶、冶銅術和家培動植物為例》，《吐魯番學研究》2015年第2期。

〔註63〕宋亦簫：《小麥最先入華的兩地點考論》，《華夏考古》2016年第2期。

海地區。山東作為早期外來文化兩個首入地之一，在大汶口文化中晚期及龍山時代，不斷受到彩陶、冶銅術、綿羊、山羊、黃牛、小麥等外來文化影響，帶來這些外來文化的人群，同時也將崑崙神話帶了進來，並將泰山看作他們心目中的神山——崑崙山，由此，黃帝、西王母以及其他三皇五帝神話在泰山地區流播。

或許有人要問，既然大汶口文化陶尊和良渚文化玉器上的多數刻符，表達的均是崑崙形象，為何不是採用某一固定形象，而是多種多樣呢？我們推測這是人類在使用象徵符號時，能從事物的多側面屬性出發，懂得利用以部分代全體、特徵代事物等借代手法，以達到表現形式的多樣而不至於太過單一呆板，以及不同區域族群在表現同一崑崙形象時，依據自己的理解而設計刻畫，各有側重，形成同中有異，殊途同歸的表達效果。

最後我們來略述一下為什麼大汶口文化和良渚文化先民要將崑崙形象刻畫於陶尊和玉器上。我們知道，崑崙山和崑崙丘形象，也就是祭壇形象，將其刻畫於陶尊和玉器這些祭器上，當是要利用這種能溝通天地的祭壇符號，去強化這些祭器的祭祀功能，以塑造出更具濃厚、神秘氛圍的神聖空間。

原載於《民族藝術》，2018 年第 3 期。

第三章　大汶口文化立鳥神器為崑崙模型說

提要：

　　安徽蒙城尉遲寺遺址出土的立鳥神器，其造型特徵經與《山海經》等文獻中記載的崑崙山（丘、虛）對比，發現多達7處相同，因此立鳥神器是崑崙山的模型。大汶口文化和良渚文化普遍存在著的崑崙形象，預示著這兩個族群也有著普遍的崑崙信仰和崑崙祭祀活動。立鳥神器當是尉遲寺人在廣場上進行祭祀儀式時祭拜的對象，祭拜者希望利用神器「上通於天」之神性，以護祐族群消災納福、綿延興旺。

　　2002 年春，安徽蒙城尉遲寺遺址大汶口文化地層中發現了一件中國新石器時代考古前所未見的陶器，發掘者稱之為「鳥形神器」（圖 3）。它通高 59.5 釐米，中部直徑 22 釐米，底徑 14.4 釐米。報告編寫者描述道：該器物為手製，器表呈紅褐色，並有燒製時氧化的灰褐色斑塊，整器可分為上中下三部分，上部為一象形的立鳥，中部為一中空的圓錐體，與下部也是中空的圓柱體以兩周凸棱加一凹槽銜接，錐體底部兩側各有一對冠飾或羽毛，圓柱體上端有對稱的四個鏤孔。器表中、上部為素面，下部飾豎籃紋〔註 1〕。對於這麼一件罕見之物，一致的看法是它非實用器，也非純陶塑藝術品，而是有著特殊意義的神器，但到底是什麼用途的神器，相比於它極高的關注度而言，研究成果及觀點則很少。筆者目前僅看到發掘者和報告編寫者稱它是一種鳥

〔註 1〕 中國社會科學院考古研究所等：《蒙城尉遲寺》（第二部），科學出版社，2007年，第 148～149 頁。

圖騰崇拜的標誌物，一種具有權力的象徵物〔註2〕。吳耀利也認為它是鳥圖騰崇拜的標誌，推測可能是人們在舉行祭祀之類的儀式上擺放的一件「神器」〔註3〕。吳文稱其為「立鳥神器」，比之發掘者的叫法更準確，筆者在本文採用。韓建業等則認為它是陶祖，是東夷人祖先崇拜的產物〔註4〕。

圖3　立鳥神器〔註5〕

　　筆者此前也看到過對這件神器的相關報導和圖片，只是覺得怪異不已，但看不出所以然，沒有比相關文章作者更多的理解。直到近期關注崑崙問題，連續寫了幾篇有關崑崙的文章，偶然再看到該器物的圖片，才猛然覺得，它不正是崑崙的構型麼？筆者略一細數，便發現它至少有 7 點與《山海經》等文獻中記載的崑崙山（丘、虛）相符合，這是繼筆者發現的大汶口文化和良

〔註2〕中國社會科學院考古研究所等：《蒙城尉遲寺》（第二部），科學出版社，2007年，第 419～420 頁。

〔註3〕吳耀利：《尉遲寺的「神器」和良渚文化的「神徽」》，《長江下游地區文明化進程學術研討會論文集》，上海書畫出版社，2004 年，第 182～183 頁。

〔註4〕韓建業、楊新改：《大汶口文化的立鳥陶器和瓶形陶文》，《江漢考古》，2008年第 3 期。

〔註5〕中國社會科學院考古研究所等：《蒙城尉遲寺》（第二部），科學出版社，2007年，彩版 12。

渚文化刻符中的崑崙形象〔註6〕以及良渚文化玉琮也為崑崙的象徵〔註7〕之外，又一新例。下面，筆者先從文獻中遴選崑崙山特徵的相關記載開始，與立鳥神器作外形上的比較，然後列舉大汶口文化和良渚文化中的其他崑崙形象作為旁證，以示此神器出現於大汶口文化絕非孤例，它只是崑崙神話和祭祀活動的表現形式之一，最後略為分析該神器的功能。

一、崑崙之特性

這裡說的崑崙，不是指今天新疆和西藏、青海之間的界山——崑崙山，而是《山海經》等古代文獻中描述的神山崑崙山或崑崙丘（虛），我們來看看它有哪些特徵可與立鳥神器相類同。

崑崙丘上有神鳥。《山海經‧西山經》：「崑崙之丘，是實惟帝之下都，神陸吾司之。……，有鳥焉，其狀如蜂，大如鴛鴦，名曰欽原，蠚鳥獸則死，蠚木則枯。有鳥焉，其名曰鶉鳥，是司帝之百服」〔註8〕。

崑崙山上有天柱。如「崑崙……，粲然中峙，號曰天柱〔註9〕」，「崑崙之山，有銅柱焉，其高入天，所謂天柱也，圍三千里，周圓如削」〔註10〕，崑崙山「上通璇璣，……鼎於五方，鎮地理也，號天柱於瑤城，象綱輔也」〔註11〕。中外崑崙神話中，崑崙山都是作為天地之中心，它上通於天，是登天的階梯。因此有「天柱」之稱，或言其頂有天柱云云。

崑崙山形似偃盆，下狹上廣。《海內十洲記》：「崑崙，號曰昆陵，……，此四角大山，實崑崙之支輔也。……，方廣萬里，形似偃盆，下狹上廣」〔註12〕。「偃」指倒覆，則偃盆便是倒扣著的盆的意思。下狹上廣，是指下部狹窄，上部寬廣。

〔註6〕宋亦簫：《大汶口文化和良渚文化刻符中的崑崙形象》，《民族藝術》，2018年第3期。

〔註7〕宋亦簫：《論玉琮為崑崙之象徵》，《荊楚學刊》，2020年第2期。也見本書第四章。

〔註8〕袁珂譯注：《山海經全譯》，貴州人民出版社，1991年，第38頁。

〔註9〕〔晉〕郭璞：《山海經圖贊譯注》，嶽麓書社，2016年，第52頁。

〔註10〕〔西漢〕東方朔：《神異經》，《漢魏六朝筆記小說大觀》，上海古籍出版社，1999年，第57頁。

〔註11〕〔西漢〕東方朔：《海內十洲記》，《漢魏六朝筆記小說大觀》，上海古籍出版社，1999年，第70頁。

〔註12〕〔西漢〕東方朔：《海內十洲記》，《漢魏六朝筆記小說大觀》，上海古籍出版社，1999年，第70頁。

崑崙虛上有木禾。《山海經・海內西經》：「海內崑崙之虛，在西北，帝之下都。崑崙之虛，方八百里，高萬仞。上有木禾，長五尋，大五圍」〔註13〕。這「木禾」當也是《山海經》、《淮南子》等典籍所載崑崙山上的建木、若木、扶桑、扶木、珠樹、青樹等等，都是神樹，名稱不同而已。

崑崙山有三層。《水經注・河水》：「崑崙虛在西北，三成為崑崙丘。《崑崙說》曰：崑崙之山三級，下曰樊桐，一名板桐；二曰玄圃，一名閬風；上曰層城，一名天庭，是為太帝之居」〔註14〕。

崑崙山下有幽都地府。《博物志・地理略》：「崑崙山北，地轉下三千六百里，有八玄幽都，方二十萬里。地下有四柱，四柱廣十萬里。地有三千六百軸，犬牙相舉」〔註15〕。

以上列舉了崑崙山或崑崙丘（虛）的 7 處特徵，當然還不止這些，僅以這 7 點，就可找到立鳥神器上與之對應的類同點。

二、立鳥神器與崑崙之比較

下面我們來指出立鳥神器上可與以上歸納的崑崙山 7 個特徵一一對應之處。

首先，最明顯不過的是立鳥神器頂端的立鳥，與崑崙山上有神鳥正可對應。第二，立鳥所踩立的圓柱，當然可看成是崑崙山天柱。第三，立鳥神器的中部為一中空的倒扣錐體，與崑崙山的「形似偃盆」正可相合。第四，立鳥神器下部圓柱體，其上端直徑 22 釐米，底徑卻只有 14.4 釐米，明顯上大下小，正符合崑崙山之「下狹上廣」。第五，立鳥神器中部「偃盆」底部兩側，各有兩個「冠飾」或「羽毛」，這是發掘者的看法，其實他們的說法不確，應該是「木禾」的形象表示。它們兩兩對稱分布，可看成是一東一西的扶桑和若木。第六，立鳥神器中、下部以凸棱和凹槽為界線一分為二，再加上上部的天柱和立鳥，總共三個部分，可對應於崑崙山三層。第七，立鳥神器下部的圓柱體中空並向下敞開，當是模擬崑崙山下的幽都地府，其上對稱的四孔，是否想表示地府四門？還不得而知。以上 7 點，立鳥神器與崑崙山的特徵完全符合。因此，我們認為，立鳥神器是對崑崙山的模擬，是崑崙山的象徵。

〔註13〕袁珂譯注：《山海經全譯》，貴州人民出版社，1991 年，第 244 頁。

〔註14〕〔北魏〕酈道元：《水經注全譯》卷一「河水」條，貴州人民出版社，1996 年，第 3 頁。

〔註15〕〔晉〕張華撰，范甯校證：《博物志校證》，中華書局，1980 年，第 10 頁。

　　或許有人要問，《山海經》等是戰國以來的文獻，怎麼能拿來比附新石器時代的器物呢？《山海經》是晚期文獻不假，但不代表它不可以記載早期的事物和神話。我們要看的是，在大汶口文化時期，是否已產生了崑崙神話和崑崙祭祀活動。

　　前人的研究告訴我們，其實崑崙神話是一個世界性神話，它早在西亞的蘇美爾時代就產生了，並且向世界古文明區傳播。在蘇美爾神話中，有一世界大山，名 Khursag Kurkura，為諸神聚居之處，其後，西亞又有一種人工的多層廟塔，稱 Ziggurat 或 Zikkurat，是對前者的模擬。「崑崙」二字，當是外來詞，蘇雪林認為它譯自 Kurkura，意為「大山、高山」〔註16〕，凌純聲和楊希枚二位先生則認為它譯自 Zikkurat 之第二、三音節，義為「崇高」〔註17〕，林梅村先生另闢蹊徑，認為它譯自吐火羅語 kilyom，義為「聖天」，漢代以後也譯為「祁連」〔註18〕。其實這三說並不矛盾，且能互補，在崑崙神話中，崑崙山正是崇高、神聖且上通於天的大山。

　　中國的崑崙山，一如希臘的奧林匹斯山、印度的蘇迷盧山（須彌山），是西亞 Khursag Kurkura 的翻版〔註19〕，因此它首先是一座存在於崑崙神話中的神山。但信奉崑崙神話的族群，也會在他們的活動範圍內指定一處高山，作為現實生活中的崑崙山。古代中國境內因而被指定為崑崙山的名山總計有十多處〔註20〕。在《山海經》、《淮南子》等典籍中所記載的「崑崙丘」和「崑崙虛」，則多半屬仿自神山——崑崙山的人工多層建築，或者說它仿自西亞的多層廟塔 Ziggurat。

　　而大汶口文化起源中心的泰山，正被當做過崑崙山。這一結論已被蘇雪林、何幼琦、何新等前輩論證過，這裡簡單介紹下他們的觀點。

　　蘇雪林說，泰就是太、大，泰山者就是大山也，取的是西亞的「世界大山」之義。泰山古名「天中」，言其居天下之中，也稱它處在大地的臍上。天

〔註16〕蘇雪林：《崑崙之謎》，《屈賦論叢》，武漢大學出版社，2007 年，第 512 頁。
〔註17〕凌純聲：《崑崙丘與西王母》，《中央研究院民族學研究所集刊》，第二十二期（1966 年），第 219 頁；楊希枚：《論殷周時代高層建築之「京」、崑崙與西亞之 Zikkurat》，《先秦文化綜論》，廣西師範大學出版社，2008 年，第 80 頁。
〔註18〕林梅村：《祁連與崑崙》，《漢唐西域與中國文明》，文物出版社，1998 年，第 64～69 頁。
〔註19〕蘇雪林：《崑崙之謎》，《屈賦論叢》，武漢大學出版社，2007 年，第 512 頁。
〔註20〕宋亦簫：《崑崙山新考》，《絲綢之路研究集刊》，第四輯，商務印書館，2019 年。也見本書第一章。

門在泰山之頂，幽都在泰山腳下，這都跟世界大山的條件無一不合〔註21〕。其實今天泰山諸多地名都還能體現出它的神山和通天之山性質。例如南天門和北天門、天街、玉皇頂等等，儼然是一處如崑崙山般的天堂仙境。在泰山腳下，還有一地叫「天外村」，也將泰山與山腳下的人間俗世分隔開。

何幼琦通過對《山海經》中的《海經》的新探，發現《海經》所說的疆域，就是泰山周圍的山東中部地區，其中心大山名崑崙虛，經對其周邊七條河川的分析，與泰山周圍的水系無一不合，相反以之去衡量其他各處崑崙，則一個都不具備。因此這中心大山崑崙虛就是泰山〔註22〕。

何新也有過相關論證，因前兩章已有介紹，此處不贅〔註23〕。

除了以上論證，從泰山神話傳說與黃帝、西王母的密切關係，而後兩者與崑崙山又密不可分，也可見出泰山與崑崙山的等同性來。

因此，大汶口人顯然是一個信奉崑崙神話並將其境內最高山泰山指定為崑崙山。當他們中的一支遷徙到皖北黃淮平原的尉遲寺，這裡沒有高山可以指定為崑崙山，便變通地燒造出陶製的崑崙山模型，予以奉祀。

三、大汶口文化和良渚文化中的其他崑崙形象

其實，說立鳥神器是崑崙的模型和象徵，它並不是孤例。在大汶口文化和與其有密切交流影響關係的良渚文化中，還有其他的崑崙形象和象徵。筆者曾撰文討論過這兩種考古學文化中的刻符，認為其中大汶口文化陶尊上的27 例刻符、良渚文化玉器上的 13 例刻符，全是崑崙山的形象刻畫〔註24〕。這兩處考古學文化先民將崑崙形象刻畫於陶尊和玉器上，是希望將崑崙山形象也即祭壇形象，刻畫於陶尊和玉器這些祭器上，利用這種能上通於天的祭壇符號，去強化這些祭器的祭祀功能，以塑造出更具濃厚、神秘氛圍的神聖空間。

在這兩處考古學文化崑崙刻符中，有兩類還可與尉遲寺遺址中的立鳥神器相互發明。一是大汶口文化陶尊中的崑崙和木禾形象，有兩例（見圖2-4：1，2）。其完整的一例圖像整體呈上、下兩部分，上部居中是呈現三層的方形

〔註21〕蘇雪林：《屈賦論叢》，武漢大學出版社，2007 年，第 545、565、567 頁。

〔註22〕何幼琦：《〈海經〉新探》，《歷史研究》，1985 年第 2 期。

〔註23〕何新：《諸神的起源》，時事出版社，2002 年，第 123～142 頁。

〔註24〕宋亦簫：《大汶口文化和良渚文化刻符中的崑崙形象》，《民族藝術》，2018 年第 3 期。也見本書第二章。

高臺，在地面和一層高臺兩側，各有一株「木禾」。我們認為這是對有三層的昆侖山和其上的神樹建木、若木、扶桑、扶木的描摹。這兩例刻符，對昆侖山的刻畫雖與立鳥神器不一，但兩側的「木禾」則如出一轍。二是良渚文化玉器上的昆侖立鳥形象，有 7 例。多為三層高臺帶立柱神鳥形，少數沒有立柱，神鳥直接站在高臺頂端（見圖 2-6）。這裡的三層高臺，也是對昆侖三層的模擬，形象上它們不同於大汶口文化中的昆侖形象，也不同於立鳥神器造型中的昆侖形象，但它們都遵從了昆侖三層、下狹下廣等特徵，因此是神似而形不似。我們更需注意的是天柱或山頂上站立的神鳥，這個形象完全可類比於尉遲寺神器上的立鳥。

　　除此以外，筆者還曾討論過良渚文化中的玉琮之內涵，認為它就是昆侖的象徵。因為玉琮上的外方、內圓柱形似天柱、有四角、上大下小、玉琮下端有人為琢磨的凹口以象徵「陰界」等等狀貌，與昆侖（丘、墟）在《山海經》等文獻中被描述為方形、有四角、下狹上廣、上有天柱、下有幽都地府等特徵無一不合。良渚玉琮在大中型墓中隨葬，是墓主人要利用它上通於天的神性，以達到靈魂昇天的目的〔註25〕。

　　可見在大汶口文化和良渚文化中，昆侖形象和意象比較普遍，則屬於大汶口文化晚期的尉遲寺人，信奉昆侖神話並製造昆侖模型予以祭祀崇拜就毫不奇怪了。

四、立鳥神器之功能

　　立鳥神器出土於尉遲寺聚落廣場上二三十釐米厚的堆積土中，該廣場是人工用紅燒土粒鋪墊而成，面積約 1000 平方米，表面平整光滑，厚 10 釐米左右〔註26〕。在廣場中心靠近房屋一邊，有一處直徑約 4 米的圓形火燒痕跡，原紅燒土面已變成了灰褐色，推斷此處被長期反覆用火。立鳥神器正發現於該火燒痕跡附近。

　　這樣大型的廣場，自然是本聚落人群公共活動的場所，例如聚會、祭祀等。而上面言及的火燒痕跡，當是尉遲寺人活動儀式中的用火遺跡。

　　從立鳥神器的出土環境和位置判斷，我們認為它是大汶口文化晚期的尉

〔註25〕宋亦簫：《論玉（石）琮為昆侖之象徵》，《荊楚學刊》，2020 年第 2 期。也見本書第四章。

〔註26〕吳耀利：《尉遲寺的「神器」和良渚文化的「神徽」》，《長江下游地區文明化進程學術研討會論文集》，上海書畫出版社，2004 年，第 182 頁。

遲寺人在廣場進行祭祀時的祭拜對象——崑崙的象徵。當年的山東大汶口文化先民，因各種原因遷徙至黃淮平原的尉遲寺，他們遠離故土，也遠離了心目中的通天神山——崑崙山（泰山），而皖北又無可替代之高山，他們便變通地造出替代泰山的陶製模型，豎立在廣場上進行參拜祭祀。文獻中對泰山的封禪活動雖言其起源極早，但我們不確定尉遲寺人是否也對著立鳥神器——泰山之模型進行封禪活動，但至少，它被豎立於廣場作為尉遲寺人儀式活動中重要的參拜對象是毫無疑問的。至於祭拜的目的，當然是要利用立鳥神器能上通於天的特性，希望通過它或其上的立鳥，將尉遲寺人的祈求傳遞給上天，以達到祈福避災、族群繁榮綿延的目的。

五、結論

《山海經》等古代文獻對崑崙山（丘、虛）特徵的描摹，至少有 7 個方面可對應於立鳥神器的特徵，因此我們認為立鳥神器是崑崙的模型和象徵，是大汶口文化晚期尉遲寺人在廣場上進行祭祀儀式活動中的重要祭拜對象。

在新石器時代中晚期的大汶口文化和良渚文化中，我們還發現了其他種類的崑崙形象，例如有存在於大汶口文化陶尊和良渚文化玉器上的崑崙形象刻符，它們出現於作為祭器的陶尊和玉璧上，能增強這些祭器上通於天的溝通功能。還有良渚文化玉琮這樣的玉禮器，完全就是對崑崙的模擬，是崑崙的象徵。玉琮同樣作為能上通於天的祭器，隨葬於良渚大中型墓中，以使墓主人能利用它上通於天的神性，達到靈魂昇天的目的。因此在大汶口文化和良渚文化中，崑崙信仰是一種普遍信仰，尉遲寺人製作出陶製崑崙模型，以便在祭祀儀式中祭拜，便毫不奇怪了。

立鳥神器使用於尉遲寺人在廣場上的祭祀儀式中，他們希望利用立鳥神器能上通於天的神性，保祐尉遲寺人避災納福、族群興旺。

原載於《華夏文明》，2020 年第 11 期。

第四章　論玉（石）琮為崑崙之象徵

提要：

　　良渚文化玉琮外方內圓、有四角、上大下小、下端有人為凹缺等特性，完全同於
《山海經》等文獻中對崑崙山（丘、墟）的描述，因此玉琮是崑崙的象徵，二者的類
同實際上又都是以神龜的亞形造型來構型的結果。玉琮起源於環鐲與崑崙意象的結
合，它的功能是幫助墓主人靈魂昇天。

　　琮是指古代中國一種外方內圓、中有圓形穿孔的玉石器，它發端於良渚
文化，影響及於同時期的大半個中國及其後的夏商周，秦漢及其後則基本消
失，偶見的也只是仿古之作。玉琮是良渚文化重要的禮器，因此對它的起源
和功用的研究，受到了極大的重視和關注，形成了多種多樣的觀點。其犖犖
大者，關於起源，有安特生的「石環」說〔註1〕，林巳奈夫、楊建芳、王巍的
「手鐲」說〔註2〕，那志良的「玉勒子」說〔註3〕，殷志強的「柱形墜飾」說
〔註4〕，吉斯拉的「中霤」說〔註5〕，武樹臣的「扳指」說〔註6〕，諸漢文、
黨華的「水井」說〔註7〕等等。其功用，則有牟永抗、鄧淑蘋的「圖騰柱」說

〔註1〕 J. G. Andersson, Research into the Prehistory of the Chinese, BMFEA, No. 15
　　　 Stockholm, 1943.
〔註2〕 林巳奈夫：《中國古代的祭玉與瑞玉》，《東方學報》，第40期；楊建芳：《中
　　　 國史前五種玉器及相關問題》，《中國古玉研究論文集》，眾志美術出版社，2010
　　　 年，第6〜7頁；王巍：《良渚文化玉琮芻議》，《考古》，1986年，第11期。
〔註3〕 那志良：《琮──玉介紹之十》，《故宮文物月刊》，第一卷，第10期，1982年。
〔註4〕 殷志強：《太湖地區史前玉器述略》，《史前研究》，1986年第3、4合期。
〔註5〕 Dr.G. Gieseler, La Tablette, Tsong Du Tcheou-Li, Arehedogique, paris, 1915.
〔註6〕 武樹臣：《玉琮的用途與禮的起源》，《殷都學刊》，2014年第4期。
〔註7〕 諸漢文：《良渚玉琮試析》，《文博通訊》，1983年第5期；黨華：《玉璧玉琮型
　　　 制的新研究》，《史前研究》，1998年。

〔註8〕，凌純聲的「神主」說〔註9〕，蕭兵的「性結合象徵」說〔註10〕，張光直的「巫師法器」說〔註11〕等等看法。這些關於起源和功用的觀點，相互矛盾排斥，當然不可能都對。筆者經仔細檢閱分析，認為在起源上，環鐲說較可取，但並不全面。功用上則認為張光直的「巫師法器」即「琮是貫通天地的一項手段或法器」說較為可信。

筆者此前寫過《崑崙山新考》〔註12〕和《大汶口文化和良渚文化刻符中的崑崙形象》〔註13〕兩文，發現所探討的崑崙山（丘、虛）形制，與玉琮形制有極大的可比性，因此懷疑二者之間或許有著某種還不為人知的關聯。順著這個思路，筆者開始搜集相關資料，查閱到湯惠生論著《青海岩畫》中曾提及玉琮，他說，玉琮的中間圓形柱狀，象徵通天的地軸、天柱，在這個意義上，玉琮本身便可視為「崑崙山」或「宇宙山」了〔註14〕。看到此，筆者既驚又喜，既有專家已提出此觀點，更增添了筆者立論的信心。筆者仍草成此文，是感覺張光直的觀點還有繼續往前追溯的餘地，而湯惠生在其著作中只是順帶提出觀點，沒有做出論證，仍有進行細緻考證的必要。因此筆者以張、湯關於玉琮功用的觀點作為本文立論的前提和基礎，希望通過詳細的論證以豐富這一認識。經過對玉琮的形制與崑崙特徵的對比，以及對玉琮的起源、功能、良渚文化其他崑崙形象的考察，我們夯實了玉琮是崑崙的象徵的觀點。

一、崑崙之特性

說起崑崙，我們首先會想到的是今天新疆和西藏、青海之間的界山——

〔註8〕 牟永抗：《良渚玉器上神崇拜的探索》，《牟永抗考古學文集》，科學出版社，2009年，第368頁；鄧淑蘋：《新石器時代的玉琮》，《故宮文物月刊》，第34期，1981年。

〔註9〕 凌純聲：《中國古代神主與陰陽性器崇拜》，《中央研究院民族學研究所集刊》，第8冊，1959年。

〔註10〕 蕭兵：《「琮」的幾種解說與「琮」的多重功能》，《東南文化》，1994年第6期。

〔註11〕 張光直：《談琮及其在中國古史上的意義》，《中國青銅時代》，三聯書店，1999年，第293頁。

〔註12〕 宋亦簫：《崑崙山新考》，《絲綢之路研究輯刊》，第四輯，2019年，第1～19頁。也見本書第一章。

〔註13〕 宋亦簫：《大汶口文化和良渚文化刻符中的崑崙形象》，《民族藝術》，2018年第3期。也見本書第二章。

〔註14〕 湯惠生：《青海岩畫——史前藝術中二元對立思維及其觀念的研究》，科學出版社2001年，第230頁。

崑崙山，但這只是到了漢武帝時才被欽定的，在之前的古籍如《山海經》裏，它是存在於多處，也不知實指何處的一座座神山。且還有其他稱呼如「崑崙丘」和「崑崙虛」，總結一下它們在載籍裏被描繪的狀貌，有以下一些特徵：

方形；有四角；形似偃盆；下狹上廣。如「海內崑崙之虛，在西北，帝之下都。崑崙之虛，方八百里，高萬仞」〔註15〕。「崑崙虛在其東，虛四方。一曰在岐舌東，為虛四方」〔註16〕。「崑崙，號曰昆陵，……，此四角大山，實崑崙之支輔也。……，上有三角，方廣萬里，形似偃盆，下狹上廣，故名曰崑崙山三角」〔註17〕（著重點為筆者加）。

崑崙山為天柱。如「崑崙……，粲然中峙，號曰天柱〔註18〕」，「崑崙之山，有銅柱焉，其高入天，所謂天柱也，圍三千里，周圓如削」〔註19〕，崑崙山「上通璇璣，……鼎於五方，鎮地理也，號天柱於瑤城，象綱輔也」〔註20〕，等等。

崑崙山下有幽都地府。如「崑崙山北，地轉下三千六百里，有八玄幽都，方二十萬里。地下有四柱，四柱廣十萬里。地有三千六百軸，犬牙相舉」〔註21〕。

當然，載籍裏描繪的崑崙山不止這些特徵，我們這裏只需舉出這些，以便下文跟玉琮的形製作對比。

其實崑崙神話是一個世界性神話。經蘇雪林研究，崑崙神話源自西亞兩河流域，在西亞神話中，有一世界大山，名 Khursag Kurkura，為諸神聚居之處，其後，西亞又有一種人工的多層廟塔，稱 Ziggurat 或 Zikkurat，是對前者的模擬。「崑崙」二字，當是外來詞，蘇雪林認為它譯自 Kurkura，意為「大山、高山」〔註22〕，凌純聲和楊希枚則認為它譯自 Zikkurat 之第二、三音節，

〔註15〕　袁珂譯注：《山海經全譯》，貴州人民出版社，1991年，第244頁。

〔註16〕　袁珂譯注：《山海經全譯》，貴州人民出版社，1991年，第192頁。

〔註17〕　〔西漢〕東方朔：《海內十洲記》，《漢魏六朝筆記小說大觀》，上海古籍出版社，1999年，第70頁。

〔註18〕　〔晉〕郭璞：《山海經圖贊譯注》，嶽麓書社，2016年，第52頁。

〔註19〕　〔西漢〕東方朔：《神異經》，《漢魏六朝筆記小說大觀》，上海古籍出版社，1999年，第57頁。

〔註20〕　〔西漢〕東方朔：《海內十洲記》，《漢魏六朝筆記小說大觀》，上海古籍出版社，1999年，第70頁。

〔註21〕　〔晉〕張華撰，范寧校證：《博物志校證》，中華書局，1980年，第10頁。

〔註22〕　蘇雪林：《崑崙之謎》，《屈賦論叢》，武漢大學出版社，2007年，第512頁。

義為「崇高」〔註23〕，林梅村另闢蹊徑，認為它譯自吐火羅語 kilyom，義為「聖天」，漢代以後也譯為「祁連」〔註24〕。其實這三說並不矛盾，且能互補，在崑崙神話中，崑崙山正是崇高、神聖且上通於天的大山。

中國的崑崙山，一如希臘的奧林匹斯山、印度的蘇迷盧山（須彌山），是西亞 Khursag Kurkura 的翻版〔註25〕，因此它首先是一座存在於崑崙神話中的神山。但信奉崑崙神話的族群，也會在他們的活動範圍內指定一處高山，作為現實生活中的崑崙山。古代中國境內因而被指定為崑崙山的名山總計有十多處〔註26〕。在《山海經》、《淮南子》等典籍中所記載的「崑崙丘」和「崑崙虛」，則當屬仿自神山——崑崙山的人工多層建築，或者說它仿自西亞的多層廟塔 Ziggurat。

二、玉琮的特徵符合崑崙特性

關於玉琮的形制和特徵，有些學者作過很好的總結。例如張光直曾總結了 5 點：（1）它們是外方內圓的；（2）它們是從中貫通的；（3）它們表面常常飾以動物面紋，也有鳥紋的；（4）它們多用玉製，也有石製的；（5）它們出土在墓葬裏面〔註27〕。林華東則將良渚文化玉琮「分為扁圓筒形和方柱形兩大類，前者外壁以減地法突出四塊對稱的長方形凸面，每一凸面上都以陰線琢刻有獸面紋，其琮身低矮如鐲狀，故又稱鐲式琮。後者琮身外表呈正方形柱體，上比下稍大，四面正中各琢刻有豎向的凹槽一道，同時又多在豎槽兩側凸面上刻出等距的橫向凹槽，把琮身份成若干節。每節以四角為中軸，在相鄰的兩個凸面上對稱琢刻出或繁或簡的『獸面紋』。琮身上下端（射面）作圓形，中心對鑽有圓孔。這便是人們所稱的『內圓外方』而中穿孔的方柱式

〔註23〕凌純聲：《崑崙丘與西王母》，《中央研究院民族學研究所集刊》，第二十二期（1966 年），第 219 頁；楊希枚：《論殷周時代高層建築之「京」、崑崙與西亞之 Zikkurat》，《先秦文化綜論》，廣西師範大學出版社，2008 年，第 80 頁。

〔註24〕林梅村：《祁連與崑崙》，《漢唐西域與中國文明》，文物出版社，1998 年，第 64～69 頁。

〔註25〕蘇雪林：《崑崙之謎》，《屈賦論叢》，武漢大學出版社，2007 年，第 512 頁。

〔註26〕宋亦簫：《崑崙山新考》，《絲綢之路研究集刊》，第四輯，2019 年，第 1～19 頁。

〔註27〕張光直：《談琮及其在中國古史上的意義》，《中國青銅時代》，三聯書店，1999 年，第 292 頁。

琮，是規範後的典型玉琮」〔註28〕。這兩類琮也被分稱作寬矮形琮和高形玉琮，前者有不分節或分為二、三節者，後者多節，最多者達19節。根據出土情況，可知前者出現時間偏早，後者偏晚。也即是良渚文化玉琮隨著時間推移，有越來越高的趨勢。

方嚮明歸納的玉琮特徵是：「良渚玉琮源於環鐲而非鐲，其長方形折角圖像垂直於圓周是區別於環鐲的主要依據。就目前已取得的共識，琮的射和射孔（象反山M12：98還有射面）、四折角凸塊及其圖像、貫通上下射口的直槽以及上大下小的形制組成了良渚玉琮的基本特徵。琮「內圓而外不方」、仰視所體現的主要應是節的四角和直槽的四個通道。由大射口的鐲式琮起始，到小射口、復節式繁複圖像琮的出現，體現了良渚琮形態與內涵的完全確立，小射口復節式琮體形的增高，神人獸面簡化後只剩下雙目和橫鼻，它的功能與作用依然如舊」〔註29〕。

經過與崑崙山特徵的對比，可發現良渚文化玉琮有 5 點與前者相同，另有 3 點與之相關。分述如下。

1. 四方形。玉琮的方柱體「外方」，正對應於崑崙山的「四方」、「方」八百里、「方」廣萬里，這是最明顯、最大的類同。即便最早的玉琮呈圓形，也突出了對稱的四個弧面凸塊，以象徵「四方」。

2. 四角。崑崙山又稱「四角大山」，而玉琮的方柱形，正好構成了四個 90°的折角，且琮還很好利用了這四個角，以四角為中軸，在相鄰的兩個凸面上對稱琢刻出或繁或簡的「神人獸面紋」神徽。

3. 上大小下。玉琮的兩頭一大一小問題，很早就被關注到，早期根據傳世玉琮，推測是上小下大，認為這樣放置安穩，符合力學常識。後來隨著出土玉琮上面的神徽的被發現，順著神徽正置的方向，才確定下來是上大下小。以 1982 年江蘇武進寺墩良渚文化墓葬為例，其 M3 和 M4 共出土玉琮 33 件，均上大下小。如 M3：43，為鐲式琮，其射徑上端 7.4～7.5 釐米，下端 7.2～7.3 釐米，上比下大 0.2 釐米。M3：36，為方柱式琮，其射徑上端 9.5 釐米，下端為 8.9～9.0 釐米，上端大 0.5 釐米（圖 4-1）。玉琮做成上大下小要比上下等大費力很多，但我們見到的玉琮都是如此，只能說明這種形制有其內在

〔註28〕林華東：《論良渚文化玉琮》，《東南文化》，1991 年第 6 期。
〔註29〕方嚮明：《良渚玉琮的節和琮的切割等相關問題討論》，《中國文物報》，2009
　　　　年 1 月 16 日，第 7 版。

的要求。無獨有偶。崑崙山的形狀也是「下狹上廣」，正同於玉琮的上大下小。因此，玉琮形制的上大下小，這內在要求當是要對其象徵對象崑崙山的形狀的刻意模仿。

圖 4-1　江蘇武進寺墩出土　　圖 4-2　江蘇武進寺墩出土下端射口凹缺玉
玉琮〔註 30〕　　　　　　　　琮（M4：1）〔註 31〕

4. 天柱。玉琮有內圓柱，雖中空，但兩端的圓形射口構成一圓管狀柱，正居玉琮之中心，且上下貫通，頂天立地，是非常形象的「天柱」造型。完全符合崑崙山為天柱或中有天柱的說法。關於玉琮有天柱的象徵這一點，已有湯惠生表達過，見上文。

5. 地府。楊伯達和殷志強都注意到許多良渚文化玉琮都在下射口有意琢磨掉一塊（圖 4-2），形成凹口，楊伯達雖認同是有意為之，但認為是所謂「玉卜兆」和「玉契符」〔註 32〕，殷志強則認為應具特別意義，可能象徵「陰界」〔註 33〕。筆者贊同殷志強的看法，同樣認為這是有意模擬崑崙山下的幽都地府，聯繫筆者對良渚文化神徽是「大禹騎龜」神話意象的解讀〔註 34〕，可稱此缺口為「禹穴」。

還有三個方面的輔助類比。一是玉琮四面的四個豎向凹槽，直通上下射口，可謂頂天立地，有可能是模擬天之四極處的擎天柱。這四極自然就是女媧神話中的「斷鼇足以立四極」之四極。二是玉琮的分節問題，崑崙山為三層，但玉琮有單節、二、三節，乃至 19 節的變化，趨勢是越晚越高，雖然沒有完全固定模擬崑崙山的三層，但越到後來，仍有模擬崑崙山「高萬仞」、「有

〔註 30〕南京博物院：《1982 年江蘇常州武進寺墩遺址的發掘》，《考古》，1984 年第 2 期。

〔註 31〕引自殷志強：《良渚文化玉琮為何上大下小》，《東南文化》，2000 年第 2 期。

〔註 32〕楊伯達：《關於玉琮王「凹弧痕」的思考——試探早已泯滅無聞的玉卜兆與玉契符》，《東南文化》，2004 年第 3 期。

〔註 33〕殷志強：《良渚文化玉琮為何上大下小》，《東南文化》，2000 年第 2 期。

〔註 34〕宋亦蕭：《良渚文化神徽為「大禹騎龜」說》，《民族藝術》，2019 年第 4 期。

銅柱，其高入天」的特性。三是玉琮轉角的神人獸面紋，有少量琮還在四面直槽也即上面說的擎天柱上琢刻神人獸面紋或太陽月亮圖案。這自然是要借助玉琮所模擬的崑崙山能上通於天、是日月所出入之山的特性，幫助祖神大禹順利登天通神，以便保祐其子孫福壽綿延。

三、以龜為中介勾連起玉琮和崑崙

　　玉琮與崑崙山的對應關係，還可以通過它們的中介——龜，找到另一份證據。徐峰討論過龜與玉琮在形制上的同構性。他認為琮最引人注目之處，在於它外方內圓的結構，外方像地，內圓似天，反映了中國早期的宇宙觀模式。這一點，恰與龜相似。因為龜的形制和文化意象與早期宇宙觀模式就有著密切的關係。龜本身就是一個天圓地方宇宙觀的微縮化模型，所謂「上隆法天，下平法地」。而在背、腹甲之間，若去除內部組織，保留一個完整的龜殼，則正好形成了一個空腔，象徵著天地之間的虛空。他說將龜與玉琮聯繫起來的學術觀點並不多見。早些時候，英國學者艾蘭在討論龜的形狀時，曾經點到龜與玉琮的關係，她在論述亞形符號時，認為亞形符號是「地為方」這種信仰的來源，在形狀上極像龜之腹甲（圖 4-3），而如果在這個圖形的四角支上四足（山），便支撐起一個圓形的天，再進一步將這個圖形擴大成大的方形，便形成了一個「琮」形（圖 4-4）。由此，徐峰認為玉琮的形制當仿自龜〔註35〕。

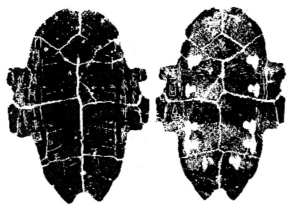

圖 4-3　殷墟亞形龜腹甲〔註36〕

〔註35〕徐峰：《良渚文化玉琮及相關紋飾的文化隱喻》，《考古》，2012 年第 2 期。
〔註36〕引自〔美〕艾蘭：《早期中國歷史、思想與文化》，商務印書館，2011 年，第 133 頁。

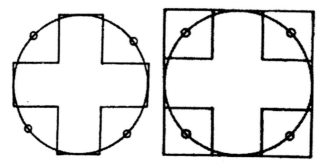

圖 4-4　亞形龜腹甲與琮形比較〔註 37〕

　　艾蘭曾對殷商遺存中的「亞」形造型作過分析，她採用宗教學家艾利亞德的「中心象徵說」來解釋「亞」形造型，頗有說服力。我們先來看「中心象徵說」：中心是指最顯著的神聖地帶，是絕對的存在物的地帶。通過這一中心點，可以接近並且最終與神靈世界達成和諧。許多古代民族流行這一信仰，他們相信有一座神聖之山位於世界中心，這座神聖之山是創造世界的地點，也是天堂與地界的會合處，是通天之山。這座神山是世界的軸心，所有的廟宇宮殿，以及城市和帝王居所，都是這個軸心的象徵物；這些地方被視作是天堂、地界、地獄會合的地方〔註 38〕。

　　上面所說的神聖的通天之山，在中國叫「崑崙山」。而可以通天的崑崙山，在《山海經》中被描摹為有「八隅之岩」，這八隅之形，正是亞形〔註 39〕。模擬自崑崙山的「明堂」建築，其外形也為亞形〔註 40〕，它「上通於天象日辰」，先王在此「受命於天」並「觀象授時，布令行政」的特性和功能，顯示了它的神聖性和神秘性，也顯示了它的象徵源頭正是世界山──崑崙山。

　　這「亞」形造型包括崑崙神山意象，艾蘭認為它源自對龜甲的模擬，因龜甲的外形正是亞形〔註 41〕。而龜甲能有此殊榮成為世界山、崑崙山、明堂、

〔註 37〕引自〔美〕艾蘭：《早期中國歷史、思想與文化》，商務印書館，2011 年，第124 頁。

〔註 38〕〔美〕艾蘭：《早期中國歷史、思想與文化》，商務印書館，2011 年，第 113頁。

〔註 39〕劉宗迪：《失落的天書──〈山海經〉與古代華夏世界觀》，商務印書館，2016年，第 499 頁。

〔註 40〕王國維：《王國維論學集》，雲南人民出版社，2008 年，第 90 頁；劉宗迪：《失落的天書──〈山海經〉與古代華夏世界觀》，商務印書館，2016 年，第497〜503 頁。

〔註 41〕〔美〕艾蘭：《「亞」形與殷人的宇宙觀》，《早期中國歷史、思想與文化》，商務印書館，2011 年，第 94 頁。

宗廟等的意匠源頭，筆者認為要到它作為象徵符號最初出現的西亞古文明中去找。西亞馬杜克屠龍創世神話正可以為我們提供這樣的思考依據。在巴比倫神話中，木星神馬杜克戰勝原始女怪（又稱混沌孽龍），將其龜形上半部分即龜背甲造蒼穹，下半部分即龜腹甲造大地〔註42〕，而大地的中心則是中央大山——世界山（中國稱崑崙山）。既然大地乃由原始女怪的亞形龜甲所造，則亞形龜甲的中心便能象徵大地的中心，進而模擬自亞形龜甲的世界山（崑崙山）、明堂、宗廟等，其中心便也成為大地中心的象徵。它們有通天、不死和再生的神秘特性，當然只能是源於貢獻了龜甲造出大地的原始女怪的神性。而原始女怪正是西方神話大母神的原型，她作為世界萬事萬物的母親神（世界萬物正由她的軀體所造）、生殖女神和豐育女神的特性，賦予了崑崙山等亞形符號「生殖崇拜」的象徵寓意。商代占卜之所以用龜甲來灼卜並刻記占卜結果，當也是看重龜甲所象徵的萬物始原的神性、智慧和神秘性。

以上透過亞形結構揭示了龜與崑崙山的對應關係。此外，文獻中也能直接看出二者的勾連。如崑崙在古籍中也寫作「龜山」，《山海經》一說西王母居崑崙山，一說她居龜山，顯然二者是同地異名。在《墉城集賢錄》中，直接說西王母又稱「九靈大妙龜山金母」，王小盾認為龜的形態曾被設想為「玄丘」、「圓丘」的形態，他由此斷定：古人所創造的崑崙等神山，除以墓壙為原型外，亦取法於龜的形象〔註43〕。綜上，透過龜及其亞形的結構，玉琮和崑崙山劃上了等號。

再者，筆者曾著文討論了良渚文化玉器上的「高臺立鳥」刻符，指出它們實際上是崑崙形象〔註44〕，還包括上文提到了的玉琮直槽上的日月形圖案，也是寓意崑崙是日月所出入之山的簡化表達。還有就是良渚文化中的三座祭壇，筆者也分析過它們的特點正符合崑崙山或崑崙丘的形制，因此也是崑崙的造型〔註45〕。既然良渚文化中有這麼多其他種類的崑崙形象，玉琮作為崑崙的象徵，也就不足為奇了。

〔註42〕蘇雪林：《天問正簡》，武漢大學出版社，2007年，第265頁；宋亦簫：《楚文化中的域外文化因素研究》，長春出版社，2015年，第128頁。

〔註43〕王小盾：《論古神話中的黑水、崑崙與蓬萊》，《選堂文史論苑——饒宗頤先生任復旦大學顧問教授紀念文集》，上海古籍出版社，1994年，第227～244頁。

〔註44〕宋亦簫：《大汶口文化和良渚文化刻符中的崑崙形象》，《民族藝術》，2018年第3期。

〔註45〕宋亦簫：《大汶口文化和良渚文化刻符中的崑崙形象》，《民族藝術》，2018年第3期。

四、琮的起源和功能

完成了對良渚文化玉琮是崑崙的象徵符號的論證後，還需回過頭來回答一下玉琮的起源和功能問題。

王巍通過器物形態學和考古層位學的分析，認為 A 型琮即寬矮形琮以張陵山 M4 所出土的 A I 式琮為最早，該琮與同墓出土的 III 式玉鐲同為扁圓筒形，外形相似，高度和厚度也相近，不同僅是前者的直徑大於後者，前者以外壁減地法突出四塊弧面，並刻有獸面紋。而該玉鐲有著更早的源頭，因此王巍認為 A I 式琮的源頭當在玉鐲。只不過玉琮出現後，並未取代玉鐲，二者因用途不同，導致形態上的差別越來越大而已〔註 46〕。王巍關於玉琮的起源的判定，是通過最基礎的考古學研究所得出，可信度高。至於用途，他提出玉琮與玉鐲用途不同，判定玉琮是一種與原始宗教巫術活動有關的器物，具有保祐死者平安吉祥，避祛凶邪的意義〔註 47〕。這種對用途泛泛的理解和不徹底的解讀，當源自對玉琮的起源的不準確的判定。

筆者雖基本認同王巍對玉琮起源的考古學研究結論，但認為這個結論還可以再修補得更準確些。因此筆者的看法是，玉琮的起源，當是玉鐲與崑崙象徵的結合。即它採借了玉鐲的造型，但又融進了崑崙的形象，如增加了四塊對稱的弧面凸起，以象徵崑崙之四角，弧面上還陰刻有形象生動的獸面紋，此獸面紋是神龜的形象，神龜因是神之使者和座騎〔註 48〕，它能幫助死者的靈魂昇天，以達到強化玉琮所象徵的崑崙的通天之功能。

鑒於玉琮在良渚文化大墓中的隨葬情況和筆者對玉琮的起源和功能的判定，我們作出一個玉琮隨葬現象的解釋：作為上通於天的崑崙的象徵和模型，玉琮能幫助死者靈魂昇天，這樣的通天神器，被良渚文化氏族首領和顯貴者所壟斷，所以只在貴族大墓中才有隨葬。最開始，玉琮象玉鐲一樣被設計者設置為戴於雙腕，以助死者靈魂順利登天，因而借鑒了環鐲的形狀，後來，又將玉琮置於死者頭頂和四周，因不戴於死者手腕，便可脫離環鐲之形，向更似崑崙的形象演變，因而它甚至演變為王巍文中所分出的 B 型長筒形琮，這類琮內孔變小，高度變高，雖不能戴腕，但與崑崙的形狀更似。已徹底摒

〔註 46〕王巍：《良渚文化玉琮芻議》，《考古》，1986 年，第 11 期。
〔註 47〕王巍：《良渚文化玉琮芻議》，《考古》，1986 年，第 11 期。
〔註 48〕宋亦簫：《良渚文化神徽為「大禹騎龜」說》，《民族藝術》，2019 年第 4 期。也見本書第六章。

棄了玉琮最開始時因戴於腕而採借環鐲形狀的原始命意了。

五、結論

　　崑崙（丘、虛）在《山海經》等文獻中被描述為方形、有四角、下狹上廣、上有天柱、下有幽都地府等特徵，而良渚文化玉琮正有外四方形、內圓柱形似天柱、有四角、上大下小、玉琮下端有人為琢磨的凹口以象徵「陰界」等等狀貌，二者完全可以一一對應，因此我們認為玉琮是崑崙的象徵。

　　玉琮與崑崙山的對應關係，還可以通過它們的中介——龜，來印證。因為良渚玉琮形制是對神龜的模仿，而崑崙山又稱龜山，也是對呈亞形的龜甲的模擬。所以玉琮＝崑崙。前者是對後者的模擬和象徵。

　　早期的玉琮借鑒了玉鐲的造型和佩戴方式，但融進了崑崙的意象，如在外壁以減地法凸起四塊弧面，並刻有獸面紋。後期因在墓葬中的使用方式變化，越來越脫離環鐲的形象而向崑崙的形象逼近。玉琮在大中型墓中隨葬，是墓主人需利用它上通於天的特性，以達到靈魂昇天的目的。

原載於《荊楚學刊》，2020 年第 2 期。

第五章　夏商考古遺存中的亞形造型起源及其內涵探索

提要：

夏商考古遺存中有三類亞形造型符號或結構，經與域外古文明區的同類造型比較和文化內涵的分析，認為前者源自域外，最早的源頭是西亞兩河流域的新石器時代同類符號。亞形造型是對龜甲外形的模擬，而後者又出於馬杜克劈開原始女怪龜形軀體以其下半部的龜甲造大地的西亞創世神話，是大地的象徵。亞形符號的中心，象徵著世界中心，是溝通天人的中介，是促進人類再生和新生的「生殖崇拜」觀念的符號表達。

　　夏商考古遺存中有一種被稱作「亞」形〔註1〕（或稱「亜」形）的造型符號或結構，也頗像漢字的「十」字（後文為方便，有稱亞形，也有稱「十」字造型，含義相同）。它是指一種四臂伸向四方呈直角相交的符號或構型。關於它的起源，胡博曾論證二里頭遺存亞形造型受到了中亞同類造型的影響〔註2〕，此外未見討論這一造型的源頭問題。關於它的內涵，艾蘭曾論證這一造型的中央是世界中心的象徵，人若接近它，就能與神靈世界達成和諧〔註3〕。張光直

〔註1〕〔美〕艾蘭：《「亞」形與殷人的宇宙觀》，《早期中國歷史、思想與文化》，商務印書館，2011 年，第 93 頁；張光直：《說殷代的「亞形」》，《中國青銅時代》，三聯書店，1999 年，第 305 頁。
〔註2〕〔美〕胡博：《齊家與二里頭：遠距離文化互動的討論》，夏含夷主編《遠方的時習——〈古代中國〉精選集》，上海古籍出版社，2008 年，第 40～44 頁。
〔註3〕〔美〕艾蘭：《早期中國歷史、思想與文化》，商務印書館，2011 年，第 93～119 頁。

則認為亞形乃「生命之門」，亞形之所以有凹入的角隅，是因為四角各栽有一株宇宙樹，用以溝通天地〔註4〕。筆者多半同意這些說法，經過對世界其他古文明區同類造型的比對和內涵分析，認為還可以得出進一步的結論，即夏商考古遺存中的亞形造型乃源自域外，其最早源頭在西亞兩河流域。亞形模擬自龜甲的外形，它是對西亞馬杜克開闢神話中以龜甲造地的象徵。它是「死亡和再生」、「生殖崇拜」等觀念的表現形式，是生命的象徵。因此將其用於墓葬和祭祀，希望溝通天人，促進人類的再生和新生。下面，我們先從介紹夏商考古遺存中的亞形造型開始，逐一分析，得出上述結論，就教於方家。

一、夏商考古遺存中的亞形造型

夏商考古遺存中的亞形造型，主要存在於三類遺存中，一是青銅器、陶器上的亞形鏤孔或鑲嵌紋，二是金文、璽印上的亞形符號或「邊飾」，三是商代墓葬裏的亞形墓壙或墓室（在很多文章中也被稱作「亚」形）。這三類造型雖大小懸殊，但構型一致，我們認為它們有著共同的源頭和內涵，故看作是同型結構而一併介紹、探討。

1. 青銅器、陶器上的亞形鏤孔或鑲嵌紋

先看青銅器。河南偃師二里頭遺址ⅥⅠK4（三期）出土了一件鑲嵌綠松石圓銅器，器有殘缺，器邊用61塊長方形綠松石鑲嵌，似鐘錶刻度形。圓器一面仍可見內外兩圈鑲嵌綠松石亞形紋，其四臂由裏向外逐漸增寬〔註5〕（圖5-1：1）。同樣用綠松石鑲嵌兩圈亞形紋的還有一件大銅鉞（圖5-1：2），現藏於上海博物館，入藏前歷史不明，其時代被館方定為晚商。據胡博分析，還是以定為二里頭時期為宜〔註6〕，這樣這兩件鑲嵌綠松石銅器便屬同一時代器物。

我們還在很多商代青銅容器底沿上看到成對的亞形鏤孔，多見於觚、豆、簋、尊、盤、罍（圖5-1，3、4、5、6），但任何帶底沿的青銅器都可能會有這類穿孔。儘管有人推斷這是用來固定帶輪圈的鑄模範心，但已被反例所證

〔註4〕 張光直：《說殷代的「亞形」》，《中國青銅時代》，三聯書店，1999年，第313頁。

〔註5〕 中國科學院考古研究所二里頭工作隊：《偃師二里頭遺址新發現的銅器和玉器》，《考古》，1976年第4期，第260~261頁。

〔註6〕 〔美〕胡博：《齊家與二里頭：遠距離文化互動的討論》，夏含夷主編《遠方的時習——〈古代中國〉精選集》，上海古籍出版社，2008年，第44頁。

否〔註7〕。仍然需要從非實用性的精神領域去考慮它的作用。

圖 5-1　夏商青銅器上的亞形造型

（1：二里頭遺址青銅鏡〔註8〕；2：上海博物館藏青銅鉞〔註9〕；3～4：盤龍城青銅
觚、甕〔註10〕；5～6：江西新幹大洋洲青銅豆、罍〔註11〕）

　　再看陶器。陶器底沿上鏤有亞形孔目前僅見於商代中晚期的陶豆上（圖
5-2：1、2、3、4），分見於鄭州二里崗〔註12〕和江西新幹大洋洲〔註13〕，陶豆
在新石器時代就已是常見日用器，但並未見有亞形穿孔，由此艾蘭推斷這應
是青銅器上的亞形造型轉移至陶器上的結果〔註14〕。

〔註7〕〔美〕艾蘭：《早期中國歷史、思想與文化》，商務印書館，2011 年，第 108
　　　　頁。
〔註8〕中國科學院考古研究所二里頭工作隊：《偃師二里頭遺址新發現的銅器和玉
　　　　器》，《考古》1976 年第 4 期。
〔註9〕上海博物館編：《上海博物館藏青銅器》卷一，上海人民美術出版社，1964 年，
　　　　圖 26。
〔註10〕劉慶平：《武漢館藏文物精粹》，武漢出版社，2006 年，第 178、177 頁。
〔註11〕江西省文物考古研究所等：《新幹商代大墓》，文物出版社，1997 年，彩版一
　　　　五、一九。
〔註12〕河南省文化局文物工作隊：《鄭州二里崗》，科學出版社，1959 年，圖六。
〔註13〕江西省文物考古研究所等：《新幹商代大墓》，文物出版社，1997 年，圖版七
　　　　八。
〔註14〕〔美〕艾蘭：《早期中國歷史、思想與文化》，商務印書館，2011 年，第 109
　　　　頁。

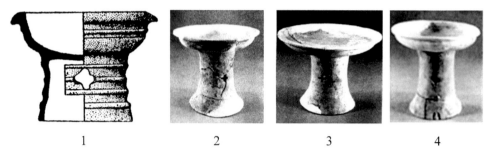

1   2   3   4

圖 5-2　商代中晚期十字鏤孔陶豆

（1：鄭州二里崗陶豆〔註15〕；2～4：新幹商代大墓陶豆〔註16〕）

2. 金文、璽印上的亞形符號或「邊飾」

商代青銅器器銘中的亞形構型可分為三種。第一種是單獨出現的亞形符號，鼎、簋、爵、觚、斝、角、罍、戈等常見器形均有發現（圖5-3：1、2）；第二種是該符號與一人形符號上下排列，偶有人形符號在上或旁有其他字銘（圖5-3：3、4）；第三種是作為銘文「邊飾」，銘文一到多個字不等，被全部框在亞形「邊飾」內。「邊飾」外多無其他銘文或符號，極少數鑄有其他銘文（圖5-3：5、6）。

目前已發現的三枚商代璽印，有一枚也以亞形為邊框（圖5-3：7），印文更似花押，尚未解〔註17〕。

3. 商代墓葬裏的亞形墓壙或墓室

商代帶亞形墓壙或墓室的墓葬發現於殷墟西北崗。不管墓道多寡，絕大部分墓葬不是墓壙呈亞形結構，便是下面的墓室呈此結構（圖5-4）〔註18〕。正如艾蘭所言，挖成這種形狀的墓壙或墓室，從建築學上是費工費力的，仍要如此建，當有它某種特殊的含義〔註19〕。

此外，王國維、陳夢家、高去尋等學者還推斷夏代世室，商代「重室」、

〔註15〕河南省文化局文物工作隊：《鄭州二里崗》，科學出版社，1959年，圖版六-5。

〔註16〕江西省文物考古研究所等：《新幹商代大墓》，文物出版社，1997年，圖版七八-2、4、5。

〔註17〕胡厚宣：《殷墟發掘》，復旦大學出版社，2015年，第452頁，圖版捌拾。筆者近來研究商祖神話，對這枚印章圖案已有一定新見，擬以《殷墟「亞禽」銅璽璽文考》為題敷衍成文。

〔註18〕〔美〕艾蘭：《早期中國歷史、思想與文化》，商務印書館，2011年，第111～113頁。

〔註19〕〔美〕艾蘭：《早期中國歷史、思想與文化》，商務印書館，2011年，第113頁。

廟宇，周代明堂等建築都是「亞」形〔註20〕。

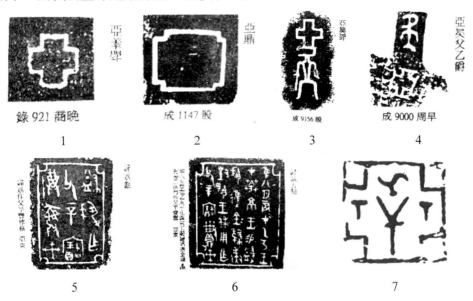

圖 5-3　商代青銅器、璽印上的亞形符號或邊飾

（1～4：亞形符號〔註21〕；5～6：亞形邊飾〔註22〕；7：商璽亞形邊飾〔註23〕）

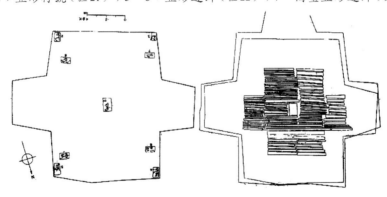

a. 木室地板遺迹平面圖　　b. 墓坑底之殉葬坑分布圖

圖 5-4　殷墟侯家莊 1001 號大墓平面圖〔註24〕

〔註20〕〔美〕艾蘭：《早期中國歷史、思想與文化》，商務印書館，2011 年，第 111頁。

〔註21〕王心怡：《商周圖形文字編》，文物出版社，2007 年，第 595、625 頁。

〔註22〕王心怡：《商周圖形文字編》，文物出版社，2007 年，第 709、707 頁。

〔註23〕于省吾：《雙劍誃古器物圖錄》，中華書局，2009 年，第 130 頁。

〔註24〕梁思永等：《侯家莊 1001 號大墓》，中央研究院歷史語言研究所，1962 年，插圖 8、10。

二、域外的同類造型

環顧域外的古代文明，發現這種亞形造型，並非中華文明所獨有。而且相比起來，有一些域外文明中的這種符號更為普遍。下面我們由近及遠，簡述這些發現。

最靠近中國的發現是在中亞和印度。在中亞的巴克特里亞（今阿富汗東北部），公元前二千紀早期，亞形紋或稱十字紋是青銅封印上最盛行的紋飾（圖5-5：1），還包括星芒紋〔註25〕。

圖 5-5　中亞古代十字造型〔註26〕

（1：巴克特里亞青銅封印；2：南土庫曼殘彩陶罐；3：南土庫曼亞形鏤孔陶盒）

另在其北的土庫曼，發現了陶器上的彩繪亞形紋或鏤孔。在公元前第四千紀晚期到第三千紀中期，彩陶上普遍存在以亞形紋居於多層菱形花紋中的彩繪（圖5-5：2）。另有一種陶盒，年代是公元前第三千紀晚期或第二千紀早期，其表面鏤刻有參差排列的亞形構形（圖5-5：3）〔註27〕，這兩類亞形符號的四臂都呈現由內向外增寬的趨勢，同於二里頭遺址的發現。

印度的亞形符號能在大神毗濕奴身上得到體現。毗濕奴是婆羅門教和印度教三大神之一，其形象常作「太陽魚」，即半人半魚，上半身為人體有四手，下半身為魚形，在其頸項上掛有一串項鍊，其下端的垂飾由五個象徵太陽的小圓構成一個亞形，稱「太陽十字」（圖5-6）〔註28〕。

〔註25〕〔美〕胡博：《齊家與二里頭：遠距離文化互動的討論》，夏含夷主編《遠方的時習——〈古代中國〉精選集》，上海古籍出版社，2008年，第40頁。
〔註26〕〔美〕胡博：《齊家與二里頭：遠距離文化互動的討論》，夏含夷主編《遠方的時習——〈古代中國〉精選集》，上海古籍出版社，2008年，第42頁。
〔註27〕〔美〕胡博：《齊家與二里頭：遠距離文化互動的討論》，夏含夷主編《遠方的時習——〈古代中國〉精選集》，上海古籍出版社，2008年，第42～43頁。
〔註28〕芮傳明、余太山：《中西紋飾比較》，上海古籍出版社，1995年，第105～106頁。

圖 5-6　印度毗濕奴化身太陽魚佩十字形胸飾〔註 29〕

　　西亞是亞形造型出現最早的地方。我們在彩陶、封印和牆飾上都能發現這種符號。哈拉夫文化（Halaf Culture，公元前 5500～前 4500 年）的一些彩陶罐和碗上繪有亞形紋，作為主題紋飾（圖 5-7：1、2、3、4），其構形有十字交叉形、四臂由內向外增寬形，還有十字四臂端各畫一短橫形。這第三類極似中國甲骨文和西周蚌雕上的所謂「巫」字。在卡瓦拉時期（Gawra Period，公元前 3500～前 2900 年）的努最遺址（Nuzi site），眾多的陶質封印中有一種印面主紋為亞形，在亞形分開的四個象限內各有一個 T 形，T 形尖端對著亞形的中心（圖七，5）。我們還在傑姆代特·奈斯爾文化（Jemdet Nasr Culture，公元前 3100～前 2900 年）中看到一種小型「牆飾」，陶質，外端呈亞形，並在表面刻畫出「亞」形線條，內端呈楔形釘狀，可以釘進牆內（圖七，6）。說是「牆飾」是現在的說法，當時人恐怕賦予了它更多的精神內涵。

1　　　　　2　　　　　3　　　　　4　　　　　5　　　　　6

圖 5-7　西亞新石器時代的亞形符號或造型〔註 30〕

〔註 29〕芮傳明、余太山：《中西紋飾比較》，上海古籍出版社，1995 年，第 106 頁。
〔註 30〕Beatrice Laura Goff, Symbols of Prehistoric Mesopotamia, Yale University Press, 1963, Fig.65;66~6、7、9;543;482.

　　埃及的亞形乃是在 T 形短橫上立一橢圓狀小環，稱「環柄十形」，因它總是作為繁殖力的象徵，又稱作「生命鑰匙」（Key of life）〔註31〕。我們能在古埃及的碑銘、雕刻上見到這種環柄十形。如法老胡那頓墓中有一幅雕刻，法老與臣下在祭拜太陽，太陽的光線則射向他們。而在端狀如手掌般的太陽光束中，有一「掌」正拿著「生命鑰匙」，伸向法老的鼻端（圖5-8）。據認為這是太陽神在賦予法老以生命，使他得到永生〔註32〕。環柄十形不僅見於埃及，還見於希臘和小亞細亞、印度等地〔註33〕。

圖 5-8　埃及胡那頓墓雕刻〔註34〕　　圖 5-9　阿爾忒彌斯〔註35〕

　　希臘的十字形往往見於錢幣和人像上，其四臂相等呈直角相交，稱「等臂十形」，也叫「希臘十形」（Greek Cross）。研究者發現「希臘十形」還出現於亞述和波斯的碑銘及書板上，再往前追溯，可見於美索不達米亞的一枚圓筒形印章上〔註36〕。希臘月神阿爾忒彌斯，也是植物女神和豐育女神，其神像有一類呈十字形，雙腿並為一體，雙手及前臂伸向兩側，構成「十」字。在神像胸前，綴掛著密密麻麻的乳房，這顯然是要強調她的豐育神格（圖5-9）。

〔註31〕芮傳明、余太山：《中西紋飾比較》，上海古籍出版社，1995年，第99～100頁。
〔註32〕芮傳明、余太山：《中西紋飾比較》，上海古籍出版社，1995年，第111頁。
〔註33〕芮傳明、余太山：《中西紋飾比較》，上海古籍出版社，1995年，第114頁。
〔註34〕芮傳明、余太山：《中西紋飾比較》，上海古籍出版社，1995年，第111頁。
〔註35〕芮傳明、余太山：《中西紋飾比較》，上海古籍出版社，1995年，第114頁。
〔註36〕芮傳明、余太山：《中西紋飾比較》，上海古籍出版社，1995年，第97頁。

三、中外的亞形造型內涵

關於中外亞形造型的內涵，前人分別作過一些探討，這裡先轉述他們的觀點，並補充我們的一些新見解。

艾蘭對殷商遺存中的亞形造型，採用宗教學家艾利亞德的「中心象徵說」來解釋，頗有說服力。我們先來看「中心象徵說」：中心是指最顯著的神聖地帶，是絕對的存在物的地帶。通過這一中心點，可以接近並且最終與神靈世界達成和諧。許多古代民族流行這一信仰，他們相信有一座神聖之山位於世界中心，這座神聖之山是創造世界的地點，也是天堂與地界的會合處，是通天之山。這座神山是世界的軸心，所有的廟宇宮殿，以及城市和帝王居所，都是這個軸心的象徵物；這些地方被視作是天堂、地界、地獄會合的地方〔註37〕。

由此，艾蘭聯想到殷商的十字造型，她認為人立於環形之軸或四個方向的中央，才易取得和諧之感。而十字造型，其中心正是這樣的軸心或中央。「在亞形陵墓中，死者的屍體安睡在亞形的中央，供品直接由祖先的魂靈享用。亞形包有銘文的符號也是這個象徵意義。器皿底沿上的十形穿孔可以是它們作為祭祀祖先禮器的象徵」〔註38〕。

上文所說的神聖的通天之山，在中國叫「崑崙山」。據考證，「崑崙」是吐火羅語*kilyom（o）的音譯，此語正是「天」之意〔註39〕。而可以通天的崑崙山，在《山海經》中被描摹為有「八隅之岩」，這八隅之形，正是亞形〔註40〕。模擬自崑崙山的「明堂」建築，其外形也為亞形〔註41〕（圖5-10），其「上通於天象日辰」，先王在此「受命於天」並「觀象授時，布令行政」的特性和功能，顯示了它的神聖性和神祕性，也顯示了它的象徵源頭正是世界山—崑崙山。

〔註37〕〔美〕艾蘭：《早期中國歷史、思想與文化》，商務印書館，2011年，第113頁。

〔註38〕〔美〕艾蘭：《早期中國歷史、思想與文化》，商務印書館，2011年，第114頁。

〔註39〕林梅村：《祁連與崑崙》，《漢唐西域與中國文明》，文物出版社，1998年，第67頁。

〔註40〕劉宗迪：《失落的天書——〈山海經〉與古代華夏世界觀》，商務印書館，2016年，第499頁。

〔註41〕王國維：《王國維論學集》，雲南人民出版社，2008年，第90頁；劉宗迪：《失落的天書——〈山海經〉與古代華夏世界觀》，商務印書館，2016年，第497～503頁。

芮傳明和余太山對域外十字造型的內涵在前人研究的基礎上作了歸納。認為有四個方面的意義。一是它象徵著天神和太陽神；二是象徵生命和活力；三是象徵四個基本方向；四是具有趨吉避凶含義〔註42〕。這些內涵其實可歸結為古人的「死亡與再生」和「生殖崇拜」觀念。

而上面對夏商十字造型的內涵分析，其亞形中央象徵著世界中心，可表現為一座神聖之山——崑崙山，它是通天之山，是生命的象徵，因此將其用於墓葬和祭祀，希望通過它溝通天人，促進人類的再生和新生。由此可見，中外的十字造型，其內涵是相同的。

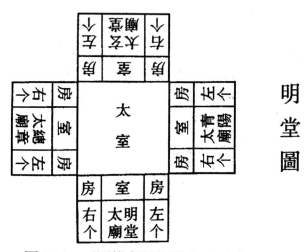

圖 5-10　王國維考訂的明堂平面圖〔註43〕

四、中外亞形造型的關係及它的起因試析

人類學家斯圖爾德曾對人類生活方式進行過「文化內核」和「第二性徵」的劃分〔註44〕，前者指人類生活方式中那些保證人們能夠有效地開發自然的要素。如居住形式、勞動分工、組織合作、配置資源等要素，這些要素主要是由技術與經濟兩者決定的。後者則指文學藝術類的精神產品，它與環境、技術等關係不那麼密切。文化內核與所在環境關係密切，若兩處人群所在自然環境類似，則其文化內核較容易被採借。若兩處自環境有很大不同，則一處的文化內核就很不容易流傳到另一處。因為對此處的人群來說，這樣的文化

〔註42〕芮傳明、余太山：《中西紋飾比較》，上海古籍出版社，1995年，第104～125頁。

〔註43〕王國維：《王國維論學集》，雲南人民出版社，2008年，第90頁。

〔註44〕宋亦蕭：《文化人類學概論》講義，第68頁。

內核，無益於他們開發本地資源。因此處於不同環境中的人群，其文化內核多是自己發明的。文化的第二性徵，作為各地人群的精神產品，雖具有相當的穩定性和獨特性，但較容易從一個人群傳播到另一個人群，因為這些文化因素對人群的基本生存無關緊要，不受環境差異的限制。所以像神話故事、民間傳說、文學主題、藝術風格等，可以在很廣大的地區傳播，被具有不同文化內核的人群所接受、模仿。因此這種非人類生存所必須的精神產品，若在不同的文化中出現，其屬傳播而來的概率要大於自身的創造。因為這部分精神產品，依賴的是人們的主觀創造，而不是對自然環境的簡單適應。這種主觀的產品，是很難出現不約而同的情況的。

綜上，我們認為屬於「第二性徵」的亞形造型，其在世界古文明區的普遍存在，當是文化傳播的結果。具體到中國夏商時期的亞形造型，由前面對中外亞形造型的年代介紹及內涵分析，我們認為夏商亞形造型的藝術意匠源自域外，其最古的源頭當在西亞兩河流域。得出這個結論的證據，除了上面所提出的文化內涵的相同外，還有外形的直接相似和其他伴隨外來文化因素的互證。下面作進一步分析。

中外亞形造型外形的相似是最直觀的。不管中國學者此前稱呼過「亞」形還是「亚」形，其形狀都是指四臂伸向四方呈直角相交的符號或構型。中外均存在的那種四臂由內向外逐漸增寬的造型，更是將二者的淵源關係表露無遺。

說夏商考古遺存中的十字造型來自域外，除了其內涵的相同、外形的酷肖，還有其時及之前眾多外來文化紛紛來華及二者相互影響的實際旁證，讓我們看到亞形造型源自域外並非孤例。

先看卡拉蘇克文化與商文化的關係。卡拉蘇克文化是指分布於俄羅斯南西伯利亞葉尼塞河中游的米努辛斯克盆地及鄰近地區的一支晚期青銅文化。前蘇聯考古學家吉謝列夫曾比較過二者的關係，發現雙方互有影響，但在器物形狀和技術方面的影響最初是由西向東，繼而又是由東向西。他還比較了早於卡拉蘇克文化和殷墟文化的塞伊瑪文化，以青銅矛、馬頭刀、空銎斧為例指出塞伊瑪文化影響了殷墟文化，並以早於殷墟的二里崗文化全無這類遺物來補充證明〔註45〕。索菲・羅格朗以青銅刀為例，模擬出了其原產米努辛

〔註45〕〔蘇〕吉謝列夫：《蘇聯境內青銅文化與中國商文化的關係》，《考古》1960年第2期。

斯克盆地，然後一路向南最後到達中原的傳播路線圖〔註46〕。

美國學者胡博從齊家文化和二里頭文化的青銅器分析入手，指出它們受到了遙遠的南西伯利亞的塞伊瑪—圖爾比諾文化和中亞的安德羅諾沃文化影響，而影響的證據，除了冶金技術和器形，還有兩種青銅紋飾，即星芒和「十」字母題〔註47〕。這裡胡博直接以「十」字形符號作為文化影響的證據了。

不惟這些具體的域外青銅文化對中國境內早期青銅文化的影響及相互影響，人類的冶銅術本就是一個源自西亞，然後分頭向東西方傳播的過程〔註48〕。筆者曾從中國早期青銅器發現的地域、銅器成份和器類等方面進行分析，論證中國冶銅術來自域外，其首次傳入地是甘肅東部的馬家窯文化區，傳播路徑推斷是歐亞草原和蒙古高原〔註49〕。筆者舉出這些旁證，是想說明，在夏商時期甚至更早，中外之間已存在文化的交流和互動，亞形符號造型當是在這種文化交流互動的背景下傳到夏商文化區的。

夏商考古遺存中所見的亞形造型，其藝術意匠來自域外，它們的內涵均是促進人類的再生和新生的「生殖崇拜」觀念。那為什麼要以這種亞形造型作為象徵符號呢？筆者嘗試作些分析。

由亞形造型的內涵及形狀，我們認同艾蘭所言：它源自對龜甲的模擬，因龜甲的外形正是亞形（圖4-3）〔註50〕。而龜甲能有此殊榮成為世界山、崑崙山、明堂、宗廟乃至本文所探討的各種亞形造型的意匠源頭，我們認為應當到它作為象徵符號最初出現的西亞古文明中去找。馬杜克屠龍創世神話正可以為我們提供這樣的思索依據。在巴比倫神話中，木星神馬杜克戰勝原始女怪（又稱混沌孽龍），將其龜形上半部分即龜殼造蒼穹，下半部分即龜腹甲

〔註46〕Sophie Legrand, "Karasuk Metallurgy: Technological Development and Regional Influence", In Metallurgy in Ancient Eastern Eurasia from the Urals to the Yellow River, Edited By Katheryn M. Linduff, 2004.

〔註47〕〔美〕胡博：《齊家與二里頭：遠距離文化互動的討論》，夏含夷主編《遠方的時習——〈古代中國〉精選集》，上海古籍出版社，2008年，第3～54頁。

〔註48〕〔英〕李約瑟：《中國科學技術史》第1卷，導論，科學出版社，1990年，第241頁。

〔註49〕宋亦簫：《中國與世界的早期接觸——以彩陶、冶銅術和家培動植物為例》，《吐魯番學研究》，2015年第2期。

〔註50〕〔美〕艾蘭：《「亞」形與殷人的宇宙觀》，《早期中國歷史、思想與文化》，商務印書館，2011年，第94頁。

造大地〔註51〕，而大地的中心則是中央大山——世界山（中國稱崑崙山）。既然大地乃由原始女怪的亞形龜甲所造，則亞形龜甲的中心便能象徵大地的中心，進而模擬自亞形龜甲的世界山（崑崙山）、明堂、宗廟等，其中心便也成為大地中心的象徵。它們有通天、不死和再生的神秘特性，當然只能是源於貢獻了龜甲造出大地的原始女怪的神性。而原始女怪正是西方神話大母神的原型，其作為世界萬事萬物的母親神（世界萬物正由她的軀體所造）、生殖女神和豐育女神的特性，賦予了亞形符號「生殖崇拜」的象徵寓意。

商代占卜之所以用龜甲來灼卜並刻記占卜結果，當也是看重龜甲所象徵的萬物始原的神性和神秘性。

五、結論

夏商考古遺存中的亞形造型，儘管分屬於不同質地、領域和規格，但它們有著相同的源頭和內涵，其最早的源頭當在西亞兩河流域的新石器時代，後經過中亞和歐亞草原各民族的接力傳播，進入中國境內的夏商民族文化區。它的亞形造型源於對龜甲的模擬，而之所以如此，又源於西亞馬杜克屠龍創世神話中劈開原始女怪之龜形軀體以其下半部的龜甲造地的神話。因此具亞形外形的崑崙山、明堂、宗廟等，其中心象徵著大地的中心，是溝通天人的中介，能促進人類的再生和新生。而使用於器物、墓葬中的亞形符號和結構，仍然象徵著人類追求生殖、豐產的「生殖崇拜」觀念，是對西亞原始女怪及大母神所具有的生育、豐產神性的追慕和祭儀表達。

原載於王瑞華主編：《江城遺珍》，武漢出版社，
2021 年 2 月，第 207～219 頁。

〔註51〕蘇雪林：《天問正簡》，武漢大學出版社，2007 年，第 265 頁；宋亦簫：《楚文化中的域外文化因素研究》，長春出版社，2015 年，第 128 頁。

中編　鯀禹神話歷史

第六章　良渚文化神徽為「大禹騎龜」說

提要：

　　良渚文化玉器上的神徽，是一種神人與獸面結合的人獸複合母題紋飾。關於神徽的內涵，過去的觀點紛繁多樣，迄無定論。本章提出新說：神徽為「大禹騎龜」神話意象。大禹雖是載籍中夏人的治水英雄和夏文化的創立者，但因為良渚文化與夏文化有源流關係，大禹神話實際上是北遷的良渚人帶到中原來的，良渚文化神徽上的大禹騎龜意象，是良渚人將他們的祖神、創世神大禹及其化身神龜，琢刻於各類玉器上的表現，以營造祖神無處不在、隨時隨地保祐他的子民的神秘氛圍。

　　近年來，葉舒憲先生連續提出解讀早期文明和文化的創新理論和方法，即文化大小傳統論、文化文本 N 級編碼論和四重證據法〔註1〕，筆者潛心研讀，深受啟發。今以良渚文化神徽為例，利用這些理論和方法，解讀作為一級編碼的神徽圖像，在四重證據（第一重證據傳世文獻、第二重證據出土文獻、第三重證據口傳和非物質資料、第四重證據實物和圖像）的相互闡發和通觀下，力爭找出神徽圖像的神話原型編碼。

　　良渚文化神徽是指琢刻於該文化大量玉器上的神人獸面紋〔註2〕，也有

〔註1〕葉舒憲等編：《文化符號學──大小傳統新視野》，陝西師範大學出版總社，
　　　　2013年，第1～68頁；葉舒憲：《中華文明探源的神話學研究》，社會科學文
　　　　獻出版社，2015年，第47～126頁。

〔註2〕以良渚文化反山墓地所出玉「琮王」（M12：98）為代表，該玉琮上鐫刻有8
　　　　個完整神徽和8個簡化神徽。

被稱為神像〔註3〕等，本文統一簡稱為神徽。神徽的構型，既有完整的神人與獸面的複合型，也有獨立的神人面紋、獸面紋等簡化型，它們被廣泛施刻于琮、鉞、璜、梳背、錐形器、三叉形器、柱形器、帶鉤、半圓形器、鉞冠飾、杖端飾、器柄、牌飾以及玉管等玉器的器表上〔註4〕。

神徽的基本特徵是神人臉面作倒梯形。重圈為眼、寬鼻、闊嘴。頭上戴有羽冠。上肢形態為聳肩、平臂、彎肘、五指平張叉向腰部。下肢作蹲踞狀〔註5〕。在神人的胸腹部以淺浮雕突出威嚴的獸面紋，重圈為眼，寬鼻、闊嘴、嘴中有獠牙。神人及獸的身上密布卷雲紋（圖6-1）〔註6〕。

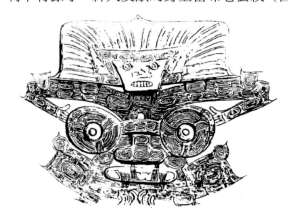 

圖 6-1
良渚文化神徽（反山 M12：98）〔註7〕

圖 6-2
龜眼及爪〔註8〕

關於神徽的內涵，討論極多。總結起來，已形成共識的是該神徽乃神人與獸面的複合人獸母題，可看成是神人駕馭神獸的形象。但對神人和神獸的具體原型為何，則觀點多樣，迄未定論。神人為誰的觀點有伏羲〔註9〕、天

〔註3〕董楚平：《良渚文化神像釋義——兼與牟永抗先生商榷》，《浙江學刊》，1997年第6期。

〔註4〕蔣衛東：《天地與祖先——良渚文化玉器神人獸面紋的解讀》，《美成在久》，2014年第11期。

〔註5〕此段話中「下肢作蹲踞狀」在最先發表的簡報中指神人的下肢，但現在學者們普遍傾向於認為那是神獸的前肢。筆者也贊同後說。

〔註6〕浙江省文物考古研究所反山考古隊：《浙江餘杭反山良渚墓地發掘簡報》，《文物》，1988年第1期。

〔註7〕引自浙江省文物考古研究所：《良渚文化研究》，科學出版社，1999年，第190頁。

〔註8〕引自阿城：《洛書河圖——文明的造型探源》，中華書局，2014年，第73頁。

〔註9〕董楚平：《伏羲：良渚文化的祖宗神》，《杭州師範學院學報》，1999年第4期。

神〔註10〕、天神太一（天極神）〔註11〕、太陽神〔註12〕、巫師〔註13〕、神祖〔註14〕、氏族首領〔註15〕等等，關於神獸的原型，分歧更多，有豬〔註16〕、龍〔註17〕、虎〔註18〕、牛〔註19〕、鳥〔註20〕、龜〔註21〕、神獸〔註22〕、圖騰神〔註23〕等等。這些多歧的觀點，給了筆者很大的啟發，我們認為諸多的神人原型觀點，多有可取，特別是天神、天神太一、神祖，乃至伏羲、巫師、氏族首領等等，他們之間有可通約性，並不特別矛盾。但遺憾的是前人未能

〔註10〕　吳汝祚：《餘杭反山良渚文化玉琮上的神象形紋新釋》，《中原文物》，1996 年第 4 期。

〔註11〕　馮時：《中國天文考古學》，中國社會科學出版社，2010 年，第 168 頁；阿城：《洛書河圖——文明的造型探源》，中華書局，2014 年，第 73 頁。

〔註12〕　牟永抗：《東方史前時期太陽崇拜的考古學觀察》，《牟永抗考古學文集》，科學出版社，2009 年，第 431 頁。

〔註13〕　張光直：《濮陽三蹻與中國古代美術上的人獸母題》，《中國青銅時代》，三聯書店，1999 年，第 323 頁。

〔註14〕　鄧淑蘋：《新石器時代的玉琮》，《臺北故宮文物月刊》，第 34 期，1981 年；蔣衛東：《天地與祖先——良渚文化玉器神人獸面紋的解讀》，《美成在久》，2014 年第 11 期。

〔註15〕　劉斌：《良渚文化玉琮初探》，《文物》，1990 年第 2 期。

〔註16〕　馮時：《中國天文考古學》，中國社會科學出版社，2010 年，第 167 頁；趙大川：《良渚文化神徽豬首考》，《豬業科學》，2015 年第 5 期。

〔註17〕　馬承原：《中國青銅器》，上海古籍出版社，1988 年，第 317 頁；李學勤：《良渚文化玉器與饕餮紋的演變》，《東南文化》，1991 年第 5 期；董楚平：《良渚文化神像釋義——兼與牟永抗先生商榷》，《浙江學刊》，1997 年第 6 期；蔣衛東：《天地與祖先——良渚文化玉器神人獸面紋的解讀》，《美成在久》，2014 年第 11 期。

〔註18〕　楊建芳：《玉琮之研究》，《考古與文物》，1990 年第 2 期；汪遵國：《良渚文化神像的辨析》，《中國文物報》，1991 年 4 月 28 日；劉方復：《良渚「神人獸面紋」析》，《文物天地》，1990 年第 2 期；張明華：《良渚古玉綜論》，《東南文化》，1992 年第 2 期。

〔註19〕　王會瑩：《良渚文化神人獸面紋與西王母形象之文化考釋》，《西北民族研究》，2005 年第 4 期。

〔註20〕　王明達：《良渚玉器若干問題的探討》，《中國考古學會第七次年會論文集》，文物出版社，1989 年；周南泉：《「玉琮王」探釋》，《中國文物報》，1990 年 8 月 23 日；林巳奈夫著，常耀華譯：《神與獸的紋樣學——中國古代諸神》，三聯書店，2009 年。

〔註21〕　徐峰：《良渚文化玉琮及相關紋飾的文化隱喻》，《考古》，2012 年第 2 期；阿城：《洛書河圖——文明的造型探源》，中華書局，2014 年，第 73 頁。

〔註22〕　張光直：《濮陽三蹻與中國古代美術上的人獸母題》，《中國青銅時代》，三聯書店，1999 年，第 323 頁。

〔註23〕　劉斌：《良渚文化玉琮初探》，《文物》，1990 年第 2 期。

結合神人下方的神獸以得出一個可互為依存而自洽的觀點來。神獸筆者則僅贊同其原型為龜的觀點。由此，在前人研究的基礎上，結合早期中外文化和神話的交流現象，筆者提出良渚文化神徽乃「大禹騎龜」的新說，就教於方家。

一、神徽之獸面乃龜形

先看神徽下部的獸面，說是獸面，並非完整具象的神獸形，僅誇張地突出了其重圈狀的兩隻大眼、寬鼻、闊嘴、結實粗大的獸爪以及肢體上密布的卷雲紋或稱回紋。難怪對它的原型眾說紛紜。但有兩位學者阿城、徐峰，敏銳地認定它是龜形。阿城主要從形象上抓住獸面的大圓眼和爪，這都符合龜的眼和爪（圖 6-2），而其他觀點中的豬、虎、牛等，既不是圓眼更不是爪而是蹄，阿城還從龜在上古就用於占卜、具靈性等特質，以及與洛書河圖中的傳說文獻相結合，認為從這三重證據可證這獸面是龜〔註24〕。徐峰除了注意到獸眼、鼻、嘴與龜十分相似外，也關注到了獸爪，且很好地解釋了龜爪本為五趾可神徽上獸爪卻是三趾的問題〔註25〕，他還注意到了神人和獸面肢體上均有的「卷雲紋」，認為也可稱橢圓形「漩渦紋」，他發現這漩渦紋與龜背甲上的紋飾非常相似（圖 6-3），但其他被當作原型的獸類便不具此細節上的優勢。除了外形上的可比性，徐峰還從兩方面論證了獸面是龜的可能性，一是他探討了良渚玉琮的形制源頭，認為龜本身是一個天圓地方的宇宙觀模型，琮的外方內圓造型，正是仿自龜，這就從玉琮的形制和紋飾，即「形」和「神」兩方面求得了一致性。二是他引用商周金文中的諸多人龜組合圖案（圖 6-4），以後代的實例說明，良渚的神徽即便是神人御龜的造型，也並非造型史上的孤例。蘇雪林將此圖形文字釋作「奎」，同「魁」，指奎宿、魁星，而魁星「獨佔鰲頭」的樣子，當是這圖案的具形，魁星是海神、水神，是西亞水神哀亞在中國的衍形〔註26〕。

有了兩位學者的多方論證，獸面為龜的證據已十分堅實，還可以作為新添證據的便是本文即將要從原始宗教、神話角度對神徽上下兩部分所做的通盤理解。那便是，考慮到本文的觀點是神徽乃「大禹騎龜」形象，聯想到大禹

〔註24〕阿城：《洛書河圖——文明的造型探源》，中華書局，2014年，第73頁。

〔註25〕徐峰：《良渚文化玉琮及相關紋飾的文化隱喻》，《考古》，2012年第2期。

〔註26〕蘇雪林：《屈原與〈九歌〉》，武漢大學出版社，2007年，第189～191頁。

及其父鯀所具有的水神性、他們都曾化身為龜，而龜正是西亞神話中水神的本形之一，以及鯀、禹在治水中神龜都曾給予幫助或擔任使者的神話，若要認同神人為禹，其胯下不是龜反倒不好理解了。那麼鯀、禹和龜到底有怎樣的密切關係呢？

圖 6-3
素描龜背甲上的漩渦紋〔註27〕

圖 6-4
金文中人龜組合圖形文字〔註28〕

二、鯀、禹的天神性及其與龜之關係

今天的史學界，即便將鯀、禹看做是真實的歷史人物和治水英雄，也不否認古代文獻所描述的籠罩在他們身上的神性，至少有兩位學者，顧頡剛和蘇雪林，曾經力排眾議，將鯀、禹送上了神壇。時間過去了幾十年，隨著考古材料的豐富，史學研究的進步，關於夏史的存在與否，已不再像古史辨派那樣激越，甚至有考古學者試圖證明它的實在性〔註29〕。筆者的基本看法，也認為夏朝當有，但對夏人及歷代華夏族群奉為夏族始祖的鯀、禹，他們是人還是神？卻不敢有肯定的意見。但不外乎兩種情況，要麼他們實有其人，但附上了後人追加上去的神性，要麼他們純然是神，被夏人奉為神祖，歷經世變，這神祖演變成了人祖。不管是哪一種情況，他們身上的神性神跡都明顯存在，且顧頡剛、童書業〔註30〕和蘇雪林〔註31〕等都做過極好的歸納，現綜

〔註27〕引自徐峰：《良渚文化玉琮及相關紋飾的文化隱喻》，《考古》，2012 年第 2 期。

〔註28〕引自徐峰：《良渚文化玉琮及相關紋飾的文化隱喻》，《考古》，2012 年第 2 期。

〔註29〕孫慶偉：《鼏宅禹跡——夏代信史的考古學重建》，三聯書店，2018 年。

〔註30〕顧頡剛、童書業：《鯀禹的傳說》，《古史辨》第七冊，海南出版社，2005 年，第 576～584 頁。

〔註31〕蘇雪林：《天問正簡》，武漢大學出版社，2007 年，第 247～250 頁。

合整理如下。

先說鯀。

（一）帝之元子。《墨子·尚賢中》：「若昔者伯鯀，帝之元子，廢帝之德庸，既乃刑之於羽之郊」〔註32〕。元子即首子、長子。「帝」指上帝，上帝的兒子，當然也是天神。

（二）竊帝息壤。《山海經·海內經》：「洪水滔天，鯀竊帝之息壤，以堙洪水，不待帝命。帝令祝融殺鯀於羽郊」〔註33〕。《歸藏·開筮》：「滔滔洪水，無所止極，伯鯀乃以息石息壤以填洪水」〔註34〕。能偷竊上帝之息壤者，自然不是凡人所能及，能堙塞洪水的息壤，也絕不是凡物。

（三）堙塞洪水，汨陳五行。《尚書·洪範》：「箕子曰：『我聞在昔，鯀堙洪水，汨陳其五行〔註35〕』」。是說鯀用息壤堵塞洪水，把五行搞亂了。能堵塞洪水，搞亂五行，也非天神莫屬。

（四）命獸為患。《呂氏春秋·恃君》：「堯以天下讓舜，鯀為諸侯，怒於堯曰：『得天之道者為帝，得地之道者為三公。今我得地之道，而不以為三公！』以堯為失論。欲得三公。怒甚猛獸，欲以為亂。比獸之角，能以為城，舉其尾，能以為旌，召之不來，彷徉於野，以患帝」〔註36〕。說鯀能激怒比角為城、舉尾為旌的猛獸作亂，這指揮者鯀也非神魔莫屬。

（五）屍腹生子。《山海經·海內經》：「帝令祝融殺鯀於羽郊。鯀腹生禹」〔註37〕。男性屍腹中能生子，也非凡人所能及。

（六）身化黃能或黃龍。《天問》：「伯禹腹鯀，夫何以變化？阻窮西征，岩何越焉？化為黃能，巫何活焉？」〔註38〕。《國語·晉語八》：「昔者鯀違帝命，殛之於羽山，化為黃能以入於羽淵。〔註39〕」《左傳·昭公七年》也有類似記載。這些文獻中的有些版本也將「黃能」寫作「黃熊」，蘇雪林〔註40〕、

〔註32〕譚家健、孫中原譯注：《墨子今注今譯》，商務印書館，2009年，第44頁。
〔註33〕袁珂譯注：《山海經全譯》，貴州人民出版社，1991年，第336頁。
〔註34〕見袁珂譯注：《山海經全譯》「海內經」郭璞注，貴州人民出版社，1991年，第348頁。
〔註35〕屈萬里注譯：《尚書今注今譯》，新世界出版社，2011年，第64頁。
〔註36〕關賢柱等譯注：《呂氏春秋全譯》，貴州人民出版社，1997年，第774頁。
〔註37〕袁珂譯注：《山海經全譯》，貴州人民出版社，1991年，第336頁。
〔註38〕蘇雪林：《天問正簡》，武漢大學出版社，2007年，第233頁。
〔註39〕黃永堂譯注：《國語全譯》，貴州人民出版社，1995年，第543頁。
〔註40〕蘇雪林：《天問正簡》，武漢大學出版社，2007年，第240、268頁。

孫作雲〔註41〕都認為是「能」不是「熊」。且「能」屬龜鱉之類。此外也有說鯀化黃龍的，如《山海經》郭璞注引《歸藏・開筮》：「鯀死三歲不腐，剖之以吳刀，化為黃龍也」。龍字繁體為「龍」，與「能」字易混，筆者也疑是「能」字誤作了「龍」字。這化為龜鱉的本事，也只有神才做得到。

　　大禹也有化龜的本事，在此一併例舉。《繹史》卷十二引《隨巢子》：「禹娶塗山，治鴻水，通軒轅山，化為熊（能）」〔註42〕。

　　（七）水神。《拾遺記》載「堯命夏鯀治水，九載無績。鯀自沉於羽淵，化為玄魚，時揚須振鱗，橫修波之上，見者謂為『河精』」〔註43〕。這「河精」就是河神、水神之意。鯀的水神性當來自他吸收了西亞水神哀亞和阿伯蘇的神格，以及化身為西亞水神本形——龜的神跡等上面〔註44〕。而禹因是鯀子，同樣繼承了水神的神格〔註45〕。鯀與哀亞、阿伯蘇神格上的影響關係，見下節分析。

　　再說禹。

　　據蘇雪林分析，禹的天神性之強，勝過其父鯀百倍。整理如下：

　　（一）布土定州。《山海經・海內經》：「禹鯀是始布土，均定九州。……帝乃命禹，卒布土以定九州」〔註46〕。《詩經・商頌・長發》：「洪水芒芒，禹敷下土方」〔註47〕。《遂公盨銘》的首句也說「天命禹敷土」等等。這是創世神話，說大禹在原始洪淵中布土造陸，然後分為九州〔註48〕。這當然是天神的行為。前引《山海經》也提到鯀「布土」，看來鯀和禹都有造地創世的神話。

　　（二）奠山導水。《詩經・大雅・韓奕》：「奕奕梁山，維禹甸之」〔註49〕。《詩經・小雅・信南山》：「信彼南山，維禹甸之」〔註50〕。《詩經・大雅・文

〔註41〕孫作云：《敦煌畫中的神怪畫》，《美術考古與民俗研究》，河南大學出版社，
　　　　2003年，第288頁。
〔註42〕〔清〕馬驌：《繹史》（一）卷十二，中華書局，2002年，第158頁。
〔註43〕王根林等校點：《拾遺記》卷二，《漢魏六朝筆記小說大觀》，上海古籍出版社，
　　　　1999年，第502頁。
〔註44〕蘇雪林：《天問正簡》，武漢大學出版社，2007年，第260～270頁。
〔註45〕蘇雪林：《天問正簡》，武漢大學出版社，2007年，第270頁。
〔註46〕袁珂譯注：《山海經全譯》，貴州人民出版社，1991年，第336～337頁。
〔註47〕劉精盛：《詩經通釋》，湖南大學出版社，2007年，第324頁。
〔註48〕蘇雪林：《天問正簡》，武漢大學出版社，2007年，第248頁。
〔註49〕劉精盛：《詩經通釋》，湖南大學出版社，2007年，第288頁。
〔註50〕劉精盛：《詩經通釋》，湖南大學出版社，2007年，第209頁。

王有聲》：「豐水東注，維禹之績」〔註51〕。《尚書·禹貢》：「禹敷土，隨山刊木，奠高山大川」〔註52〕。「奠」、「甸」義同，排列分布的意思。山、水都是禹所安排設置，豈是人力所能為？

（三）制定朝夜。《淮南子·天文》：「日出於暘谷，……，入於虞淵之汜，曙於蒙谷之浦，行九州七舍，有五億萬七千三百九里，禹以為朝晝昏夜」〔註53〕。日出日落、朝晝昏夜，是大禹制定的。

（四）測量大地四極。《淮南子·地形》：「禹乃使太章步自東極，至於西極，二億三萬三千五百里七十五步。使豎亥步自北極，至於南極，二億三萬三千五百七十五步」〔註54〕。大禹派人測量大地四極，這等氣派和神功，也非人力所能為。

（五）為山川神主。《尚書·呂刑》：「禹平水土，主名山川」，意思是做名山大川的神主。《史記·夏本紀》：「天下皆宗禹之明度數聲樂，為山川神主」〔註55〕。經劉起釪研究，認為這句正是司馬遷從《尚書·呂刑》所載上帝派三個天神伯益、大禹和后稷下來「恤功於民」中的「禹平水土，主名山川」來的〔註56〕。

（六）為社神。《淮南子·汜論》：「禹勞天下，死而為社。后稷作稼穡，死而為稷。……此鬼神之所以立」〔註57〕。《三輔黃圖》：「漢初，除秦社稷，立漢社稷，其後又立官社，配以夏禹」〔註58〕。

（七）攻戮神話人物。《國語·魯語》下：「吳伐越，墮會稽，獲骨焉，節專車。……，仲尼曰：『丘聞之，昔禹致群神於會稽之山，防風氏後至，禹殺而戮之，其骨節專車，此為大矣』」。「骨節專車」是說一節骨有一輛車那麼長，這恐怕只有希臘神話中的泰坦巨人族可比。禹的神話傳說中，還有殺九首蛇身的相柳、攻伐觸倒不周山的共工、鎮神猴巫支祁等等。大禹能致神戮神，他自然也是神。

通過以上的梳理，鯀禹的天神性無可質疑。無論他們是一開始純然為天

〔註51〕劉精盛：《詩經通釋》，湖南大學出版社，2007年，第255頁。
〔註52〕屈萬里注譯：《尚書今注今譯》，新世界出版社，2011年，第24頁。
〔註53〕許匡一譯注：《淮南子全譯》，貴州人民出版社，1993年，第151～152頁。
〔註54〕許匡一譯注：《淮南子全譯》，貴州人民出版社，1993年，第229頁。
〔註55〕韓兆琦編著：《史記箋證》（壹），江西人民出版社，2015年，第72頁。
〔註56〕韓兆琦編著：《史記箋證》（壹），江西人民出版社，2015年，第105頁。
〔註57〕許匡一譯注：《淮南子全譯》，貴州人民出版社，1993年，第817頁。
〔註58〕佚名撰：《元本三輔黃圖》，國家圖書館出版社，2018年，第221頁。

神后來附加了人事，即神話的歷史化，還是起初為人王，後來附著上神性神跡，即歷史的神話化，都脫不掉他們身上彌漫的神功和神跡。

這兩位大神跟龜（其實也是神龜）都有密切的關係。下面試作分析。

首先是鯀、禹化龜，上文已揭示。所以田昌五曾說，「鯀亦作魚玄，拆開來就是玄魚，是龜、鱉、黿之類的東西」〔註59〕。王小盾也說：「鯀在古人的看法中是玄魚、玄龜或玄黿之神」〔註60〕。其次，《天問》中有「鴟龜曳銜，鯀何聽焉？」一問，蘇雪林解作鴟和龜在教鯀填土造地的方法。龜在這裡成了鯀治水造陸的幫手。此外，蘇雪林引《莊子·大宗師》中郭象注引崔譔之的說法：「北海之神，名曰禺疆，靈龜為之使」〔註61〕。並考證出這禺疆也即顓頊或鯀，皆水神。在這裡靈龜成了水神鯀的使者。最後我們來看大禹與龜的其他記載。《拾遺記》卷二：「禹盡力溝洫，導川夷岳，黃龍曳尾於前，玄龜負青泥於後。玄龜，河精之使者也」〔註62〕。這裡的神龜也成為大禹治水的重要幫手。句中「河精」就是河神、水神，玄龜同時是水神的使者。又同書：「舜命禹疏川奠岳，濟巨海則黿鼉而為梁，逾翠岑則神龍而為馭」〔註63〕。「黿鼉」是龜鱉類，它們同樣是大禹治水的幫手。《洛陽記》：「禹時有神龜於洛水，負文列於背，以授禹文，即治水文也」〔註64〕。《太平廣記》卷二二六「水飾圖經」條引《大業拾遺記》云：「有神龜負八卦出河，進於伏犧、禹治水」〔註65〕。《河洛精蘊》：「漢孔安國云：『《河圖》者，伏羲氏王天下，龍馬出河，遂則其文以畫八卦。《洛書》者，禹治水時，神龜負文而列於背，有數至九，禹遂因而第之以成《九類》。』」〔註66〕這三則文獻均記神龜負書（八卦）以助禹治水，應是有相同來源的神話傳說。

〔註59〕田昌五：《先夏文化探索》，文物出版社編輯部編：《文物與考古論集》，文物出版社，1986 年，第 96 頁。

〔註60〕王小盾：《中國早期思想與符號研究──關於四神的起源及其體系形成》，上海人民出版社，2008 年，第 555 頁。

〔註61〕轉引自蘇雪林：《屈原與〈九歌〉》，武漢大學出版社，2007 年，第 196 頁。

〔註62〕王根林等校點：《拾遺記》卷二，《漢魏六朝筆記小說大觀》，上海古籍出版社，1999 年，第 503 頁。

〔註63〕王根林等校點：《拾遺記》卷二，《漢魏六朝筆記小說大觀》，上海古籍出版社，1999 年，第 502 頁。

〔註64〕轉引自王得溫、黃靜編：《神秘的龜文化》，寧夏人民出版社，1996 年，第 36 頁。

〔註65〕〔北宋〕李昉等編：《太平廣記》（五），中華書局，2013 年，第 1405 頁。

〔註66〕〔清〕江永：《河洛精蘊》，九州出版社，2011 年，第 4 頁。

　　總結以上所梳理的鯀、禹與龜之關係，有三種。一是神龜是鯀、禹的化身；二是神龜是鯀、禹的助手；三是神龜是鯀、禹的使者。無論哪一種，都顯示二者間的密切關係。

三、良渚文化與夏文化之關係及越地的大禹傳說

　　良渚文化神徽處在一個無文字的大傳統社會，故無法自證其與鯀禹有什麼關係，而後代的文獻將鯀、禹記載為夏朝夏文化的開創者。那麼，要想證明良渚文化神徽是大禹或伯鯀騎龜，至少得證明良渚文化與後來的夏文化有文化交流或承續關係。

　　這方面的證據，從考古實物和文獻兩個方面已被董楚平、陳剩勇、黃懿陸、呂琪昌等數位學者深入地討論過，此外在良渚文化分布區還有傳承至今的大禹神話、傳說和儀式。我們只需要好好總結這幾方面的成果就行了。

　　董楚平從考古實物和文獻兩方面分析了良渚文化對中原龍山文化、陶寺文化和二里頭文化的影響。他指出，當太湖地區玉器文化基本消失的時候，在山西的陶寺文化、甘肅的齊家文化和河南的龍山文化中，實然出現了本地區前所未有的玉琮、玉鉞、玉璧，以及太湖地區其他傳統文化。他認為陶寺文化中的玉（石）琮、鉞，破土器，石犁，漆器等，源頭都在良渚文化。他還指出河南龍山文化中的有段石錛、扁平穿孔石斧、鑿井術等，當自太湖地區傳入。齊家文化中的璧、琮、穿孔石斧（鉞）等，在黃河上游找不到祖型，源頭當也是良渚，並經中原傳入。在二里頭文化中，董楚平找出了更多的良渚文化因素，例如鼎、貫耳壺、瓦形足三足盤、玉禮器、印紋陶，還有鼎、豆、壺的禮器組合等。此外，董還利用十一處文獻證據，證明夏王朝上層有東南方的苗蠻血統。至於良渚文化影響夏文化的路徑問題，他提出江淮的薛家崗文化是中介，所以良渚文化是通過江淮地區傳播到中原的〔註67〕。

　　陳剩勇以一本專著回答了良渚文化與夏文化的關係〔註68〕。他的基本觀點是：夏族的發祥地在長江下游良渚文化分布區，夏朝崛起於東南地區，由於良渚文化末期的海侵事件，也稱夏禹宇宙期〔註69〕，導致夏人主體特別是

〔註67〕董楚平：《吳越文化新探》，浙江人民出版社，1988年，第90～115頁。
〔註68〕陳剩勇：《中國第一王朝的崛起——中華文明和國家起源之謎破譯》，湖南出版社，1994年。
〔註69〕葉文憲：《距今4000年前後的文化斷層現象和良渚文化的北遷及其歸宿》，《良渚文化探秘》，人民出版社，2006年，第149頁。

社會上層北遷和南徙，其北遷者進入中原，創造了中原夏文化。夏禹宇宙期海侵的考古學證據，則是諸多良渚文化遺址之上，普遍發現了海侵痕跡——淤泥、泥炭和沼鐵層〔註 70〕，有學者更是列舉了被淹沒於湖泊、泥沼或被淤泥、泥炭覆蓋的良渚文化聚落多處〔註 71〕。中原的鯀、禹治水傳說，當是以良渚文化末期海侵事件為歷史素地的神話表達。關於夏人北遷的證據，陳剩勇列舉了 10 種，筆者認同其中的 9 種，分別是夏執玄鉞與東南史前文化中的石鉞；二里頭青銅鼎與源自薛家崗文化、良渚文化的陶鼎；夏后氏之璜與良渚文化玉璜；夏后氏玄圭與東南史前文化玉石刀、圭形器；夏社與良渚文化祭壇；夏后氏塱周與良渚文化紅燒土塊堆置墓穴周圍的葬俗；起源於夏，流行於三代的鼎、豆、壺隨葬禮器組合與良渚文化中的同類器；瓦形足三足簋、鴨形壺在二里頭文化和良渚文化中互見；夏代禮器尚黑與良渚文化黑陶等等。陳著中列舉的這 9 種夏文化因素，均可在良渚文化中找到源頭，揭示了二者密切的源流關係。

　　筆者基本認同陳剩勇關於良渚文化與夏文化關係的觀點，略有差異的僅在認識的角度和程度。例如，筆者以為，夏文化仍創始於中原嵩洛地區，不在東南的良渚文化，後者只是構成夏文化特別是夏文化上層的重要文化質素。也即是，良渚文化上層在海侵事件中被迫外遷，他們中的重要一支遷到嵩洛地區後，與當地的中原龍山文化、西來的齊家文化相遇，形成了全新的夏文化。並且將形成於東南的鯀、禹治水英雄傳說帶到中原，演變成中原的治水傳說。

　　黃懿陸通過對《山海經》的解讀，認為《山海經圖》中記錄了良渚先民因洪水而北遷中原的史事〔註 72〕。特別是《山海經・西山經》中的「西次三經」，講述了「良渚先越之民長途跋涉，歷盡千山萬水之後，終於到達黃河南岸，從而攻佔其地在中原建都之前的故事」〔註 73〕。這種通過對傳世文獻的全新解讀而得出的新認識值得關注。

〔註 70〕陳剩勇：《中國第一王朝的崛起——中華文明和國家起源之謎破譯》，湖南出版社，1994 年，第 204、299 頁。

〔註 71〕吳建民：《長江三角洲史前遺址的分布與環境變遷》，《東南文化》，1988 年第 6 期。

〔註 72〕黃懿陸：《〈山海經〉考古——夏朝起源與先越文化研究》，民族出版社，2007 年，第 2～5 頁。

〔註 73〕黃懿陸：《〈山海經〉考古——夏朝起源與先越文化研究》，民族出版社，2007 年，第 141～146 頁。

　　呂琪昌另闢蹊徑，通過探索夏文化的重要禮器——封頂盉、爵、觚的起源和傳播路線，得出夏王朝主體淵源於良渚文化的結論〔註74〕。具體來說，他發現夏文化封頂盉源於太湖地區的陶鬶，青銅爵則是環太湖地區小型陶鬶的後裔，青銅觚則源自良渚文化的漆觚。遠古禮器的象徵意義至深且大，在「唯器與名，不可以假人」的時代，這源自良渚文化的夏文化三大禮器，只有認同使用它們的兩大族群有共同的文化根基才能說得通。

　　以上四位學者的研究，指向一個共同的文化現象，即夏文化諸多文化因素，尤其是代表夏族上層社會精神文化象徵的禮器、禮制，多來源於東南地區的良渚文化。由此他們推斷因良渚文化末期海侵事件的發生，良渚人群的重要一支北遷到中原創造了夏文化，良渚文化與夏文化是源與流的關係。那麼，作為良渚文化神徽「伯鯀御龜」或「大禹騎龜」的主要形象的鯀或禹，隨著良渚人的北遷而傳播到中原並成為夏人的始祖、形成鯀禹治水神話和傳說，就順理成章而不足為奇了。

　　海侵過後的太湖流域，後來形成了吳越文化。越人自稱是禹後，在越文化分布區，流傳著大量的大禹傳說和故事，遺留下大量的崇禹祭禹遺跡遺物。傳說故事有「禹禪會稽」「禹會會稽」「禹娶塗山」「禹葬會稽」「禹疏了溪」「會稽鳥耘」等等〔註75〕，文物古蹟有塗山、塗山禹廟、石船石帆鐵履鐵屐、禹宗廟、大禹陵、禹廟、禹祠、禹珪璋璧佩、禹劍、岣嶁碑、大禹寺、菲飲泉、禹井、宛委山、禹穴、禹會鄉等等〔註76〕，保留至今的儀式活動則有「祭禹」〔註77〕。這種種物質和非物質文化遺產，足以說明大禹與越文化、越地的密切關係。至於如何解釋奉鯀、禹為祖神並鏤刻其形象於玉器上的良渚人，不是因海侵事件而外遷了麼？為何事隔1000餘年後，在越地重又出現大禹崇拜了呢？我的理解是，雖然良渚族群的上層及大部分族群確已北遷南徙，但總會有少部分蟄居於高處未曾浸於水下的良渚聚落，生存於此的少部分良渚人與後來遷入的馬橋

〔註74〕呂琪昌：《青銅爵、斝的秘密——從史前陶鬶到夏商文化起源並斷代問題研究》，浙江大學出版社，2007年；呂琪昌：《青銅爵與良渚陶鬶的關係再議》，《華夏考古》，2011年第4期。

〔註75〕周幼濤：《浙江紹興禹跡述論》，李永鑫主編：《大禹研究概覽》，紹興市社會科學院，第173～176頁。

〔註76〕鄒志方：《大禹與大越》，陳瑞苗、周幼濤主編：《大禹研究》，浙江人民出版社，1995年，第43～45頁。

〔註77〕周幼濤：《祭禹叢考》，陳瑞苗、周幼濤主編：《大禹研究》，浙江人民出版社，1995年，第79～150頁。

人融合，並繼續演變為越文化，正是這少部分良渚人將大禹崇拜保留了下來。此外，也不排除另一種可能，即北遷中原的良渚人後代的部分回遷，他們同樣可以將大禹崇拜帶回故地。《史記・越王句踐世家》中追述越王世系，正是持後一種觀點〔註78〕。且這兩種情況也不矛盾和排斥，可以共存。

四、西亞創世神話與鯀、禹之關係及良渚文化中的外來文化

西亞創世神話體現在近東開闢史詩中，史詩雖言及多位創造主，我們這裡僅介紹與鯀、禹有影響關係的兩位，即水星神（水神）哀亞（Ea）和木星神馬杜克（Marduk）。

故事梗概如下：宇宙未造成之前，充塞整個空間的都是水，名叫「深淵」（The Deep，也叫 Apsu 或 Abyss），此深淵人格化為一女性神，叫蒂亞華滋（Tiawath）或蒂亞馬特（Tiamat），也稱混沌孽龍（Dragon of Chaos），還稱 Kudarru，俗稱原始女怪。她的外形，有時如有角之巨蛇，有時如有翅之獅，有時則為頭生雙角身披鱗甲的異獸，還有時為龜形。

原始女怪生出許多天神，天帝阿努、水主（水神、水星神）哀亞都是她的子孫。後來原始深淵（The Deep）分化為甘鹹二水，哀亞主甘水，為善神，阿伯蘇（也即深淵 Apsu）主鹹水，為惡神。以這善惡二神為標誌，神界形成了神、魔兩個對立的陣營。並最終釀成神魔大戰。

神魔大戰以神方勝利而告終。創世主哀亞用催眠法將魔軍統領阿伯蘇催眠，奪其冠冕，析其筋肉，鎖而殺之。並在阿伯蘇遺體上建居所，生出群神領袖馬杜克，另有一說，馬杜克從阿伯蘇屍腹中誕出。史詩這樣說：「於阿伯蘇內，馬杜克誕生，於神聖的阿伯蘇內，馬杜克誕生」〔註79〕。創世主哀亞還被稱為「群神之大巫」，他有起死回生的法力。且自哀亞一系所衍化的諸神，都有死而復活的經歷。如旦繆子、馬杜克等等。哀亞有說是原始女怪直接所生，而在西亞神統記裡也常被說成是天帝阿努之子〔註80〕。

水主哀亞先作為西亞神話中的創造主，後來又衍生出其子馬杜克屠龍創世的神話。講神魔大戰中馬杜克打敗的是原始女怪，他將這個龜形的龐然大

〔註78〕司馬遷：《史記・越王句踐世家》，中華書局，1982 年，第 1739 頁。
〔註79〕饒宗頤編譯：《近東開闢史詩》，遼寧教育出版社，1998 年，第 24 頁。據句意重譯。
〔註80〕饒宗頤編譯：《近東開闢史詩》，遼寧教育出版社，1998 年，第 6 頁；蘇雪林：《天問正簡》，武漢大學出版社，2007 年，第 265 頁。

物劈為兩半,上半造天蓋,下半造大地。並用女怪身體各部件造成天地萬物。他還有步天、察地、測深淵之廣狹等等創世行為〔註81〕。

　　說完西亞創世神話人物,我們來看看他們在中國的符合者鯀、禹是如何符合的。

　　經顧頡剛、蘇雪林等的研究,鯀、共工均是中國的水神,大禹也深具水神性。鯀和共工分別對應於西亞甘水神哀亞和鹹水神阿伯蘇,大禹則對應於木星神馬杜克。但鯀和共工也經常相混,經研究,鯀和共工實際上是一神。他們倆有大量雷同的神格和神跡為證〔註82〕。且即便從表面上看,「共工」不過是「鯀」音的緩讀,「鯀」則是「共工」的急音〔註83〕。蘇雪林則認為,「鯀」和「共工」,都是原始女怪之名「Kudarru」的音譯〔註84〕。這種相混,當是西亞水神本也是一神而一分為二的結果。鯀和共工的二分,應是西亞水神哀亞和阿伯蘇在不同情況下流傳進來的結果。而且,鯀的神格中有善惡參半的現象,也是因西亞原始深淵有善有惡,分而為善惡二神的緣故。

　　中國神話中的鯀腹生禹,簡直就是阿伯蘇腹中誕出馬杜克的翻版,阿伯蘇或哀亞與馬杜克、鯀與禹,均是父子關係,兩相對應,紋絲不差。而鯀被殺於羽山三年不腐,經巫者法術而復活並化為黃能入羽淵。這裡的巫者、復活二節正可對應於哀亞為大巫,有起死回生法力的故事。伯鯀為帝之元子,跟哀亞為天帝阿努之子也劃上了等號。

　　還有鯀、禹化龜神話,跟鯀的對應者哀亞或阿伯蘇有龜形化身有關。鯀、禹都有的布土造地神話,也跟其對應者哀亞、馬杜克父子在西亞神話中的創造主地位相一致。

　　阿伯蘇在神魔大戰中敗北,身被戮。這就是伯鯀雖布土造地息土填洪仍然落得被殛於羽山的命運之前因。而其子伯禹做的是同樣的布土造地奠山導水的工作,卻能被封賞擁戴,這也是由於其前身西亞創世大神馬杜克所擁有的崇高地位對大禹的影響所致。所以,鯀禹的不同結局,無關個人努力,是

〔註81〕蘇雪林:《屈原與〈九歌〉》,武漢大學出版社,2007年,第157～158頁;蘇雪林:《天問正簡》,武漢大學出版社,2007年,第279頁。

〔註82〕蘇雪林:《天問正簡》,武漢大學出版社,2007年,第253～254頁。

〔註83〕楊寬:《中國上古史導論》,《古史辨》,第七冊,海南出版社,2005年,第195頁;顧頡剛、童書業:《鯀禹的傳說》,《古史辨》,第七冊,海南出版社,2005年,第582頁。

〔註84〕蘇雪林:《天問正簡》,武漢大學出版社,2007年,第266頁。

因為他們的命運早就「前生注定」。

　　大禹雖吸收了西亞群神領袖木星神馬杜克的諸多神跡神功，可也具備許多水神的神性。這是因為，大禹也繼承了其父伯鯀及其西亞原型哀亞、阿伯蘇的水神性。因此西亞父子神哀亞、馬杜克的神性集於大禹一身。

　　大禹的布土定州、奠山導水、制定晨昏的功績，步天、察地、測鴻水淵藪，皆來自馬杜克的神跡。馬杜克有一巨鑢形徽記，形象為一巨鑢豎立在三角架上，更完整者則是巨鑢下臥伏一狐形異獸也即混沌孽龍（圖6-5）。而在中國的古帝王畫像中，大禹也常手執一鑢（圖6-6）。我們再來看「禹」字的構形。「禹」字在甲骨文中不見，金文中有、、、等形，皆手持鑢狀或三角架上立一鑢形。顧頡剛先生對大禹有過精深研究，曾提出「大禹是一條蟲」的命題，依據是《說文》上的釋義。這在上世紀二十年代成為攻擊顧頡剛的一個「笑柄」。那顧氏如此立意可有道理呢？蘇雪林認為是有道理的。秦公敦上的「禹」字，形如，鑢形尾部彎曲厲害，接近《說文》上看作是蟲類的「」字了。文獻上記「句龍」為后土，而后土又為社，蘇雪林論證過大禹死而為社〔註85〕，則大禹也即是后土和句龍。馬杜克之父哀亞有蛇形，則馬杜克也具備蛇形，這蛇、龍不過是一物的兩說，故大禹與馬杜克在此又重疊了。由此蘇雪林推測，造「禹」字者大概將鑢、蟲（即蛇、龍）兩個因素一起融入了「禹」字中，才形成頭鑢尾蟲的合併形「禹」（）字〔註86〕。因此我們認為，大禹執鑢像的設計以及「禹」字由鑢形作為構件，都是西亞馬杜克以巨鑢為徽記影響的結果。

圖 6-5　西亞木星神馬杜克徽記〔註87〕

〔註85〕蘇雪林：《天問正簡》，武漢大學出版社，2007年，第273頁。
〔註86〕蘇雪林：《天問正簡》，武漢大學出版社，2007年，第278頁。
〔註87〕引自蘇雪林：《天問正簡》，武漢大學出版社，2007年，第278頁。

圖 6-6　東漢武梁祠畫像石大禹執鏟像〔註88〕

　　鯀、禹是從水神哀亞一系發展而來，故水神作為最早的死神的特性也有繼承。前文已談到「禹死為社」的說法。而社是土地之神，為地主，土地神又向為死神和財神。浙江紹興有禹穴，故秦始皇、秦二世到泰山行封禪大典時先封泰山，隨後又到會稽（今紹興）祭大禹。封泰山是為求昇天祈長生，祭大禹自然也是這個儀典中一項，即祭死神，求得死神允他不死以便昇天。由這幾點，大禹的死神性也很明顯了。

　　上文討論了鯀、禹的諸多神格，可與西亞創世父子大神哀亞、馬杜克相對應，鑒於西亞創世神話的久遠，當是後者影響到了前者。那麼問題來了，在距今 4500 年的良渚文化中期以來，就受到了域外文化包括神話的影響了嗎？或者說，在良渚文化中，有受到域外文化影響的其他先例嗎？我們的答案是：有。下面以良渚文化玉器上的崑崙形象為例說明。

　　筆者曾歸納過良渚文化 13 例玉器上的刻符（見第二章相關圖片）〔註89〕，認為它們是對崑崙山形象的刻畫，可這崑崙形象和崑崙神話，並非古代中國的土產，而是世界崑崙神話的東方一支而已。世界崑崙神話的源頭在西亞兩河流域，在西亞神話中，有一世界大山，名 Khursag Kurkura，為諸神聚居之處，其後，西亞又有一種人工的多層廟塔，稱 Ziggurat 或 Zikkurat，是對前者的模擬。「崑崙」二字，當是外來詞，蘇雪林認為它譯自 Kurkura，意為「大

〔註88〕引自《古史辨》，第一冊，海南出版社，2005 年，書首插頁。
〔註89〕宋亦簫：《大汶口文化和良渚文化刻符中的崑崙形象》，《民族藝術》，2018 年第 3 期。

山、高山」〔註90〕，凌純聲和楊希枚則認為它譯自 Zikkurat 之第二、三音節，義為「崇高」〔註91〕，林梅村另闢蹊徑，認為它譯自吐火羅語 kilyom，義為「聖天」，漢代以後也譯為「祁連」〔註92〕。其實這三說並不矛盾，且能互補，在崑崙神話中，崑崙山正是崇高、神聖且上通於天的大山。

　　中國的崑崙山，一如希臘的奧林匹斯山、印度的蘇迷盧山（須彌山），是西亞 Khursag Kurkura 的翻版〔註93〕，因此它首先是一座存在於崑崙神話中的神山。但信奉崑崙神話的族群，也會在他們的活動範圍內指定一處高山，作為現實生活中的崑崙山。古代中國境內因而被指定為崑崙山的名山總計有十多處〔註94〕。在《山海經》、《淮南子》等典籍中所記載的「崑崙丘」和「崑崙虛」，則屬仿自崑崙山的人工多層建築，或者說它仿自西亞的多層廟塔 Ziggurat。

　　信奉崑崙神話的族群，除了會指定一處高山作為現實版的崑崙山（例如大汶口文化族群之於泰山；良渚文化族群之於瑤山；越人之於會稽山等等），也會在一些相關禮器上刻畫崑崙山的象徵形象，以強化這些禮器的祭祀功能。這樣的崑崙形象刻符，除了良渚文化中有，筆者也在大汶口文化陶尊上找到了類似的形象〔註95〕。可見，在新石器時代的東亞沿海，受到域外文化影響很正常，我們完全不必懷疑早期人類的遠距離遷徙和文化傳播能力。

　　因此，既然源自西亞的崑崙神話可以傳到良渚文化，那同樣源自西亞的創世神話和哀亞乘龜或馬杜克乘混沌孽龍神話（圖 6-7），也可以傳到良渚文化中。這其中，鯀、禹神話吸納的是西亞創世神話，而良渚文化神徽，則形象地反映了大禹或伯鯀騎龜的神話意蘊。

〔註90〕蘇雪林：《崑崙之謎》，《屈賦論叢》，武漢大學出版社，2007 年，第 512 頁。

〔註91〕凌純聲：《崑崙丘與西王母》，《中央研究院民族學研究所集刊》，第二十二期（1966 年），第 219 頁；楊希枚：《論殷周時代高層建築之「京」、崑崙與西亞之 Zikkurat》，《先秦文化綜論》，廣西師範大學出版社，2008 年，第 80 頁。

〔註92〕林梅村：《祁連與崑崙》，《漢唐西域與中國文明》，文物出版社，1998 年，第 64～69 頁。

〔註93〕蘇雪林：《崑崙之謎》，《屈賦論叢》，武漢大學出版社，2007 年，第 512 頁。

〔註94〕宋亦蕭：《崑崙山新考》，《絲綢之路研究集刊》，第四輯，商務印書館，2019 年。

〔註95〕宋亦蕭：《大汶口文化和良渚文化刻符中的崑崙形象》，《民族藝術》，2018 年第 3 期。

圖 6-7
馬杜克騎乘混沌孽龍〔註96〕

圖 6-8
魁星點斗紋青花筆筒〔註97〕

五、玉禮器上刻「大禹騎龜」神徽之功能

「大禹騎龜」神徽始見於良渚文化中期，是中晚期玉器上最通行的紋飾。關於它的內涵，蔣衛東總結道，絕大多數學者都認為它是良渚文化玉器上最為重要且地位最高的紋飾，有著溝通天地人神的象徵性功能，是良渚文化神崇拜的靈魂所在〔註98〕。這與劉斌所認為的神徽是「氏族首領（祖先崇拜）和圖騰神（圖騰崇拜）結合的造神反映」〔註99〕等觀點都大致不差，差只差在未進一步說破這神崇拜的靈魂是誰？這氏族首領和圖騰神又是誰？我的回答則是，這神崇拜的靈魂、氏族首領和圖騰神是大禹和他的坐騎（也是化身、助手和使者）神龜。

明確了這神徽的具體形象內容，還是要回答一下良渚人為什麼要在玉禮器上鏤刻他們的祖神和神龜？

我的理解是，良渚文化中期，良渚人吸收了外來的哀亞和馬杜克創世神話，並且將創世神的神格融入本民族的祖神身上，形成父子始祖神鯀、禹神

〔註96〕引自饒宗頤編譯：《近東開闢史詩》，遼寧教育出版社，1998年，第65頁。
〔註97〕圖片採自個人藏品，清代青花筆筒。
〔註98〕蔣衛東：《天地與祖先——良渚文化玉器神人獸面紋的解讀》，《美成在久》，2014年第11期。
〔註99〕劉斌：《良渚文化玉琮初探》，《文物》，1990年第2期。

話，他們將始祖神大禹和他的化身龜鐫刻在各式玉器上，構成「大禹騎龜」神徽，以達到強化玉禮器作為溝通天地神人的功能，除了重要的玉琮上琢刻的是完整的大禹騎龜形象，也在其他諸多玉器上施刻或只保留神人大禹或只有神龜的簡化形象，以營造祖神無處不在、隨時隨地保祐他的子民的神秘氛圍。

　　那麼這域外的創世神話，是如何傳播到良渚文化區的呢？鑒於大汶口文化中晚期與良渚文化的廣泛交流，以及大汶口文化所在的齊地流傳久遠的「八神將」和「八主祠」神話，經蘇雪林考證，完全是西亞七星神話的翻版，八主神話中的天主，其對應的西亞主神正是水神哀亞〔註100〕。還包括山東的泰山神話（也即崑崙神話）和三皇五帝神話中的外來文化因素等等〔註101〕。筆者由此推斷，良渚文化的創世神話，受到的是大汶口文化的影響，鯀禹神話當與八主神話有共同的來源。

　　還需一議的是這神徽中的神人，到底是鯀還是禹？筆者雖在文題上標明是「大禹騎龜」，但文中也出現過「伯鯀御龜」和「大禹騎龜」互見的情況。這是因為筆者也吃不准這神人到底是鯀還是禹，兩種可能性都存在。原因是作為鯀禹原型的哀亞和馬杜克，以及鯀、禹本身，都是創世神，又都有水神性，與水神的本形龜都有轉化的神話，我們雖然可以確定良渚文化神徽鐫刻的是創世水神與他的本形龜轉化而來的座騎之間的騎乘形象，但確定不了良渚人當時崇奉的主神到底是鯀還是禹。但鑒於後來的越地祭祀和供奉的是大禹，夏人也是奉大禹為始祖和夏朝的創立者，再加上西亞也有大禹的符合者馬杜克乘混沌孽龍的故事和圖像，因此我們傾向將神徽命名為「大禹騎龜」。此外，還有一則文獻似可強化該神徽之神人是大禹的認識，那便是《山海經·海內經》中的一句：「共工生術器，術器首方顛」〔註102〕，共工就是伯鯀，已經前輩學者作過詳細論證〔註103〕，則術器就是大禹，郭璞注「首方顛」指「頭頂平也」，整體解讀，當還指頭顱呈倒梯形且頭頂為平，這正符合神徽上的神

〔註100〕蘇雪林：《我研究屈賦的經過》，《屈賦論叢》，武漢大學出版社，2007年，第11頁。
〔註101〕宋亦簫：《大汶口文化和良渚文化刻符中的崑崙形象》，《民族藝術》，2018年第3期。
〔註102〕袁珂譯注：《山海經》，貴州人民出版社，1991年，第336頁。
〔註103〕楊寬：《中國上古史導論》，上海人民出版社，2016年，第230～234頁。顧頡剛、蘇雪林也持相同觀點。

人的頭部形狀的刻畫。

水神與他的本形龜構成騎乘關係，已成為古代神話中的經典意象。古代中國還曾見過禹疆使龜、魁星獨佔鰲頭（鼇即大龜）、真武大帝乘龜、臺灣王爺（水神）愛獸為龜等記載或圖像，域外的類同神話則有哀亞乘龜、馬杜克騎混沌孽龍（龜形）、印度偏入天（水神）乘龜等等。它們顯然有著共同的神話源頭。

魁星點斗和獨佔鰲頭作為民俗熟語和吉祥圖案（圖6-8），在傳統中國特別是科舉時代流傳極為廣泛，我們若將該圖案作些解析，便可發現它與良渚神徽異時而同構，有著若隱若現的同源關係。按照葉舒憲先生的理論，這自然是對神話原型和一級編碼「大禹騎龜」的再編碼。

在常見的圖像中，魁星為一人形，右手持筆，有的身旁還有一墨斗和數星相連，魁同奎，也同夔、馗等，認為是二十八宿中主文運、文章的奎星神，他單足踩在一巨鼇（鼇即大海龜或鱉）身上，另一足向後蹺起，「獨佔鰲頭」一語便因此而來，也讓我們想到了「夔一足」的古語。持筆的魁星被歷代科舉士子膜拜，體現了他的智慧神格，這完全同於伏羲、鯀、禹一系的被傳為中華民族做出了各種發明創造的智慧神神格〔註104〕。因此，從大傳統社會的良渚神徽，到小傳統社會的商周銅器銘文上的人龜組合圖案（圖6-4），再到更為普及的魁星點斗和獨佔鰲頭民俗圖像，它們都是在鯀禹神話原型的基礎上的重新編碼和「置換變形」〔註105〕，但萬變又不離其蹤，其人龜組合的基本架構一直未變。這是文化文本N級編碼理論的極生動個案。

六、結論

良渚文化神徽是「大禹騎龜」神話意象。神徽的下半部分獸面紋，雖只誇張地刻畫了神獸的眼、鼻、口和帶爪的前肢及肢體上的「漩渦紋」，我們通過這局部的外形即可判定它是龜，再加上文獻記載中龜具靈性、用於占卜，良渚玉琮的形制仿自龜，以及商周金文中的諸多人龜組合圖案等等旁證，可確信這神人獸面紋中的獸面是龜形。

鯀、禹雖處在中國歷史中的傳說時代，但多有將其當作歷史人物的情況，

〔註104〕宋亦簫：《從良渚神徽到獨佔鰲頭——文化文本N級編碼理論視野下的智慧神話考察》，待發表。

〔註105〕葉舒憲等編：《文化符號學——大小傳統新視野》，陝西師範大學出版總社，2013年，第40頁。

即便如此，我們也無可否認他們身上所具有天神性，這到底是神話的歷史化，還是歷史的神話化，現在還難有結論。在鯀、禹的神跡中，他們都是布土定州的創世大神，深具水神性，都有轉化為龜的經歷，以及神龜在他們的治水造陸神話中充當助手和使者。可見天神鯀、禹與神龜有密切的關係。

大禹在史籍中被記載為中原的治水英雄、夏文化和夏朝的創立者，似乎與良渚文化搭不上關係。但經過考古學和文獻的研究，我們發現良渚文化與夏文化是源和流的關係，在良渚文化末期，因遭遇夏禹宇宙期海侵事件，良渚文化族群大部北遷南徙，北遷的一支到達中原，與當地龍山文化以及西來的齊家文化族群相遇，形成了以良渚人為社會上層主體的夏文化。他們除帶給了中原地區的禮器和禮制文化外，還將祖神鯀、禹以及治水神話帶到了中原，並以大禹作為全體夏人的始祖和夏朝創立者。在後來的越文化中，也以「越為禹後」。越文化分布區形成了眾多的大禹傳說、大禹遺跡和遺物、以及流傳至今的「祭禹」儀式活動。這從另一個側面印證了大禹與越地的密切關係。

其實天神鯀、禹，有諸多神格與西亞創世神話英雄哀亞及其子馬杜克相符合，這是後者影響前者的結果。域外神話進入良渚文化區，鯀、禹神話並非孤例。在良渚文化玉器刻符中，有若干崑崙形象，它們與大汶口文化陶尊上的崑崙形象刻符一樣，都是受到西亞崑崙神話影響的結果。而良渚外來文化，當是受到更早期就深染外來文化的大汶口文化的影響。

自良渚文化中期以來，良渚人自大汶口文化吸收引進域外的哀亞和馬杜克創世神話，將創世神的神格融入本民族的祖神鯀、禹身上，形成父子始祖神鯀、禹神話，並將大禹和他的化身龜琢刻在各式玉器上，構成「大禹騎龜」神徽，以達到強化玉禮器作為溝通天地神人的功能，除了在重要的玉琮上刻的是完整的大禹騎龜形象外，也在其他諸多玉器上施刻或只保留神人大禹或只有神龜的簡化形象，以營造祖神無處不在、隨時隨地保祐他的子民的神秘氛圍。

原載於《民族藝術》，2019 年第 4 期。

第七章 「玄武」龜蛇形象的神話解讀

提要：

    天象中的北宮之象——玄武，不是北宮七宿的具象化表達，也不是圖騰制度的遺痕，而是五行中代表北方的水神伯鯀及其妻修己的龜蛇交合形象的借用。更遠的源頭則是影響了伯鯀和修己神話的西亞神話人物水神哀亞及其妻子唐克娜。

    作為天象的四神之一的玄武，為何是龜蛇合體的形象？學者們多有討論。有的認為是對天象中北宮七宿構型的具象化〔註1〕，有的認為是龜、蛇氏族因通婚而兩合的氏族圖騰圖像〔註2〕或說因北方夏民族以龜、蛇為圖騰〔註3〕，還有的認為是取龜蛇能陰陽構精之義〔註4〕。只有三位學者都看到了玄武龜蛇形象與神話中的鯀化龜及其妻修己（「修」為長，「己」是蛇，修己即長蛇）有關係〔註5〕，筆者認同這一認識，但他們沒有指出為什麼玄武會跟鯀和修己

〔註1〕黎靖德編：《朱子語類》第八冊，中華書局，1988年，第3290頁；陳器文：《玄武神話、傳說與信仰》，陝西師範大學出版總社有限公司，2013年，修訂版序，第3頁。
〔註2〕孫作云：《敦煌畫中的神怪畫》，《孫作雲文集·美術考古與民俗研究》，河南大學出版社，2003年，第286頁。
〔註3〕陳久金：《華夏族群的圖騰崇拜與四象概念的形成》，《自然科學史研究》，第11卷第1期，1992年。
〔註4〕王小盾：《中國早期思想與符號研究——關於四神的起源及其體系形成》，上海人民出版社，2008年，第817～836頁。
〔註5〕孫作云：《敦煌畫中的神怪畫》，《孫作雲文集·美術考古與民俗研究》，河南大學出版社，2003年，第289頁；何新：《諸神的起源》，民主與建設出版社，2018年，第182頁；徐斌：《伏羲與大禹——基於信仰與民俗起源意義上的比較研究》，王建華主編：《海峽兩岸大禹文化研究》，中國社會科學出版社，2010年，第288頁。

有關，經過筆者的爬梳探析，認為這裡面飽含有伏羲女媧、鯀與修己等上古神話中的神格認知以及他們與西亞創世神話的關聯等情由。下面試作分析。

一、中國及其他古文明區龜、蛇的神話

玄武既為龜、蛇合體之形，要想研討玄武合體之形的起源，經過爬梳，筆者認為要特別關注中國上古傳說時代的伏羲女媧、鯀和修己、禹、共工等與龜蛇相關的神話。

先看伏羲女媧與蛇的神話。一方面是文獻證據，聞一多先生曾做過統計，至少有七處相關記載，只不過這些文獻出現的時間早不過東漢〔註6〕。

王逸《楚辭·天問》注：「女媧人頭蛇身。」〔註7〕

王延壽《魯靈光殿賦》：「伏羲鱗身，女媧蛇軀。」〔註8〕

曹植《女媧畫贊》：「或云二皇，人首蛇形。」〔註9〕

《列子·黃帝篇》：「庖犧氏，女媧氏……蛇身人面。」〔註10〕

《帝王世紀》：「庖犧氏……蛇身人首」，「女媧氏……亦蛇身人首」。〔註11〕

《拾遺記》：「又見一神，蛇身人面……示禹八卦之圖，列於金版之上。……蛇身之神，即羲皇也。〔註12〕」

《玄中記》：「伏羲龍身，女媧蛇軀。」（《文選·魯靈光殿賦》注引〔註13〕）

另一方面是實物圖像證據。包括石刻類和絹畫類，圖像證據要比文獻多了許多（圖7-1；7-2），且時代可早到西漢，反比文獻記載早了200餘年。伏羲女媧人首蛇身的形象，從圖像和文獻兩個角度已被坐實。但是，他們為什麼是這樣的超自然形體？其寓意何在？在聞一多之前，還沒有好好討論過，自然也沒有結論。經過聞先生的多方利用文獻、考古實物圖像和人類學材料（也即今天所說的三種證據法或多重證據法），證明這是一種上古氏族圖騰現象，「人首蛇身」經過了「人的擬獸化」和「獸的擬人化」兩個階段而形成，

〔註6〕聞一多：《神話與詩》，天津古籍出版社，2008年，第8~9頁。

〔註7〕〔宋〕洪興祖撰，白化文等點校：《楚辭補注》，中華書局，第81頁。

〔註8〕〔梁〕蕭統編，〔唐〕李善注：《文選》，嶽麓書社，2002年，第346頁。

〔註9〕引自〔唐〕歐陽詢：《藝文類聚》（上），上海古籍出版社，1999年，第208頁。

〔註10〕王強模譯注：《列子譯注》，貴州人民出版社，1993年，第62頁。

〔註11〕〔晉〕皇甫謐撰，陸吉點校：《帝王世紀》，齊魯書社，2010年，第2~3頁。

〔註12〕〔晉〕王嘉撰，〔梁〕蕭綺錄，齊治平校注：《拾遺記校注》卷二，中華書局，1981年，第38頁。

〔註13〕轉引自〔梁〕蕭統編，〔唐〕李善注：《文選》，嶽麓書社，2002年，第353頁。

伏羲女媧是以「龍（蛇）」為圖騰的族群所信奉的始祖神，這一族群也就是後來的華夏族。其人首蛇身形象，是上古圖騰崇拜現象的遺痕〔註14〕。

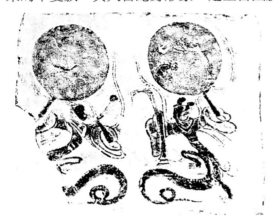

圖7-1　伏羲女媧畫像磚〔註15〕　　　圖7-2　唐代伏羲女媧絹畫〔註16〕

　　再看鯀和修己與龜蛇的神話。先秦典籍有多處記載伯鯀化龜或化龍神話。如《天問》：「伯禹腹鯀，夫何以變化？阻窮西征，岩何越焉？化為黃能，巫何活焉？」〔註17〕。《國語‧晉語八》：「昔者鯀違帝命，殛之於羽山，化為黃能以入於羽淵。〔註18〕」《左傳‧昭公七年》也有類似記載。這些典籍中的有些版本，也將「黃能」寫作「黃熊」，蘇雪林〔註19〕、孫作雲〔註20〕都認為是「能」不是「熊」。而「能」屬龜鱉之類。也有一處說伯鯀化黃龍，即《山海經》郭璞注引《歸藏‧開筮》：「鯀死三歲不腐，剖之以吳刀，化為黃龍也」。龍字與「能」字易混，筆者頗疑是「能」字誤寫成了「龍」字。

　　修己為鯀妻，見於較多文獻。如《帝王世紀》：「顓頊生鯀，堯封為崇伯，納有莘氏女，曰志，是為修己」〔註21〕。《竹書紀年》：「帝禹夏后氏，母曰修

〔註14〕聞一多：《伏羲考》，《神話與詩》，天津人民出版社，2008年，第1～49頁。
〔註15〕高文編：《四川漢代畫像磚》，上海人民美術出版社，1987年，第100號。
〔註16〕王炳華主編：《新疆乾屍──古代新疆居民及其文化》，新疆人民出版社，2001年，第182頁。
〔註17〕蘇雪林：《天問正簡》，武漢大學出版社，2007年，第233頁。
〔註18〕黃永堂譯注：《國語全譯》，貴州人民出版社，1995年，第543頁。
〔註19〕蘇雪林：《天問正簡》，武漢大學出版社，2007年，第240、268頁。
〔註20〕孫作雲：《敦煌畫中的神怪畫》，《美術考古與民俗研究》，河南大學出版社，2003年，第288頁。
〔註21〕〔晉〕皇甫謐撰，陸吉點校：《帝王世紀》第三，齊魯書社，2010年，第21頁。

己」〔註22〕。《禮緯》：「禹母修己吞薏苡而生禹，因姓姒氏」〔註23〕等等。古籍中沒有直接提到修己跟蛇有什麼關係，但多位學者分析了「修己」二字的字面意義，認為「修己」就是「長蛇」的意思。他們甚至認為，鯀與修己的龜蛇形象，正是玄武得形的原由。只不過他們多從圖騰而不是神話的角度來理解鯀和修己所具有的異形現象。

鯀之子大禹也有化龜的經歷。例如《繹史》卷十二引《隨巢子》：「禹娶塗山，治鴻水，通軒轅山，化為熊（能）」〔註24〕。當然前此學者將伯鯀化龜以圖騰作解，自然也會將大禹化龜按圖騰來解。因鯀禹是父子關係，有相同的圖騰再正常不過。

還有一位與蛇有關係的傳說人物是共工。共工也是人首蛇身的記載至少有三處：一是《山海經・大荒西經》注引《歸藏・啟筮篇》：「共工人面蛇身朱髮」〔註25〕。二是《淮南子・地形》高誘注：「共工，天神也，人面蛇身」〔註26〕。三是《神異經》：「西北荒有人焉，人面朱髦（髮），蛇身人手足，而食五穀，禽獸頑愚，名曰共工」〔註27〕。

以上數位跟龜蛇有關聯的上古傳說人物，在主流觀點裏，常認為他們是歷史人物，發生在他們身上的非人力所能為的神跡，一般看作是歷史人物死後，後人替他造出來的神話，即是歷史的神話化。有的連神話也說不圓的，便認為是圖騰崇拜所致。上述人首蛇身和化龜的人物，都被看作是圖騰制所引起的文化現象。

如果僅從華夏上古文化內部看圖騰說，似乎很有解釋力。但若我們環顧四周，發現其他古文明區，也存在著人首蛇身的神話和圖像，也有神人變幻龜、蛇的神話，也有龜負大地的傳說，那難道這許多地方的龜蛇神話傳說和圖像哪怕極其相似，也各不相干？也都只是圖騰制度的遺痕？如果不是，我們就不好咬定我們的故事和圖像就一定是圖騰現象了。它們也完全可能是世

〔註22〕 王國維撰：《今本竹書紀年疏證》，遼寧教育出版社，1997 年，第 48 頁。

〔註23〕 〔清〕趙在翰輯，鍾肇鵬、蕭文郁點校：《七緯》，中華書局，2012 年，第 319 頁。

〔註24〕 〔清〕馬驌：《繹史》（一）卷十二，中華書局，2002 年，第 158 頁。

〔註25〕 〔晉〕郭璞著，〔清〕郝懿行箋疏：《山海經箋疏》，中國致公出版社，2016 年，第 408 頁。

〔註26〕 何寧撰：《淮南子集釋》（上），中華書局，1998 年，第 370 頁。

〔註27〕 上海古籍出版社編：《漢魏六朝筆記小說大觀》，上海古籍出版社，1999 年，第 56 頁。

界龜蛇神話流傳延布到上古中國的結果。

　　試舉一些域外相關神話和圖像的例子。

　　在西亞蘇美爾人的泥板上，天神圖像被刻畫成上半身是人下半身是蛇的樣子（圖7-3）〔註28〕。印度神話中的那伽神，上半身是人的形貌，下半身是蛇的軀體（圖7-4），在印度石窟中，還有那伽女神與其配偶蛇尾纏繞在一起的雕刻（圖7-5）〔註29〕，其形貌與伏羲女媧交尾圖如出一轍。在古印度神話中，還認為是烏龜趴在銜尾蛇背上，四隻大象再站在烏龜背上，支撐著大地（圖7-6）。這龜蛇結合的樣子，與中國玄武的形象非常接近。印度神話中的另一說是蛇神舍沙（Shesha）環繞著龜神俱利摩（Kurma），龜神背負著八頭大象支撐起整個世界〔註30〕。這裡的龜蛇結合方式，與中國的玄武更像。這些域外神話，比起在中國戰國秦漢以來流行的伏羲女媧、鯀與其妻修己的相關載籍和圖像，其流傳的時間更為久遠。如果說，中外之間這樣的龜蛇神話流傳的具體路線還較模糊，那麼西亞神話中的父子神哀亞（Ea）和馬杜克（Marduk）神話，對中國的鯀禹父子神神話，其影響的程度和綿密度，就更為清晰可觀了。下面來做具體對比。

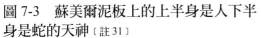

圖7-3　蘇美爾泥板上的上半身是人下半　　圖7-4　印度那伽女神〔註32〕
身是蛇的天神〔註31〕

〔註28〕段守虹：《靈蛇圖像》，陝西人民美術出版社，2014年，第31頁。

〔註29〕段守虹：《靈蛇圖像》，陝西人民美術出版社，2014年，第37頁。

〔註30〕段守虹：《靈蛇圖像》，陝西人民美術出版社，2014年，第64頁。

〔註31〕段守虹：《靈蛇圖像》，陝西人民美術出版社，2014年，第31頁。

〔註32〕段守虹：《靈蛇圖像》，陝西人民美術出版社，2014年，第36頁。

圖 7-5　那伽女神與其配　　圖 7-6　印度烏龜趴在銜尾蛇背圖案〔註 34〕
偶神雕刻〔註 33〕

二、西亞創世神話對鯀、禹神話的影響

　　西亞創世神話體現在近東開闢史詩中，史詩是西亞阿卡德人的創世神話，用楔形文字刻寫在七塊泥板上。有饒宗頤先生的中譯本〔註 35〕。我們研讀史詩情節，會發現史詩中的創造主馬杜克（Marduk）及其神父哀亞（Ea）或阿伯蘇（Apsu），他們的神功神跡，與中國傳說時代的鯀、禹神話多有契合。蘇雪林認為這是因為前者影響了後者之故〔註 36〕。筆者贊同林說，這裡便以林說為基礎，繼續考察二者的源流關係。

　　先看近東開闢史詩。史詩在上一章本有介紹，但為讀者便利計，這裡還是再做轉述：說宇宙未造成之前，充塞整個空間的都是水，名叫「深淵」（The Deep，也叫 Apsu 或 Abyss），此深淵人格化為一女性神，叫蒂亞華滋（Tiawath）或蒂亞馬特（Tiamat），也稱混沌孽龍（Dragon of Chaos），還稱 Kudarru，俗稱原始女怪。她的外形，有時如有角之巨蛇，有時如有翅之獅，有時則為頭生雙角身披鱗甲的異獸，還有時為龜形〔註 37〕。

〔註 33〕段守虹：《靈蛇圖像》，陝西人民美術出版社，2014 年，第 37 頁。
〔註 34〕段守虹：《靈蛇圖像》，陝西人民美術出版社，2014 年，第 64 頁。
〔註 35〕饒宗頤編譯：《近東開闢史詩》，遼寧教育出版社，1998 年。
〔註 36〕蘇雪林：《天問正簡》，武漢大學出版社，2007 年，第 264～281 頁。
〔註 37〕蘇雪林：《天問正簡》，武漢大學出版社，2007 年，第 265 頁。

　　原始女怪生出許多天神，天帝阿努、水主（水神、水星神）哀亞都是她的子孫。後來原始深淵（The Deep）分化為甘鹹二水，哀亞主甘水，為善神。哀亞的形貌，有五種之多，其中也有龜形和蛇形〔註38〕。阿伯蘇主鹹水，為惡神。以這善惡二神為標誌，神界形成了神、魔兩個對立的陣營。

　　據蘇雪林考證，中國古籍中的水神共工及伯鯀，其「共工」和「鯀」之音讀，皆源自原始女怪之名 Kudarru，二者皆由惡神阿伯蘇變來。楊寬和顧頡剛等先生也指出「共工」不過是「鯀」音的緩讀，「鯀」字則是「共工」的急音〔註39〕。我們在文獻中也發現有許多情節，一說是共工所為，又說是伯鯀所做〔註40〕，正印證了二者當是西亞神話中的惡神阿伯蘇在不同階段傳入中國所造成的分化。由於阿伯蘇的惡神性，影響到共工和伯鯀在中國神話裏也成為四凶之二。當然，鯀在中國文獻中也有布土造地治水的善行，這一方面是由於阿伯蘇本為原始深淵，有其創造天地而利世的一面而來，另一方面則是鯀也因襲了甘水神和善神哀亞的特性所致。阿伯蘇在神魔大戰中敗北，身被戮。這當是伯鯀雖布土造地息土填洪，結果仍落得被殛於羽山的命運之所由。而其子伯禹做的是同樣的布土造地奠山導水的工作，卻能被封賞擁戴，這也是因為其前身是西亞創世大神倍兒馬杜克，後者所擁有的崇高地位轉移給了大禹所致。所以，鯀、禹的結局，無關個人努力，是因為他們的不同命運早就「前世注定」。

　　開闢史詩講到的神魔大戰以神方勝利而結束。創世主哀亞用催眠法將魔軍統領阿伯蘇催眠，奪其冠冕，析其筋肉，鎖而殺之。並在阿伯蘇遺體上建居所，生出群神領袖馬杜克。另一說則是馬杜克為哀亞與其妻唐克娜（Damkina）所生。還有一說，馬杜克從阿伯蘇屍腹中誕出。史詩這樣說：「於阿伯蘇內，馬杜克誕生，於神聖的阿伯蘇內，馬杜克誕生」〔註41〕。中國神話中的鯀腹生禹，顯然就是阿伯蘇腹中誕出馬杜克的翻版，而且這兩對父子也剛好是對應關係。知道了這層淵源，就不必像一些學者那樣非得去論證鯀

〔註38〕蘇雪林：《屈原與〈九歌〉》，武漢大學出版社，2007 年，第 179 頁。

〔註39〕楊寬：《中國上古史導論》，《古史辨》，第七冊，海南出版社，2005 年，第 195頁；顧頡剛、童書業：《鯀禹的傳說》，《古史辨》，第七冊，海南出版社，2005年，第 582 頁。

〔註40〕楊寬：《中國上古史導論》，《古史辨》，第七冊，海南出版社，2005 年，第 192～196 頁。

〔註41〕饒宗頤編譯：《近東開闢史詩》，遼寧教育出版社，1998 年，第 24 頁。據句意重譯。

為女性才能生禹等徒勞無功的事了。因為這本是神話。若要非說鯀是女性，我們從原始女怪所具有的女神特徵方面出發也不是不可以找到一些鯀是女性的證據，但那樣太迂迴，鯀腹生禹直接源自阿伯蘇腹誕馬杜克的神話才是最便捷的解釋。

開闢史詩另有一種說法是原始女怪之夫魔軍統帥京固敗於火神，被火焚死。西亞神話中的夫妻父子經常混同互換，這裡的京固也就相當於原始女怪或阿伯蘇。而《山海經》中有「帝令祝融殺鯀於羽郊」之說，祝融是中國的火神。顯然這也是外來的情節被安排在祝融和鯀的身上。

水主哀亞被稱為「群神之大巫」，因此他有著起死回生的法力，所以他的祭司總是唱道：「我是哀亞的祭司，我能使死者復活」。而伯鯀被殺於羽山三年不腐，經巫者法術而復活並化為黃能入羽淵。可以看到這裡的巫者、復活等情節正可對應於哀亞故事。

還有就是哀亞曾是西亞神話中的創造主（齊地八神中的天主，正是水星神哀亞，奉水星神哀亞為天主，體現了齊地八神神話傳來時應在哀亞作為創造主的西亞蘇美爾神話時期），後來其子馬杜克也有屠龍創世之偉業。而中國文獻中也屢提「禹、鯀是始布土，均定九州」等布土造地的業績。鯀、禹各稱伯鯀、伯禹，這「伯」字，並非要說他們均是長子，也不是說他們有「伯」之爵位，而是「爸」、「父」之義，是人類祖之意。這也跟哀亞、馬杜克父子在西亞神話中的創造主地位相一致了。

以上的對比，能夠說明鯀禹神話的很多情節和事功，能在西亞創世神話中的哀亞、阿伯蘇和馬杜克身上找到原型〔註42〕，而西亞的蒂亞馬特、哀亞、阿伯蘇等的龜形和蛇形形貌，正是受其影響者伏羲女媧、鯀和修己的蛇形、龜形之來源。而不是什麼龜、蛇圖騰的影響所致。至於伏羲女媧、伯鯀修己的全部神格，是純然外來，還是在民族神身上附著了許多外來的同類神的神格？很難作出肯定的判斷，依據古代各民族神話同類神相互之間常有影響和借代關係的特徵作判斷，屬於後者的可能性會更大一些。但可以肯定的是，這些具有龜蛇形象的所謂歷史人物，實在是我們的古人沒有分清神話和歷史，或者說將本來就攪合在一起的神話和歷史也即所謂的「神話歷史」，當成了客

〔註42〕更細緻的比較可參看宋亦簫：《良渚文化神徽為「大禹騎龜」說》，《民族藝術》，2019年第4期；宋亦簫：《〈天問〉中的鯀禹故事與近東開闢史詩》，《禹功》，文物出版社，2019年，第46～50頁。

觀發生過的真實歷史了。我們現在應該還原他們的真實身份——他們是神，不是人！

三、玄武龜蛇形象的由來

上文已提到，玄武的龜蛇形象，來源於鯀與修己夫婦的龜蛇形象，但這個解釋並不徹底，它未能進一步解釋為何鯀和修己有龜蛇之形？為何由鯀和修己的龜蛇之形合體而成的玄武，來表示北宮之象？下面試作分析。

先看鯀和修己的龜蛇之形。古籍所載的鯀化龜（黃能）神話，已揭示了鯀在神話中的變形是龜，鯀能夠化龜，跟他的原型，即西亞創世神話中的原始女怪蒂亞馬特、水神哀亞和阿伯蘇都有龜形形貌有關，即後者影響了前者。修己作為鯀妻，跟西亞原始女怪所衍化的大女神易士塔兒、水神哀亞之妻唐克娜等有對應關係，因此後者的蛇形形象同樣也影響到了修己，這也應該是修己得名的原因。因此，鯀和修己的龜蛇形象，是他們的原型哀亞和唐克娜的龜蛇形象所帶來。

那又為何用鯀和修己的龜蛇形象表示北宮之象呢？這當與五行思想在戰國秦漢時代興起後有關，五行對應著五大行星，也對應著金木水火土五種物質，同時還對應著東西南北中五個方位以及青白赤黑黃五種顏色。其中北方對應的是水、顏色黑，按《淮南子·天文》當中的完整說法是：「北方，水也。其帝顓頊，其佐玄冥，執權而治冬。其神為辰星，其獸玄武」〔註43〕。這裡提到的「帝」是顓頊，不是鯀，但前人的研究早就表明，伏羲、顓頊、伯鯀、共工，全都是西亞水神哀亞或阿伯蘇的遺型，他們可能是在不同時期傳入華夏，造成各自為政但又彼此密切相關的聯繫〔註44〕。因此，此處的顓頊，可用伯鯀替代。因鯀在五個方位中能代表北方位，故在星象中以他及妻子的龜蛇形象代表。且玄武中「玄」字，表黑，也對應著北方的顏色。

但是，根據馮時的研究，天文中的北宮之象，並非一開始就是龜蛇，它經歷了鹿（麒麟）、龜再到龜蛇合體的變化，他認為龜蛇合體的玄武形象很可能是在西漢初年或稍前的一段時間完成的〔註45〕。對於這種現象，還需作一個合理的解釋。我們的理解是，古人觀測星象以識星，既會將某些星組成象，

〔註43〕〔西漢〕劉安等著，許匡一譯注：《淮南子全譯》，貴州人民出版社，1993年，第114頁。

〔註44〕蘇雪林：《屈原與〈九歌〉》，武漢大學出版社，2007年，第183～200頁。

〔註45〕馮時：《中國天文考古學》，中國社會科學出版社，2010年，第433頁。

同時更會將在人間已形成的神話傳說及其圖像直接搬上天空組成星象，北宮之象所經歷的從鹿到龜蛇合體的變化，可能是開始僅僅從觀星組象，便以鹿為記，到後來在龜及龜蛇形象代表北方的文化越來越普及的時候，便以後者取代前者，以達到更匹配、更有神話色彩和文化內涵的效果。

四、玄武的生殖象徵

　　龜蛇合體的玄武形象形成後，其圓龜長蛇相依相偎的模樣，常蘊含有負陽抱陽、男女構精的生殖意味。雖然過去的解釋，以為雄龜缺乏生殖能力，不能交合，要靠雌龜與雄蛇交配才能繁衍後代〔註46〕是錯誤的，但它仍揭示出了龜蛇交合的生殖象徵寓意。通過上面的分析，我們現在知道，這種生殖象徵的真實意匠源頭當在鯀和修己以及他們的神話源頭哀亞和唐克娜，乃至更早的淵源——原始女怪蒂亞馬特那裡，因此，雙身雙頭的伏羲女媧也好、龜蛇合體的玄武也好，都隱含了人類父母和生殖之神的意味，我們在漢畫和歷代圖像中所見到的大量玄武、伏羲女媧，乃至將伏羲女媧和玄武刻畫在一幅畫面上的圖像（圖 7-7），都是當時人崇拜生殖、渴盼子孫綿延、家族興旺的表現。

　　若以龜表鯀、蛇表修己的象徵來分析龜蛇的陰陽符號特性，似乎是龜表男性陽性、蛇表女性陰性，但在中國傳統象徵文化裏並非如此，而是龜、蛇各自既能代表男性陽性，也能代表女性陰性。下面舉例說明。

圖 7-7　伏羲女媧與玄武畫像石〔註47〕

〔註46〕〔晉〕張華：《博物志》，卷四，中華書局，1985 年，第 10 頁。

〔註47〕中國畫像石全集編輯委員會：《中國畫像石全集》（5），山東美術出版社，2000年。

圖 7-8　從貝殼中誕生的阿芙洛狄忒〔註48〕

　　龜代表陽性。一方面體現在鯀、禹化龜的神話中，鯀、禹是神話中的父子，故他們所化之龜當代表陽性。另一方面體現在更多的民間文化中，如平劇《陰陽鬥法》，裏面的龜為陽男，蛇為陰女。臺灣民間故事《周公鬥法桃花女》和同名歌仔戲中，烏龜精是男子，蛇精為桃花女郎〔註49〕。

　　龜代表陰性。古希臘的美神和愛神阿芙洛狄忒誕生神話之一，是說她是克洛諾斯將他父親的生殖器割下扔到海裏後，在濺起的海浪泡沫中升起了一個巨大貝殼（海螺殼），阿芙洛狄忒從貝殼中誕生（圖 7-8）。這裡的貝殼或海螺，與龜均屬介類動物，在這個神話中有互文性，因此可看成阿芙洛狄忒是從龜殼中誕生，自然就與龜有了同一性。筆者曾分析過黃帝之妻嫘祖的「嫘」字，認為此「嫘」通「螺」，「嫘祖」之名揭示了她與阿芙洛狄忒有相同的誕生神話——螺殼中誕生。除了嫘祖，古代中國還有類似的天淵玉女、白水素女、螺仙、田螺姑娘等民間故事，它們都有著共同的螺殼誕生神話，與阿芙洛狄忒的誕生有著共同的神話源頭，其源頭當在西亞創世神話中同樣帶殼的神、人共祖——龜形原始女怪身上〔註50〕。因此，這些中外螺（龜）生女性神話，將龜指向了陰性特徵。

〔註48〕〔英〕弗雷澤著，徐育新、汪培基、張澤石譯：《金枝》，新世界出版社，2006年，第 312 頁。

〔註49〕陳器文：《玄武神話、傳說與信仰》，陝西師範大學出版總社有限公司，2013年，第 65 頁。

〔註50〕宋亦簫：《西王母的原型及其在世界古文明區的傳衍》，《民族藝術》，2017 年第 2 期。

此外，古代羅馬的烏拉尼亞（Uranie）用龜祭祀維納斯，說這樣是為了象徵婦女的聰明和貞潔。蘇雪林認為這是曲解原旨，真相當是維納斯本身是龜，故以龜祭她〔註51〕。

中國民間故事還有類似象徵，如清代章回小說《桃花女鬥法》中，便以龜為陰，蛇為陽，鼓吹陰陽和合之道〔註52〕。

再看蛇的陰陽兩性象徵。

蛇代表陽性。首先是同為人首蛇身的伏羲女媧中的伏羲，表明蛇可代表陽性。還有鯀化黃龍神話，此處的黃龍，自然可與蛇歸為同類。此外，古代的蛇郎傳說，也將蛇與男性聯繫在了一起。

蛇代表陰性。首先也是同為人首蛇身的伏羲女媧中的女媧，還有鯀妻修己。古代的蛇女、美女蛇傳說，特別是《白蛇傳》中的白素貞和小青，都將蛇指向了女性陰性。

通過上文分析，可看到，雖然龜蛇交合可表達生殖象徵，但龜蛇所象徵的陰陽性別卻是可以互換的。其原因，我認為在玄武的神話原型——西亞創世神話中的神、人共祖原始女怪身上，因後者有陰、陽兩性特徵，而龜、蛇又都是原始女怪的象徵，因此象徵原始女怪的龜、蛇，如其本尊一樣，既可是陽性，也可是陰性。

五、結論

中國上古傳說時代的所謂「歷史人物」伏羲女媧、鯀與修己、大禹、共工等，實際上只是神話人物，他們變為歷史人物，是神話歷史化的後果。在他們的神話故事當中，都有與龜蛇相關的神話。例如伏羲女媧是人首蛇身、共工也是。伯鯀和大禹都有化龜的神話，即是說神龜都是他們的化身，鯀妻修己從其名可知有長蛇的形象，因此鯀與修己正合龜蛇相交的玄武之象。

中國上古神話人物的龜蛇神話，並非中國所獨有。環顧四周，可發現西亞、南亞等古文明區同樣存在著人首蛇身的神話和圖像，也有神人變幻龜、蛇的神話，也有龜負大地的傳說等等，它們之間是文化的傳播和影響關係，其中西亞蘇美爾人文化是源，南亞印度和東亞古代中國文化中的相似成分則

〔註51〕蘇雪林：《屈原與〈九歌〉》，武漢大學出版社，2007年，第160頁。

〔註52〕陳器文：《玄武神話、傳說與信仰》，陝西師範大學出版總社有限公司，2013年，第65頁。

是流。在這種認識的基礎上，我們斷定，玄武的龜蛇形象不是北宮七宿的具象化，也不是圖騰制度的遺痕，而是流傳在中外之間的水神神話的表現形式。

在中外神話交流和影響的諸多因素中，最為清晰可觀的是西亞原始女怪及水神哀亞和他的妻子唐克娜、其子馬杜克神話對鯀禹神話的影響。可以說，父子神鯀禹的很多神功神跡，都是西亞父子神哀亞（阿伯蘇）與馬杜克神話事蹟的翻版，例如伯鯀的水神性、鯀禹的布土造陸、鯀腹生禹等等。

因此，玄武的龜蛇形象，直接來源可看成是鯀與修己夫婦所具有的龜蛇形象的借用，遠源則應追蹤到印度和西亞神話當中，如印度的蛇神舍沙（Shesha）環繞著龜神俱利摩（Kurma）的造型、西亞神話中的哀亞和唐克娜合體造型等，玄武代表北宮之象，則是因為在五行中北方屬水、顏色黑，故採用水神伯鯀及其妻修己的龜蛇形象表示，玄武之「玄」，也體現著黑色之義。

作為北宮之象的玄武，出現後也表達著負陽抱陽、男女構精的生殖意味。這種生殖象徵的真實意匠源頭當在鯀和修己以及他們的神話源頭哀亞和唐克娜，乃至更早的淵源——原始女怪蒂亞馬特那裡。但同樣都是原始女怪象徵的龜、蛇，其性別則可男可女、可陰可陽。原因當在玄武的神話原型——西亞創世神話中的神、人共祖原始女怪身上，因後者有陰、陽兩性特徵，自然影響到她的象徵符號——龜、蛇身上，使後兩者如其本尊一樣，既可是陽性，也可是陰性。

原載於《神話研究集刊》，第二集，巴蜀書社，
2020 年 7 月，第 57～69 頁。

第八章 《天問》中的鯀禹故事與
近東開闢史詩

提要：

屈原的《天問》可分為天文、地理、神話、歷史和亂辭五個部分，歷史部分演繹的是夏商周三代史，其中夏史部分有 32 句講的是情節較為完整的鯀、禹治水故事，經過與近東開闢史詩的對比，我們發現鯀、禹的神功神跡與西亞神話人物哀亞、阿伯蘇、馬杜克等有源流關係，因此歷史上的鯀、禹治水故事，是神話的歷史化而已。

屈原的賦體文中，以《九歌》、《離騷》、《天問》三部的知名度最高，這其中又以《天問》最難於理解。它之難於理解，一在「文理太雜亂」〔註1〕。前人為此提出了雜亂之因的「呵壁說」〔註2〕和「錯簡說」〔註3〕；二在內容太「深奧」，究其實則是因為後人喪失了理解《天問》當中的域外神話宗教知識之故。身兼作家和學者雙重身份的蘇雪林，長期關注中外民俗神話，因教學需要而整理《天問》，偶然中理順了《天問》的錯簡，並利用域外神話宗教知識來注解《天問》，終使這二千年謎案得到破解〔註4〕。蘇先生將《天問》全篇分為

〔註1〕文理雜亂是因為錯簡及不理解內容造成的，在蘇雪林重新調整文句次序後，
　　　　《天問》已文理通順，井然有序。
〔註2〕「呵壁說」由王逸最先提出，本因錯簡造成的文理雜亂，王不知其故，推想
　　　　是屈原精神失常，看到楚先王之廟、公卿祠堂壁畫而在其下據壁畫信手塗寫
　　　　的結果。
〔註3〕「錯簡說」最初由清人屈復提出。既是錯簡造成文理雜亂，他們便著手調整，
　　　　但因未真正理解內容，仍是如入迷宮，困難重重。
〔註4〕蘇雪林：《天問正簡》，武漢大學出版社，2007年，第1～23頁。

五大段，分別是天文、地理、神話、歷史和亂辭。每段句數各有定規。如天文、地理、神話各四十四句，歷史部分是夏、商、周三代史，每代各七十二句。亂辭二十四句。她認為，《天問》是戰國及其以前傳入中國的域外知識之總匯。不但天文、地理、神話三個部分如此，即便是三代歷史部分也夾雜了不少域外文化因子，亂辭的前半部分也屬域外神話。丁山先生也曾提到《天問》中的天文知識即宇宙本源論是襲自印度《梨俱吠陀》中的創造讚歌〔註5〕。包括《天問》的體裁，蘇雪林也懷疑是屈原通過模仿自印度《吠陀頌》或《舊約·智慧書·約伯傳》的疑問式體裁而來〔註6〕，屈原以此體裁將他所接觸、理解的域外知識記錄下來並傳之後世，為我們保留了極為珍貴的戰國及其以前的中外文化交流史料。

下面我們將以蘇雪林、丁山等諸位前賢的研究成果為前提，討論《天問》中「歷史」部分的鯀、禹故事，及其與近東開闢史詩可能存在的源流關係。

一、《天問》中的鯀禹故事

在《天問》的夏史部分，有八簡共32句問的是鯀、禹治水的故事。鯀、禹其人其事，既放在《天問》的歷史部分，說明屈原已將其看作真人真事了。也可見至少到戰國時期，關於夏初的「歷史」已構建完成〔註7〕，儘管像屈原這樣的多才多識之士，或許還有些懷疑，乃至化為《天問》中的疑問〔註8〕。

先轉引這八簡32句原辭：

> 不任汩鴻，師何以尚之？僉曰何憂，何不課而行之？鴟龜曳銜，鯀何聽焉？順欲成功，帝何刑焉？永遏在羽山，夫何三年不施？伯禹腹鯀，夫何以變化？阻窮西征，岩何越焉？化為黃能，巫何活焉？咸播秬黍，莆蒲是營，何由並投，而鯀疾脩盈？纂就前緒，遂成考功，何續初繼業，而厥謀不同？禹之力獻功，降省下土四方，焉得彼塗山女，而通之乎台桑？閔妃匹合，厥身是繼，胡維嗜不同味，

〔註5〕丁山：《吳回考——論荊楚文化所受印度之影響》，《古代神話與民族》，商務印書館，2005年，第365~369頁。

〔註6〕蘇雪林：《天問正簡》，武漢大學出版社，2007年，第22~23頁。

〔註7〕關於歷史如何被構建，參見蘭格著，顧杭等譯：《傳統的發明》，譯林出版社，2004年；彼得·伯格等著，汪湧譯：《現實的社會構建》，北京大學出版社，2009年。

〔註8〕此處疑問只指鯀禹治水部分，而《天問》中絕大多數問題，屈原是知道答案的，他只不過以提問的方式來結構詩句而已。

而快量飽？〔註9〕

這 32 句原辭，蘇雪林認為當初是寫在八枚竹簡上，每簡有 4 句。我們以簡為單位，來概述每簡歌詞大意。

首簡：縣既然不勝任治水，眾人為何還要推戴他？既然眾人還有猶疑，為何不經考察就任用？首句中的「鴻」字，是「洪水」之意。

次簡：鴟龜以它們的行跡教導伯縣築堤治水，縣是如何照辦的呢？假如縣治水能夠成功，天帝還會懲治他嗎？「鴟龜曳銜」應該是一個流傳久遠的情節，或許是指鴟龜教伯縣填土造地之法，但根據前後文意，屈原還是將其理解成助縣治水。關於「鴟龜曳銜」情節，這裡作一些推測，鴟是鴟鴞，即貓頭鷹，縣曾有化龜的經歷，則龜是伯縣的化身。據蘇雪林考證，縣與西亞的水神哀亞有許多共性，他們是同源關係，而哀亞有魚、羊、蛇、龜、鳥等形象〔註10〕，則縣也可以有這些形象，因此鴟、龜都可看成是縣的變形，再變為他的治水助手，是沒有什麼問題的。還有兩類物象，值得拿出來作類比，一是湖南長沙子彈庫戰國楚墓出土的《人物御龍帛畫》，畫面正中的一彎舟形巨龍尾部立有一鳥，形成鳥龍組合。無獨有偶，在天赤道區的星座中，有一長蛇座，長蛇尾部立有一烏鴉座，二者構成了鳥蛇組合，在星座神話中，長蛇座之長蛇原型，是西亞大母神原始女怪，也稱混沌孽龍，她有蛇（龍）形，也有龜形，則蛇、龜都可以表現她，有置換的關係。若將上述兩鳥蛇（龍）組合的蛇（龍）置換為龜，便跟「鴟龜」組合合拍了。因此，筆者懷疑，「鴟龜曳銜」、《人物御龍帛畫》中的鳥龍組合及太空中的長蛇座、烏鴉座神話，有著同源關係。

三簡：伯縣被永遠禁錮在羽山，為何三年都不受誅？伯禹從縣腹中出生，這是怎麼變化出來的呢？伯縣被鎖繫於羽山，可以類比西亞神話中的哀亞鎖繫阿伯蘇、宙斯鎖繫普羅米修斯、以及黃帝械蚩尤、大禹鎖巫支祈、李冰父子鎖孽龍等等，屬同一母題的衍化。而縣腹生禹，完全同於西亞神話中的水神阿伯蘇腹誕馬杜克。詳情見後文。

四簡：向西的道路充滿艱險，是如何越過這重重岩障的呢？伯縣化為三足鱉入於羽淵，神巫是如何使他復活的呢？西亞哀亞繫的天神都有死而復生

〔註9〕蘇雪林：《天問正簡》，武漢大學出版社，2007 年，第 29〜30 頁。這裡所引為蘇雪林的「正簡」版。

〔註10〕蘇雪林：《天問正簡》，武漢大學出版社，2007 年，第 269 頁。

的特性，伯鯀居然也有此特異功能。再加上神巫的參與、伯鯀所化之鱉正是哀亞的眾多形象龜之一類等等，顯示了伯鯀與西亞水神哀亞的同質性。

五簡：鯀、禹都曾以蘆葦布土造地，並為人類引播黑黍，為什麼鯀得到的卻是與四凶並罰，且負罪還如此深重呢？這一簡內容反映了屈原對鯀的遭遇的惋惜和不平。也反映出屈子對鯀、禹的神話背景和源頭沒有足夠瞭解。詩句中的「菫蒲」是形似蘆葦的水草，而蘆葦在西亞創世神話中發揮了極大作用。如西亞創世大神馬杜克就曾以蘆葦為架（Reed Frame），造泥土於其旁以成隆起的大地，還有記載是馬杜克以葦管吸泥，傾出以造人類〔註11〕。可見蘆葦在造地和造人中都派上了用場。西亞創世神話中之所以出現蘆葦，一方面是因為神話裏認為未有天地前只有深淵，那深淵中當然只能長些蘆葦之類的水草了，二是西亞的蘆葦能長到很高大，乃至西亞人用之造房甚至造水上村莊，且一直延續到現在（圖8-1）。屈原不一定清楚這一情節，但他還是較為忠實地將表達創世神話信息的物質記在了詩句中。另一個旁證是女媧補天故事。《淮南子·覽冥》說到女媧「煉五色石以補蒼天，積蘆灰以止淫水」。這「蘆灰」二字，用在中國古文化語境裏會感覺有些突兀，但若瞭解了西亞創世神話裏蘆葦的貢獻，就能明白此處「蘆灰」的文化來源及巨大作用了。此外女媧搏土造人神話也頗類馬杜克的傾泥造人。

圖8-1　兩河流域自古及今的蘆葦屋〔註12〕

〔註11〕蘇雪林：《天問正簡》，武漢大學出版社，2007年，第157～158頁。
〔註12〕引自搜狐公眾號「大陸老闆交流圈」之《沒有建築師的建築》。

六簡：繼承並推進前人的事業，成就了父輩的開創之功。為何繼續的是當初的事業，而謀略卻有不同？這說的是鯀、禹治水事業一致，但具體辦法有異。或許就是指的一個用堵一個用疏的辦法吧。看來至遲在屈原時代，已喪失掉鯀、禹布土造陸的開闢神話，而理解成了治理水患的先王功績。

七簡：禹致力於造福人類，他下降到地上四方。他是怎麼得到塗山之女的？還與其交配在台桑？這一簡所講大禹「降省下土」，似乎又說明禹是天神下降人間。還言及他娶了塗山之女為妻。筆者曾討論過塗山也即崑崙山〔註 13〕，則塗山女與居於崑崙山的西王母也有等同關係。實際上也正是如此，因西亞大母神伊南娜（易士塔兒）曾傳衍到世界諸多古文明區，如埃及的伊西絲，印度的黛維、烏摩、杜爾伽、吉祥天等等，希臘（羅馬）的赫拉（朱諾）、阿佛洛狄忒（維納斯）、雅典娜（密涅瓦）、阿爾忒彌斯（狄安娜）等等，傳至中國的幻化成多位女神，有西王母、女媧、王母娘娘、湘夫人、媒祖、織女、馬頭娘、媽祖、素女、泰山娘娘、觀音等等，也包括塗山女。在她們身上，或多或少都有著西王母乃至域外大母神、金星神伊南娜（易士塔兒）的影子〔註 14〕。

八簡：大禹憂愁沒有配偶，那塗山女可算是填補了。他為何嗜好不同口味，特別喜歡飽餐大海龜？蘇雪林將此句中的「鼀」解釋為大海龜或大海鱉〔註 15〕，鯀、禹都有化龜的經歷〔註 16〕，這都體現了大禹與龜的緊密關係。在近東開闢史詩中，馬杜克吃一種叫 Ku-pu 的東西，才有能力造天地。印度偏入天之龜名 Kurma，有時又叫 Kapila，它們之間似有對音關係。蘇雪林因而推斷 Ku-pu 就是龜〔註 17〕。這樣的話，則大禹及其西亞原型馬杜克，都喜歡吃一種龜，這當然不是巧合。

我們分析作為表象的鯀、禹治水故事，能夠看出其背後的神話底層。如「竊帝之息壤」、「奠山導水」、「鯀腹生禹」、「鯀、禹化黃能」等等非人力所能及的的行為，卻在鯀、禹身上頻頻出現。如果我們放寬視野，還能看出鯀、禹的

〔註 13〕宋亦簫：《崑崙山新考》，《絲綢之路研究集刊》，第四輯，商務印書館，2019年。

〔註 14〕宋亦簫：《西王母的原型及其在世界古文明區的傳衍》，《民族藝術》，2017 年第 2 期。

〔註 15〕蘇雪林：《天問正簡》，武漢大學出版社，2007 年，第 246、266 頁。

〔註 16〕黃永堂譯注：《國語全譯》，貴州人民出版社，1995 年，第 543 頁；〔清〕馬驌：《繹史》（一）卷十二，中華書局，2002 年，第 158 頁。

〔註 17〕蘇雪林：《天問正簡》，武漢大學出版社，2007 年，第 265 頁。

斑斑事蹟和神功，多能在近東開闢史詩中找到原型。其原型神話人物有哀亞（Ea）、阿伯蘇（Apsu）、尼波（Nebo）、馬杜克（Marduk）等等。下面，請看近東開闢史詩中的鯀、禹原型及與鯀禹可對應的事功。

二、近東開闢史詩與鯀禹故事之關聯

近東開闢史詩是西亞阿卡德人的創世神話，用楔形文字刻寫在七塊泥板上。有饒宗頤先生的中譯本〔註18〕。我們研讀史詩情節，會發現史詩中的創造主馬杜克及其神父哀亞或阿伯蘇，他們的神功神跡，與《天問》中的鯀、禹神話多有契合。蘇雪林認為這是因為前者影響了後者之故〔註19〕。筆者贊同林說，這裡便以林說為基礎，繼續考察二者的源流關係。

先言近東開闢史詩。史詩講道：宇宙未造成之前，充塞整個空間的都是水，名叫「深淵」（Deep，也叫 Apsu 或 Abyss），此深淵人格化為一女性神，叫蒂亞華滋（Tiawath）或蒂亞馬特（Tiamat），也稱混沌孽龍（Dragon of Chaos），還稱 Kudarru。俗稱原始女怪。她的外形，有時如有角之巨蛇，有時如有翅之獅，有時則為頭生雙角身披鱗甲的異獸，還有時為龜形〔註20〕。

原始女怪生出許多天神，天帝阿努及水主哀亞皆是她的子孫。後來原始源淵分化為甘鹹二水，哀亞主甘水，為善神，鹹水稱阿伯蘇（也即深淵 Apsu），為惡神〔註21〕。

據蘇雪林考證，中國古籍中的水神共工及伯鯀，其「共工」和「鯀」之音讀，皆源自原始女怪之名 Kudarru，二者皆由阿伯蘇變來。楊寬和顧頡剛等先生也指出「共工」不過是「鯀」音的緩讀，「鯀」字則是「共工」的急音〔註22〕。我們在文獻中也發現有許多情節，一說是共工所為，又說是伯鯀所做〔註23〕，正印證了二者當是西亞神話中的惡神阿伯蘇在不同階段流入中國所造成的分化而已。由於阿伯蘇的惡神性，影響到共工和伯鯀在中國神

〔註18〕饒宗頤編譯：《近東開闢史詩》，遼寧教育出版社，1998 年。

〔註19〕蘇雪林：《天問正簡》，武漢大學出版社，2007 年，第 264～281 頁。

〔註20〕蘇雪林：《天問正簡》，武漢大學出版社，2007 年，第 265 頁。

〔註21〕蘇雪林：《天問正簡》，武漢大學出版社，2007 年，第 266 頁。

〔註22〕楊寬：《中國上古史導論》，《古史辨》，第七冊，海南出版社，2005 年，第 195 頁；顧頡剛、童書業：《鯀禹的傳說》，《古史辨》，第七冊，海南出版社，2005 年，第 582 頁。

〔註23〕楊寬：《中國上古史導論》，《古史辨》，第七冊，海南出版社，2005 年，第 192 ～196 頁。

話裏也成為四凶之二。當然，鯀在中國文獻中也有布土造地治水的善行，這一方面是由阿伯蘇本為原始深淵有其創造天地而利世的一面而來，另一方面則是鯀也因襲水主哀亞的特性所致。阿伯蘇在神魔大戰中敗北，身被戮。這就是伯鯀雖布土造地息土填洪仍然落得被殛於羽山的命運之所由。而其子伯禹做的是同樣的布土造地奠山導水的工作，卻能被封賞擁戴，這也是由於其前身是西亞創世大神倍兒馬杜克所擁有的崇高地位對大禹的影響所致。所以，鯀、禹的結局，無關個人努力，是因為他們的不同命運早就「前生注定」。

開闢史詩中講到一場神魔大戰，以神方勝利而結束。創世主哀亞用催眠法將魔軍統領阿伯蘇催眠，奪其冠冕，析其筋肉，鎖而殺之。並在阿伯蘇遺體上建居所，生出群神領袖馬杜克。另一說則是馬杜克為哀亞與其妻唐克娜所生。還有一說，馬杜克從阿伯蘇屍腹中誕出。史詩這樣說：「於阿伯蘇內，馬杜克誕生，於神聖的阿伯蘇內，馬杜克誕生」〔註24〕，無怪乎在一些宗教頌歌中又稱馬杜克為「阿伯蘇之子」。中國神話中的鯀腹生禹，顯然就是阿伯蘇腹中誕出馬杜克的翻版，而且這兩對父子也剛好是對應關係。知道了這層淵源，就不必像一些學者那樣非得去論證鯀為女性才能生禹等徒勞無功的事了。因為這本是神話。若要非說鯀是女性，我們從原始女怪所具有的女神特徵方面出發也不是不可以找到一些鯀是女性的證據，但那樣太迂迴，鯀腹生禹直接源自阿伯蘇腹誕馬杜克的神話才是最便捷的解釋。

開闢史詩另有一種說法是原始女怪之夫魔軍統帥京固敗於火神，被火焚死。西亞神話中的夫妻父子經常混同互換，這裡的京固也就相當於原始女怪或阿伯蘇。而《山海經》中有「帝令祝融殺鯀於羽郊」之說，祝融是中國的火神。顯然這也屬外來的情節被安排在祝融和鯀的身上。

水主哀亞被稱之為「群神之大巫」，哀亞便有了起死回生的法力，所以他的祭司總是唱道：「我是哀亞的祭司，我能使死者復活」。自哀亞一系所衍化的諸神，都有死而復活的經歷。如旦繆子、馬杜克等等。而伯鯀被殺於羽山三年不腐，經巫者法術而復活並化為黃能入羽淵。則這裡的巫者、復活二節正可對應於哀亞故事。

哀亞有說是原始女怪直接所生，在西亞神統記裏也常被說成是天帝阿努之子。而《墨子·尚賢》第九：「昔者伯鯀，帝之元子」，這就跟哀亞為天帝阿

〔註24〕饒宗頤編譯：《近東開闢史詩》，遼寧教育出版社，1998年，第24頁。據句意重譯。

努之子劃上了等號。

還有就是哀亞曾是西亞神話中的創造主（齊地八神中的天主，正是水星神哀亞，奉水星神哀亞為天主，體現了齊地八神神話傳來時應在哀亞作為創造主的西亞蘇美爾神話時期），後來其子馬杜克也有屠龍創世之偉業。而中國文獻中也屢提「禹、鯀是始布土，均定九州」等布土造地的業績。鯀、禹各稱伯鯀、伯禹，這「伯」字，並非要說他們均是長子，也不是說他們有「伯」之爵位，而是「爸」、「父」之義，是人類祖之意。這也跟哀亞、馬杜克父子在西亞神話中的創造主地位相一致了。

上面所論以伯鯀為主，討論了近東開闢史詩中的哀亞、阿伯蘇與伯鯀之間的對應關係。下面我們再具體看看大禹與其西亞神話原型馬杜克、尼波之間的對應關係。

大禹既吸收了西亞群神領袖木星神馬杜克的諸多事蹟和印跡，也具備水星神尼波的神性。這是因為，大禹一方面繼承了其父伯鯀及其原型哀亞、阿伯蘇的水神性，也保持著像哀亞、阿伯蘇與馬杜克為父子關係一樣與伯鯀為父子關係，所以自然要繼承阿伯蘇之子馬杜克的神性。在西亞神話中，馬杜克是哀亞之子，但又與哀亞的「符合者」尼波有父子關係，這就相當於本為一身的哀亞和尼波，從父親（哀亞）一角轉變成了兒子（尼波）。西亞神話中這種角色轉換在所多見，我們就見怪不怪吧。提請注意的僅是這對父子的神性已集中於大禹一身。

西亞神話中馬杜克打敗原始女怪後，將這個龐然大物（即龜形）劈為兩半，上半造天蓋，下半造大地〔註25〕。並用女怪身體各部件造成天地萬物。他還步天、察地、測深淵之廣狹。大禹也有布土定九州，奠山導水，制定晨昏的功績，他還以太陽行程為根據，測得空間有五億萬七千三百九里，這是步天。命太章、豎亥量東西南北四極的里數，這是察地。測鴻水淵藪，這是測深淵。大禹的「息土填鴻」，通常認為這就是治理洪水，其實不然。《淮南子・地形》所言：「凡鴻水淵藪自三百仞以上，二億三萬三千五百五十里，有九淵。禹乃以息土填洪水以為名山，掘崑崙虛以下地」。這個「鴻水淵藪」，實際是原始深淵（Deep）傳到中國後的叫法，而不是大洪水。「掘崑崙墟以下地」是指大禹掘崑崙墟四周之土以堆成高山，供天神作為臺階下到地面。這都說的是布土造地及堆山為階的神話。筆者甚至推斷所謂鯀、禹治水，恐

〔註25〕龜甲上蓋圓形，造為圓天，下版為方，造為方形大地。

怕也是「禹、鯀是始布土，均定九州」的訛誤。即將在原始深淵中創造大地誤解成了在大地上治理洪水。

　　西亞諸神皆有徽記，馬杜克的徽記是巨鏟。也有以一巨鏟豎立在三角架上之形，更完整的形式則是巨鏟下臥伏一狐形異獸也即混沌孽龍（圖 6-5）。在中國的古帝王畫像中，大禹也常手執一鏟（圖 6-6）。我們再來看「禹」字的構形。「禹」字在甲骨文中不見，金文中有 天、禿、兆、帝 等形，皆手持鏟狀或三角架上立一鏟形。顧頡剛先生對大禹有過精深研究，曾提出「大禹是一條蟲」的命題，依據是《說文》上的釋義。這在上世紀二十年代成為攻擊顧頡剛的一個「笑柄」。那顧氏如此立意可有道理呢？蘇雪林認為是有道理的。秦公敦上的「禹」字，形如 兆，鏟形尾部彎曲厲害，接近《說文》上看作是蟲類的「兆」字了。文獻上記「句龍」為后土，而后土又為社，蘇雪林論證過大禹死而為社〔註 26〕，則大禹也即是后土和句龍。馬杜克之父哀亞有蛇形，則馬杜克也具備蛇形，這蛇、龍不過是一物的兩說，故大禹與馬杜克在此又重疊了。再說回來，古代中國將多種動物稱為蟲，如龍為鱗蟲之長，虎為大蟲，人為倮蟲等等。由此蘇雪林推測，造「禹」字者大概將鏟、蟲兩個因素一起融入了「禹」字中，才形成頭鏟尾蟲的合併形「禹」（兆）字〔註 27〕。由此，說大禹是一條蟲就是有道理的了。只不過，其理據不是《說文》中的釋義，而是其西亞原型馬杜克及其父哀亞有蛇形這一要素在起作用，而大禹像執鏟的設計以及「禹」字由鏟形作為構件，都是西亞馬杜克以巨鏟為徽記影響的結果。「禹」字之鏟與蛇（龍）的結合，還可從大禹的對應者馬杜克的徽記上看出端倪，後者也稱鏟與混沌孽龍的組合，這當是「禹」字主要構型「鏟、蛇」的最深遠源頭。

　　鯀、禹既是從水主哀亞一系發展而來，則水主作為最早的死神的特性也該有所繼承。先看禹死為社的說法。《左傳》蔡墨與魏獻子談龍，說道：「共工氏有子曰句龍、為后土……后土為社」，共工也即鯀，則其子就是禹了。再看一個更顯然的例子，《禮記·祭法》：「共工氏子曰后土。能平九州，故祭以為社」，顧頡剛認為能平九州，又是共工氏子，不為禹是不可能的。而社乃土地之神，為地主，也即死神。浙江紹興有禹穴，故秦始皇、秦二世到泰山行封禪大典時先封泰山，隨後又到會稽（今紹興）祭大禹。封泰山是為求昇天祈長

〔註 26〕蘇雪林：《天問正簡》，武漢大學出版社，2007 年，第 273 頁。
〔註 27〕蘇雪林：《天問正簡》，武漢大學出版社，2007 年，第 278 頁。

生，祭大禹自然也是這個儀典中一項，即祭死神，求得死神允他不死以便昇天。由這幾點，大禹的死神性也很明顯了。

文獻中有「禹步」一說，是指曲一足而用一足行走之意。而西亞水星神尼波，為智慧神、筆神，他傳到中國衍化為魁星，曲其一足而用獨足立於鼇背上。魁星點斗、獨佔鼇頭說的就是這位神道〔註28〕（圖8-2）。獨足行走稱為禹步，當然是尼波同時也是水主哀亞的符合者傳來中國後以他的中國替身大禹命名的緣故。

以上分析解讀了鯀、禹與其西亞神話人物原型的對應情節。我們認為，夏史可以存在，但其開國奠基的人物鯀、禹，恐怕是後人的拉郎配。鯀、禹所治洪水，與西亞神話、聖經等的大神、上帝降洪水毀滅人類然後再開始第二代人祖繁衍到現在的故事不是一回事，而更可能是西亞開天闢地神話中在深淵中造大地傳到中國的訛誤。但也有另一種可能，便是鯀、禹也曾做為良渚文化先民的祖神，在良渚文化後期，因遭遇所謂的「夏禹宇宙期」海浸事件，大部良渚人群北遷中原，並以他們為主，與中原土著結合建立夏朝，後者仍以鯀、禹為其祖神，並將發生於東南沿海的海浸事件以及抵擋洪水故實納入鯀、禹神話中，形成流傳後世的鯀、禹治水傳說〔註29〕。

圖8-2　清代乾隆二年銘獨佔鼇頭磚拓〔註30〕

〔註28〕蘇雪林：《屈原與〈九歌〉》，武漢大學出版社，2007年，第182～183，189～190頁。

〔註29〕宋亦簫：《良渚文化神徽為「大禹騎龜」說》，《民族藝術》2019年第4期。

〔註30〕引自自藏拓片。

三、結論

　　《天問》的夏史部分，有八簡 32 句講述的是鯀禹治水故事，故事也相對完整，有講到鯀、禹治水的一敗一成，敗被懲、成被賞等等，以及伯鯀受懲過程中三年不腐、鯀腹生禹、死而復活、化為大海龜入羽淵等情節，還有鴟龜協助伯鯀治理洪水，鯀、禹以蘆葦布土造地，教民耕播黑黍等等，最後還言及大禹從天而降、娶塗山女、飽餐大海龜等情節。鯀、禹的這些事功神跡，在中國歷史常識裏，一般看作是歷史人物身上附著了一些誇張的不實成分，可看成是歷史的神話化。

　　但經過與近東開闢史詩的對比，才發現鯀、禹的事蹟大多可在開闢史詩中的神話人物哀亞、阿伯蘇、馬杜克身上找到原型，兩地的人物和事功有著源與流的關係。如此，我們更願意相信，鯀、禹是揉合了諸多西亞神話人物哀亞、阿伯蘇、馬杜克的神話人物，鯀、禹治水故事是神話的歷史化。

原載於劉國斌主編：《禹功》，文物出版社，2019 年 7 月。

第九章　大禹神話及其在晴川閣的 傳說

提要：

　　大禹是中國「歷史」和神話中的重要人物。有關他是神還是人的討論，近代以來一直是學界的熱點。到今天仍沒有統一的結論。我們在繼承前人相關研究的基礎上，認同鯀、禹是天神，其神話受到了近東神話影響的觀點。並指出我們今天仍然要保護、研究和紀念大禹傳說遺存的意義，不是為了要證明他是歷史人物，而是要挖掘、發揚和繼承已凝練成中華民族精神重要組成部分的大禹文化精神。

　　武漢晴川閣與黃鶴樓隔江相望，號稱「楚國晴川第一樓」，是武漢市重要的風景名勝區。與黃鶴樓相比，晴川閣有一個很大的特色，就是散佈在景區內的眾多大禹傳說遺存，例如禹功磯、禹稷行宮、禹碑亭、禹柏等等，以及近年在其旁修建的大禹神話園。為了加強大禹文化的研究，晴川閣還成立了大禹文化博物館。筆者近年來著意探討三皇五帝神話，自然也旁及鯀、禹傳說和神話。鑒於當今學界及普通民眾對大禹神、人莫辨的模糊和錯誤認識，儘管有諸多的大禹研究珠玉在前，我們認為仍有再提出再分析的必要。為此，我們在考察晴川閣大禹傳說遺存的基礎上，梳理自古以來的大禹研究成果，談一點我們對大禹神話和大禹文化的認識，求教於方家。

一、大禹研究現狀

　　對大禹其「人」的記述，最早可以追溯到《詩經》、《尚書》中的西周篇章，金文則有 2002 年由保利藝術博物館購得的遂公盨，其銘文記有上帝命大

禹布土導水事蹟〔註1〕。之後見於經籍和諸子的記載漸多。照顧頡剛的分析，西周時的大禹有著明顯的天神性，但春秋戰國以來，漸趨人格化和歷史化，隨後在 2000 多年的傳統社會中，大禹被當作夏朝的開國聖王和治水英雄，廣受中國百姓的追崇和愛戴。到了 1920 年代，以顧頡剛為首的古史辨派起而質疑流傳了三千年之久的古史傳說系統，將大禹由人還原為神。但 1950 年代以來，因受政治和意識形態影響，馬克思主義史學一家獨大，古史辨派連同大禹為神的觀點都在肅清之列。到了 1990 年代，隨著中國考古學的發達，推動了夏商周斷代工程和文明探源工程的上馬，興起了一股信古、復古之潮，他們似乎認為只要在所傳說的大禹時代，有可勘比的考古學文化、有洪水遺跡，就可坐實大禹治水和建立夏朝的史實。例如安徽蚌埠禹會村發現了龍山文化晚期遺址，其時代、各種遺跡現象、出土器物和部分祭祀用具、禮儀性建築基址，當然還有「禹會村」的村名和地理位置，都和傳說中的「禹合諸侯於塗山」挺「相符」〔註2〕，如是便以為這與「禹會諸侯」事件有關。甚至進一步認為對考證塗山地望、文明探源工程等具有意義。下此論斷者的先在觀點是「禹會諸侯」定是歷史事件，即便是真實存在過的歷史事件，沒有過硬的證據，是不好說它們有對應關係的，何況這更可能是靠不住的傳說，用此傳說來對應考古學遺存，豈不荒唐？因此筆者以為，對文字出現前的考古學遺存與歷史事件的對應考證，要慎之又慎。

最近微信朋友圈熱傳一篇文章，資料源於美國的《Science》，講的是南京師範大學吳慶龍團隊發現了青藏高原邊界一處遠古滑坡遺址，並證明因滑坡形成的堰塞湖崩潰時，瞬間傾泄而出的洪水足以造成黃河下游的改道和綿延的洪災事件。並論證這次潰堤與中原地帶大規模的文化轉型事件在時間上十分貼合。由此認為「大禹治水」不再口說無憑。為中華文明起源和夏朝的存在提供了史籍、考古證據以外的佐證云云。朋友圈的熱傳，體現了民眾的識見和願望。但筆者仍然要說，滑坡遺址、堰塞湖及其崩潰，只能證明歷史上存在過洪水事件，並不直接佐證治水事件乃至「大禹治水」，上述洪水事件與中原地帶大規模文化轉型若真有因果關係，也完全可以是洪水後的家園重建和文化重建，並不一定要有治水英雄甚至是有名姓的大禹（姓姒姓，號文命）

〔註1〕保利藝術博物館：《遂公盨——大禹治水與為政以德》，線裝書局，2002 年。
〔註2〕中國社會科學院考古研究所等：《蚌埠禹會村》，科學出版社，2013 年，第 421
　　　～428 頁。

存在才符合歷史發展。這是又一例似是而非的「歷史」證據。

綜觀大禹研究的各方觀點，筆者認同顧頡剛的看法，想在此基礎上，結合蘇雪林在研究《天問》中的鯀、禹故事時所作的中外神話分析，希望能夠進一步的推動對大禹神性及其淵源的認定，並表達我對武漢晴川閣大禹傳說遺存的基本看法。

二、鯀禹故事是神話而非信史

筆者梳理了古史辨派及與該派持相同觀點的數位名家的大禹研究，只要不存偏見，其鯀、禹故事是神話的觀點理據充分，是不用重新加以論證的。但今天的學術界，在大禹是神還是人的看法上，竟然還如此針鋒相對或模糊不清，一方面是受了 1950 年代以來的政治和意識形態影響，以及考古學發展後的盲目自信；另一方面，則是忽視和拋棄了對古史辨派及其同路者的大禹研究成果的繼承。在學者模糊不清的認識的普及和國家的有意宣傳下，普通民眾幾乎是一邊倒地認為大禹是歷史人物，至少也是歷史的神話化而已。為正本清源，我們認為有必要從繼承古史辨派及其同路者的大禹研究成果開始，逐漸去偽存真，達成一個接近歷史真相的共識。

顧頡剛在 1923 年提出他的著名的古史構建「層累說」時，以大禹問題為案例對其作了通盤的研究。他提出「禹為天神」、「禹與夏沒有關係」、「禹是南方民族的神話中的人物」〔註3〕等觀點，一掃將大禹看作夏朝的開國聖王的傳統認識。在當時，雖批評者有之，但擁護者也不少，例如學界巨擘胡適、錢玄同等，他們分別在報刊撰文呼應，其後均編入《古史辨》第一冊中。1937年，顧頡剛和童書業合寫《鯀禹的傳說》，除對上述觀點又作了更透徹的論證外，還提出禹的神職是「山川主神」、是「社神」，也是古籍上提到的「后土」和「句龍」等等〔註4〕。楊寬在他的《中國上古史導論》裏，論及鯀禹，認同顧、童的觀點〔註5〕。

文學家茅盾在 1920 年代也作過神話學的研究。他認為「幾千年來，黃帝、神農、堯、舜、禹、羿等人，早已成為真正的歷史人物」，但「一切古代史的

〔註3〕顧頡剛：《古史辨》第一冊，海南出版社，2005 年，第 109～118 頁。

〔註4〕顧頡剛、童書業：《鯀禹的傳說》，引自呂思勉、童書業編著：《古史辨》第七冊，海南出版社，2005 年，第 575～595 頁。

〔註5〕楊寬：《中國上古史導論》，引自呂思勉、童書業編著：《古史辨》第七冊，海南出版社，2005 年，第 205～212 頁。

人物，從黃帝以至禹，每人都有些『不雅馴』的神話黏附著，而因此使我們有理由可以斷言禹以前的歷史簡直就是歷史化了的古代神話」，「和羿一樣，禹也是古代神話中的為民除害的半神英雄」等等〔註6〕。茅盾將三皇五帝和鯀禹看作神話人物的態度十分明顯。郭沫若在《中國古代社會研究》中，承認顧頡剛的「層累地造成的古史」是卓識，並提出「禹當得是夏民族傳說中的神人」的見解〔註7〕。

當代學者裘錫圭和王宇信也有類似看法。裘錫圭同意顧頡剛的「禹為天神」的觀點〔註8〕，王宇信認為，「廣為流傳的鯀禹種種事蹟，當是戰國時人根據千百年來民間的傳說和自己的政治需要加工整理而成，是種神話傳說而非信史」〔註9〕。

最後要提到的是文學家兼學者蘇雪林，她研究屈原《天問》，除認同顧頡剛等的鯀禹為天神的觀點外，還進一步指出，鯀禹神話並非中國的獨創，它受到了外來神話的影響〔註10〕。這就在鯀禹故事是神話的上述諸位先生的論證之外，增加了該神話的源頭的探索，為坐實顧頡剛等的神話觀起到了奠基性作用。我們將在下節作進一步介紹。下面簡述一下數千年來為何將鯀禹神話當作信史的原由。

其實顧頡剛對此也有分析，他認為「古人對於神和人原沒有界限，所謂歷史差不多完全是神話。……自春秋末期以後，諸子奮興，人性發達，於是把神話中的古神古人都『人化』了」〔註11〕。這說的正是我們後來習稱的「神話的歷史化」，這大概是人類理性抬頭後對自身歷史追蹤時的慣常表現，不單存在於中國。但能認識到這一現象的存在則是近代以來的事。跟普通民眾比起來，研究古史的學者更應該在其研究中充分利用這一認識。

〔註6〕茅盾：《神話研究》，百花文藝出版社，1981 年，第 160～217 頁。

〔註7〕郭沫若：《夏禹的問題》，《中國古代社會研究》附錄之九，商務印書館，2011 年，第 323 頁。

〔註8〕裘錫圭：《新出土先秦文獻與古史傳說》，《中國出土文獻十講》，復旦大學出版社，2004 年，第 22 頁。

〔註9〕王宇信：《由「史記」鯀禹的失統談鯀禹傳說的史影》，《歷史研究》，1989 年第 6 期。

〔註10〕蘇雪林：《天問正簡》，武漢大學出版社，2007 年，第 233～281 頁。

〔註11〕顧頡剛：《答劉胡兩先生書》，《古史辨》第一冊，海南出版社，2005 年，第 105～106 頁。

三、鯀禹神話受到了近東神話的影響

　　鯀禹故事的諸多情節，如「竊帝之息壤」、「奠山導水」、「鯀腹生禹」、「鯀禹化黃能」、「大禹鎖蛟」等等，這些非人力所能及的行為，一方面昭示了鯀禹的天神性，另一方面還能讓我們比較出鯀禹的諸般神功，竟然多能在近東開闢史詩中找到原型。這些原型人物有水主兼水星神、創造主哀亞，鹹水神阿伯蘇，水星神尼波，木星神、創造主馬杜克等等。下面我們先簡述這些原型人物及其與鯀禹可對應的事功，並與鯀禹的事蹟進行對比。

　　近東開闢史詩言宇宙未造成之前，充塞整個空間的都是水，名叫「深淵」（Deep，也叫 Apsu 或 Abyss），此深淵人格化為一女性神，叫蒂亞華滋（Tiawath）或蒂亞馬特（Tiamat），也稱混沌孽龍（Dragon of Chaos），還稱 Kudarru。俗稱原始女怪。她的外形，有時如有角之巨蛇，有時如有翅之獅，有時則為頭生雙角身披鱗甲的異獸，還有時為龜形〔註12〕。

　　原始女怪生出許多天神，天帝阿努、水主哀亞皆其子孫。後來原始深淵分化為甘鹹二水，哀亞主甘水，為善神，阿伯蘇主鹹水（也即深淵 Apsu），為惡神。中國古籍中的共工及伯鯀，當皆由阿伯蘇變來〔註13〕。我們可以在文獻中找出許多情節，一說是共工所為，又說是伯鯀所做〔註14〕，正印證了他倆只不過是西亞神話中的惡神阿伯蘇在不同階段引進中國所造成的分化而已。由於阿伯蘇的惡神性，影響到共工和伯鯀在中國神話裏也成為四凶之二。當然，鯀在中國文獻中也有布土造地治水等善行，這一方面是因為阿伯蘇本為原始深淵有其創造天地而利世的一面，另一方面則是鯀也因襲有善神哀亞的特性所致。阿伯蘇在神魔大戰中敗北，身被戮。這就是伯鯀雖布土造地、息土填洪仍然落得被殛於羽山的命運之所由。而其子伯禹雖做的是同樣的布土造地、奠山導水的工作，卻能被封賞擁戴，這也是由於大禹的前身是西亞創世大神馬杜克，後者擁有的崇高地位對大禹的影響所致。所以，鯀禹的結局，無關個人努力，是因為他們的不同命運早就「前生注定」。

　　「共工」不過是「鯀」之音的緩讀，相反，「鯀」字實際上是「共工」的

〔註12〕饒宗頤編譯：《近東開闢史詩》，遼寧教育出版社，1998 年；蘇雪林：《天問正簡》，武漢大學出版社，2007 年，第 265 頁。

〔註13〕蘇雪林：《天問正簡》，武漢大學出版社，2007 年，第 260～270 頁。

〔註14〕楊寬：《中國上古史導論》，引自呂思勉、童書業編著：《古史辨》第七冊，海南出版社，2005 年，第 192～196 頁。

急音。這是楊寬、顧頡剛等早就發明的觀點〔註15〕。蘇雪林則認為，「共工」和「鯀」，也是原始女怪之名Kudarru的音譯，印度偏入天的坐騎神龜叫Kurma，與Kudarru也為對音關係。而原始女怪正有龜形，鯀化為黃能入於羽淵，蘇雪林證黃能正是一種大龜，而不是什麼熊〔註16〕。

開闢史詩還有一種說法是原始女怪之夫魔軍統帥京固敗於火神，被火焚死。西亞神話中的夫妻父子經常混同互換，這裡的京固也就相當於原始女怪或阿伯蘇。而《山海經》中有「帝令祝融殺鯀於羽郊」之說，祝融是中國的火神。顯然這也是外來的情節被安排在祝融與鯀的身上所致。

西亞開闢史詩中的神魔大戰以神方勝利而結束。創世主哀亞用催眠法將魔軍統領阿伯蘇催眠，奪其冠冕，析其筋肉，鎖而殺之。這個情節到中國則變成了大禹鎖蛟（巫支祁）神話。哀亞在阿伯蘇遺體上建居所，生出群神領袖馬杜克，另一說則是馬杜克從阿伯蘇屍腹中誕出。史詩這樣說：「於阿伯蘇內，馬杜克誕生，於神聖的阿伯蘇內，馬杜克誕生」。中國神話中的鯀腹生禹，顯然是阿伯蘇腹中誕出馬杜克的翻版，顯示出這兩對父子的對應傳播關係。知道了這層淵源，就不必像一些學者那樣非得去論證鯀為女性才能生禹等徒勞無功的事了。因為這本是神話，是源自近東的阿伯蘇腹誕馬杜克的神話。

水主哀亞被稱之為「群神之大巫」，哀亞因此有起死回生的法力，他的祭司總是唱道：「我是哀亞的祭司，我能使死者復活」。伯鯀被殺於羽山三年不腐，經巫師的法術而復活並化為黃能入羽淵。這裡的巫師、復活二節正可對應於哀亞故事。哀亞有說是原始女怪直接所生，在西亞神統記裏也常被說成是天帝阿努之子。而《墨子・尚賢》第九：「昔者伯鯀，帝之元子」，這就跟哀亞為天帝阿努之子劃上了等號。

還有就是哀亞曾是西亞神話中的創造主（齊地八神中的天主，正是水星神哀亞，奉水星神哀亞為天主，體現了齊地八神神話傳來時應在哀亞作為創造主的西亞蘇美爾神話時期），後來其子馬杜克也有屠龍創世之偉業。而中國文獻中也屢提「鯀、禹是始布土，均定九州」等布土造地的業績。鯀、禹各稱伯鯀、伯禹，這「伯」字，並非要說他們均是長子，也不是說他們有「伯」之

〔註15〕楊寬：《中國上古史導論》，引自呂思勉、童書業編著：《古史辨》第七冊，海南出版社，2005年，第195頁；顧頡剛、童書業：《鯀禹的傳說》，引自呂思勉、童書業編著：《古史辨》第七冊，海南出版社，2005年，第582頁。

〔註16〕蘇雪林：《天問正簡》，武漢大學出版社，2007年，第268、271～272頁。

爵位，應是「爸」、「父」之義，是人類祖之意。這也跟哀亞、馬杜克父子在西亞神話中的創造主地位相一致了。

　　上面所論以伯鯀為主，討論了近東開闢史詩中的哀亞、阿伯蘇與伯鯀的對應關係。下面我們再具體看看大禹與西亞神話原型馬杜克、尼波的對應關係。

　　大禹既吸收了西亞群神領袖木星神馬杜克的諸多事蹟和印跡，也具備水星神尼波的神性。這是因為，大禹一方面繼承了其父伯鯀及其原型哀亞、阿伯蘇的水神性，也保持著像哀亞、阿伯蘇與馬杜克為父子關係一樣，與伯鯀為父子關係，所以自然要繼承阿伯蘇之子馬杜克的神性。在西亞神話中，馬杜克是哀亞之子，但又與哀亞的「符合者」尼波有父子關係，這就相當於本為一身的哀亞和尼波，從父親（哀亞）一角轉變成了兒子（尼波）。西亞神話中這種角色轉換在所多見，我們就見怪不怪吧。提請注意的僅是這對父子的神性已集中於大禹一身。哀亞本有龜形、蛇形等變形，正可對應鯀禹父子兼有的龜（黃能）形和蛇（句龍）形。

　　近東神話中馬杜克打敗原始女怪後，將這個龐然大物（即龜形）劈為兩半，上半造天蓋，下半造大地〔註17〕。並用女怪身體各部件造成天地萬物。他還步天、察地、測深淵之廣狹〔註18〕。大禹也有布土定九州，奠山導水，制定晨昏的功績，我們在上一章已有介紹，例如他以太陽行程為根據，測得空間距離，這是步天。命太章、豎亥量東西南北四極的里數，這是察地。測鴻水淵藪，這是測深淵〔註19〕。大禹的「息土填鴻」，通常認為這就是治理洪水，其實不然。《淮南子·地形》：「凡鴻水淵藪自三百仞以上，……，有九淵。禹乃以息土填洪水以為名山，掘崑崙虛以下地」。這個「鴻水淵藪」，當是原始深淵（Deep）傳到中國後的叫法，而不是大洪水。「掘崑崙虛以下地」是指大禹掘崑崙墟四周之土以堆成高山，供天神作為臺階下到地面。這都說的是布土造地及堆山為階的神話。筆者甚至推斷所謂鯀禹治水，恐怕也是「鯀禹是始布土，均定九州」的訛誤。即將在原始深淵中創造大地誤解成了在大地上治理洪水。

〔註17〕龜甲上蓋圓形，造為圓天，下版為方，造為方形大地。
〔註18〕蘇雪林：《天問正簡》，武漢大學出版社，2007年，第279頁。
〔註19〕劉安等著，許匡一譯注：《淮南子全譯》卷四，「地形」，貴州人民出版社，1993年，第229頁。

　　西亞諸神皆有徽記，馬杜克的徽記是巨鏟。也有以一巨鏟豎立在三角架上之形，更完整的形式則是巨鏟下臥伏一狐形異獸也即混沌孽龍（見第六章圖6-5）〔註20〕。在中國的古帝王畫像中，大禹也常手執一鏟（見第六章圖6-6）。我們再來看「禹」字的構形。「禹」字在甲骨文中不見，金文中有 夫、祢、鄧、帘 等形，皆手持鏟狀或三角架上立一鏟形。顧頡剛對大禹有過精深研究，曾提出「大禹是一條蟲」的命題，依據是《說文》上的釋義。這在上世紀二十年代曾成為攻擊顧頡剛的一個「笑柄」。那顧氏如此立論可有道理呢？蘇雪林認為是有道理的。秦公敦上的「禹」字，形如 禹，鏟形尾部彎曲厲害，接近《說文》上看作是蟲類的「禹」字了。文獻上記「句龍」為后土，而后土又為社，顧頡剛、楊寬、蘇雪林均論證過大禹死而為社，則大禹也即是后土和句龍〔註21〕。馬杜克之父哀亞有蛇形，近東神話往往父子有共同變形，則馬杜克也具備蛇形，這蛇、龍不過是一物的兩說，故大禹與馬杜克在此又重疊了。再說回來，古代中國將多種動物稱為蟲，如龍為鱗蟲之長，虎為大蟲，人為倮蟲等等。由此蘇雪林推測，造「禹」字者大概將鏟、蟲兩個因素一起融入了「禹」字中，才形成頭鏟尾蟲的合併形「禹」（禹）字〔註22〕。由此，說大禹是一條蟲就是有道理的了。只不過，其理據不是《說文》中的釋義，而是其西亞原型馬杜克及其父哀亞有蛇形這一要素在起作用，而大禹像執鏟的設計以及「禹」字由鏟形作為構件，都是西亞馬杜克以巨鏟為徽記影響的結果。

　　鯀、禹既是從西亞神話中的水主哀亞一系發展而來，則水主作為最早的死神的特性也該有所繼承。先看禹死為社的說法。《左傳》蔡墨與魏獻子談龍，說道：「共工氏有子曰句龍、為后土……后土為社」，共工也即鯀，則其子就是禹了。再看一個更顯然的例子，《禮記‧祭法》：「共工氏子曰后土。能平九州，故祭以為社」，顧頡剛認為能平九州，又是共工氏子，不為禹是不可能的。而社乃土地之神，為地主，也即死神。浙江紹興有禹穴，故秦始皇到泰山行封禪大典時先封泰山，隨後又到會稽（今紹興）祭大禹。封泰山是為求昇天祈長生，祭大禹自然也是這個儀典中一項，即祭死神，求得死神允他不死以便昇天。由這幾點，大禹的死神性也很明顯了。

〔註20〕蘇雪林：《天問正簡》，武漢大學出版社，2007年，第276～278頁。
〔註21〕蘇雪林：《天問正簡》，武漢大學出版社，2007年，第273頁。
〔註22〕蘇雪林：《天問正簡》，武漢大學出版社，2007年，第278頁。

　　比較了這麼多的兩地神話人物的共性，其傳播和影響的痕跡十分明顯。因為近東神話的古老久遠，自然是它傳播影響到了鯀、禹神話。我們在這裡分析它們存在影響關係，是為了進一步證實鯀、禹故事的神話性，至於二者之間具體的文化傳播時間、路線和內涵，則是另一個更複雜的問題，與本題無關，不論。

四、晴川閣的大禹傳說遺存及大禹文化

　　建於明代嘉靖年間的晴川閣，因與隔江相對的黃鶴樓遙相呼應，有「對江樓閣相參差」之景，更因號稱「三楚勝境、千古鉅觀」而名揚天下。點綴其間的大禹傳說遺存，如禹功磯（圖9-1）、禹稷行宮（圖9-2）、禹碑亭（圖9-3）、禹柏（圖9-4）等，雖不及晴川閣之盛譽，但它們卻有著更悠久的歷史和豐厚的傳說。

圖9-1　晴川閣禹功磯〔註23〕

圖9-2　晴川閣禹稷行宮

圖9-3　晴川閣禹碑亭

圖9-4　晴川閣紀念禹柏之禹柏軒

　　禹功磯是晴川閣下一突兀江中的石磯，說是為紀念大禹治水時疏江導漢，使江漢在此交匯，朝宗入海，馴服洪水大功告成而命名。元代林元《大別山禹廟碑記》是現在所見關於禹功磯的最早記載，上面說唐以前稱禹功磯，唐以來稱呂公磯，後者是訛傳。元代復名禹功磯，且在磯上復建大禹廟。通過這篇碑記並不能看出禹功磯之名始於何時，但相對於此地其他大禹傳說遺存，

〔註23〕這4幅大禹傳說遺存圖片均由晴川閣武漢大禹文化博物館提供。

我們認為它可能是最早的。

大禹紀念建築大禹廟，又稱禹王廟、禹王祠，始建於南宋紹興年間，元大德八年（1304年）復建，明天啟年間更名為「禹稷行宮」，在獨祭大禹的基礎上，加祀后稷。因大禹為社神，后稷為稷神，禹、稷同祀，社、稷同祭，倒也頗有道理。此名一直沿用至今。

禹碑亭在禹稷行宮西北側，因禹碑而建亭。碑共有兩塊，內容不一。一塊來源無考，一塊摹刻自湖南衡山岣嶁峰。碑文奇特難識，書體有「蝌蚪文」、「鳥蟲篆」、「篆書」三說，明代楊慎所釋碑文大意為禹受舜命，艱苦卓絕，成功地制服了洪水，使天「衣制食備，萬國其寧」等等。

關於禹柏的記載，宋元明留下的詩文圖畫最多，當時人甚至相信這柏樹是大禹親手所栽，如東坡詩「誰種殿前柏，僧言大禹栽。不知幾千載，柯幹長蒼苔」。並為其建亭紀念。明末戰火摧毀了這所謂的禹柏和柏亭〔註24〕。

上述晴川閣大禹傳說遺存，除了傳為大禹親栽的禹柏外，均為紀念性質。柏樹雖有數千年樹齡的可能性，但並沒有一定為大禹親栽的證據。再透過這些紀念物，雖然可以看得出紀念者是將大禹當作人間的治水英雄而崇拜的。但這些紀念物，也沒有一例可以作為大禹曾是歷史人物並曾到過漢陽龜山東麓的禹功磯，甚至疏江導漢、朝宗入海的證據。

那既然大禹是神話人物，歷史上就並不存在他如何治理水患、建立夏朝等豐功偉績，是不是我們今天就沒必要保留這些大禹傳說遺存，沒必要研究鯀禹神話及其在歷史上的種種影響和流變，沒必要紀念鯀禹等神話人物了呢？我們認為答案是否定的。我們的保留、研究和紀念，並不是以大禹是否是歷史人物為指歸，而是看到在三千年的流傳和紀念中，它實實在在地構成了中華文明的組成部分，形成了內涵豐富、值得在今天繼續挖掘和探討的大禹文化這一非物質文化遺產。

正是基於此，武漢市在晴川閣原有的大禹傳說遺存的基礎上，又在其旁的漢陽江灘上修建了大禹神話園，並成立大禹文化博物館，其目的自然是為了更好地保護、研究和紀念大禹傳說遺存及大禹文化。

今人甚至歸納出流傳了三千年的大禹文化精神，那便是「公而忘私，憂國憂民的奉獻精神」，「艱苦奮鬥，堅忍不拔的創業精神」，「尊重自然，因勢

〔註24〕本節有關晴川閣的大禹傳說遺存資料來源，參考自《晴川閣》編輯委員會：《晴川閣》，武漢大學出版社，1996年。

利導的科學精神」,「以身為度,以聲為律的律己精神」,「嚴明法度,公正執
法的法治精神」,「民族融合,九州一家的團結精神」〔註25〕。還有從執政者
角度梳理的大禹精神:「仁德愛民,執政為民」;「注重實踐,埋頭苦幹」;「實
事求是,科學創新」;「知人善任,選賢舉能」〔註26〕,等等。這都是對大禹
文化精神實際也即中華民族精神的極好概括。我們今天仍然在研究大禹、紀
念大禹,不是為了證明他是歷史人物,而是為了求真務實、繼續弘揚凝聚在
他的身上的這份大禹文化精神。

五、結論

　　至少在西周時期就已出現的神話人物大禹,春秋戰國以後逐漸人格化和
歷史化,成為人們心目中的治水英雄和夏朝的開國聖王,這就是「神話的歷
史化」。這是自 1920 年代以來以「古史辨」派為代表的多位著名學者的觀點。
鯀、禹神話的主角及諸多情節,並非中國先民所獨創,而是受到近東開闢史
詩及相關神話人物如哀亞、阿伯蘇、馬杜克、尼波等的強烈影響,甚至可以
說,鯀、禹的原型就是上述幾位近東神話人物。

　　晴川閣旁的大禹傳說遺存,雖沒有一例能證明大禹為歷史人物且曾到過
漢陽的龜山東麓,但它一如全國眾多的大禹傳說遺存一樣,蘊含著豐富的大
禹文化,值得我們去挖掘、發揚和繼承。

原載於劉國斌主編:《晴川閣開放 30 週年紀念文集》,
武漢出版社,2016 年 12 月。

〔註25〕任魯亮:《大禹精神——中華民族精神的象徵》,重慶市南岸區政協主編:《大
　　　　禹文化專輯》,第 297～302 頁。
〔註26〕周幼濤:《公祭大禹 學習大禹 弘揚大禹精神》,《海峽兩岸大禹文化研究》,
　　　　中國社會科學出版社,2010 年,第 87～90 頁。

第十章　遂公盨銘所反映的大禹及其神話歷史

提要：

　　遂公盨銘記載了大禹治水傳說，引起學界廣泛討論。觀點各執一端。經過對比辯難，大禹是天神的觀點更為可取。通過遂公盨銘可以看出周人對待神、人的關係的認知，即認為神可以成為人祖和人王，這是周人仍有神話思維和神話世界觀的體現。鯀禹治水傳說也極符合世界民間故事類型中的「原始大水」和「潛水撈泥」型故事，通過對比，可看出鯀禹治水傳說實際上是原始創世神話演變而來。考古學上良渚文化神徽的大禹騎龜造型，也進一步揭示了大禹作為天神的特性。

　　遂公盨又稱公盨或公盨，2002 年保利藝術博物館在香港古董市場購得，經眾多國內青銅器和古文字鑒定、研究專家認定，該器是西周中期遂國的某一代國君所製作的青銅禮器。該盨器表裝飾一周鳳鳥紋帶及瓦稜紋，器口兩側有一對獸首形耳。裝飾簡潔典雅，屬西周中晚期青銅器典型風格（圖10-1）。盨內底鑄銘文十行九十八字，字體優美，行款疏朗。銘文開篇即言：「天命禹敷土，墮山濬川……」，記述已被傳世文獻記載並流傳至今的「大禹治水」故事，隨後又以大段文字闡述德與德政，教誨民眾以德行事等等（圖10-2）〔註1〕。本文要討論的正是以盨銘首句為主的「大禹治水」故事，以此揭示周人心目中的大禹形象及其神話歷史。

〔註1〕周寶宏：《近出西周金文集釋》，天津古籍出版社，2005 年，第 177～178 頁。

圖 10-1　遂公盨〔註2〕　　　圖 10-2　遂公盨銘文拓片〔註3〕

　　遂公盨的出現，從實物的角度將有關大禹的記載時間提前到了西周中期，而此前最早的實物證據是春秋時期的秦公簋和齊侯鎛鍾〔註4〕，這自然激起了學者們討論大禹身份的新熱潮。總結他們的觀點，可區分為兩大端。一端是認為大禹是實有其人的歷史人物，是夏朝的創建者，遂公盨銘成為這一觀點的更早更有力實證。另一端則認為早年顧頡剛有關禹是上帝派下來平治水土的一個神的觀點是正確的，且禹的傳說已相當古老，到西周中期，當時人已將禹的故事當作歷史的一個傳說了〔註5〕。也即是說大禹已由神傳化為人了，成為神話歷史化的一個典型案例。上述兩種觀點各執一端，沒有做好對相反觀點的回應和批駁。本文試圖在評說遂公盨銘所載大禹故事對立觀點的基礎上，揭示筆者所認為的大禹從一個開闢創世的天神轉化為夏人始祖的歷史人物的過程，也即大禹的神話歷史。

一、對遂公盨銘所載大禹故事的主要觀點及評價

　　上面已述及遂公盨銘所載大禹故事的主要觀點可分兩端，這裡對最具代表性的對立兩端的觀點作些介紹和評述。

　　先看認為遂公盨銘強化了大禹是歷史人物的觀點。沈長雲先生通過對遂

〔註2〕王立華主編：《華夏瑰寶——保利海歸精品文物特展》，湖南美術出版社，2015年，第51頁。

〔註3〕王立華主編：《華夏瑰寶——保利海歸精品文物特展》，湖南美術出版社，2015年，第61頁。

〔註4〕王國維：《古史新證》，湖南人民出版社，2010年，第3頁。

〔註5〕裘錫圭：《新出土先秦文獻與古史傳說》，《中國出土文獻十講》，復旦大學出版社，2004年，第22頁。

公盨銘有關大禹治水內容的考訂，認為古文獻有關禹治洪水故事的記敘基本上是可信的，只要去除這些故事上虛誇的成份，仍可以看出它們在歷史上真實存在的素地〔註6〕。江林昌先生認為遂公盨銘記載大禹，比春秋時期的秦公簋、叔夷鎛鍾銘文更具體、更古老，銘文中有關禹的一系列歷史傳說，與先秦時期保留遠古傳說較多的書面文獻如《尚書》之《洪範》、《禹貢》、《呂刑》，《詩經》之《商頌》、《大雅》，以及《山海經·海內經》、《楚辭·天問》，等等，可以相互印證發明。這就更加充分地證明了夏禹故事在西周以前，早已流傳。大禹的存在是真實可信的，而不是春秋戰國以後的偽作或假託。……，夏代由於其最引起懷疑的第一代世系夏禹也被出土資料證明為可靠，則其整個世系亦當可信，中國文明史上第一個王朝的基石奠定得更加堅固了。這就是遂公盨銘文的重要學術價值〔註7〕。余世誠先生認為，遂公盨銘至少證明了《尚書》及「孔序」中相關大禹的文字，並非後人臆造。這為《尚書》等古文獻的真實性提供了證明。千古流芳的「大禹治水」、大禹功德，前記於有兩千多年歷史的《尚書》，今又見於有近三千年歷史的青銅器上，正可謂「銅證如山」〔註8〕。

　　總結這三位學者的分析，可歸納為，遂公盨及銘文以實物的形式，將大禹治水故事的出現，至少提前到西周中期，同時印證了諸多記有大禹故事的傳世文獻的可靠性等等。這裡面有一個很大的問題，就是直接將出土文獻記載的內容當成史實。我們覺得這種判斷是有危險的。筆者的看法，出土文獻記載的內容，只能證明該內容是出土文物所在時期的文獻，而不會是後代的偽造，至於其內容是否是史實，那就要看該內容本身是史實還是當時人或一直流傳到當時人的虛構的故事，或者當時人以為是史實，但實際上是久遠時代流傳下來的虛構故事。到底是哪一種情況，是要經過我們的精心考辨的。

　　再看認為遂公盨強化了大禹是天神的觀點。裘錫圭先生說，從遂公盨銘文可以知道，當時人的確把禹看作受天之命平治水土的神人；並可據有關文字糾正後人對禹治水傳說的一些誤解。更為重要的是，天授洪範九疇以為人

〔註6〕沈長雲：《遂公盨銘與禹治洪水問題再討論》，《國學學刊》，2014 年第 1 期。
〔註7〕江林昌：《新出遂公盨銘與夏禹問題》，王宇信等主編：《2004 年安陽殷商文明國際學術研討會論文集》，社會科學文獻出版社，2004 年，第 370～373 頁。
〔註8〕余世誠：《國寶「遂公盨」的發現及其史學價值》，《中國石油大學學報》，2008 年第 1 期。

世大法的說法，在當時應已存在〔註9〕。在另一篇文章中，裘先生仍以遂公盨銘所述大禹故事為憑，認為在較早的傳說中，禹確是受天，即上帝之命來平治下界的水土的。《洪範》、《呂刑》之文，與此盨銘文可以互證，顧頡剛的有關意見完全正確（是指顧認為禹「是上帝派下來的神」）。顧氏認為堯、舜傳說較禹的傳說後起，禹跟堯、舜本來並無關係的說法，當然也是正確的。同時裘先生也認為，在此盨鑄造的時代，禹的傳說無疑已經是相當古老的、被人們當作歷史的一個傳說了。不然，器主是決不會把禹的事寫進一篇有明顯教訓意義的銘文，鑄在準備傳之子孫的銅器上的〔註10〕。周寶宏先生認為，遂公須銘首句描繪了上帝命令大禹創世的神話故事。這是西周時代或者更早的人們對天地形成的一種思考和回答。這則創世神話，回答了大地上的土地、高山和江河的來源問題。大禹開天闢地的傳說當在西周或西周以前，而大禹治水的傳說當為後起。遂公盨銘本為與治水無關的創世神話，可是到了春秋戰國時代演變為大禹治理洪水、疏通河流的傳說，把本來具浪漫色彩的神話，演變為一個具有歷史真實性的傳說。正因為大禹創世神話和大禹治水傳說都是以天地未形以前只有一片洪水為前提的，故春秋戰國時代的人們把前者演變成了後者〔註11〕。丁妮贊同裘錫圭和周寶宏的觀點，認為遂公盨所提供的信息，能夠說明至少在西周中期或者晚期，就有大禹治水的傳說了，禹在周人的觀念中是天帝派到人間填平洪水，然後造出山川大地的一位天神，同時也是人間秩序的建立者，是「下民」的監護者等等〔註12〕。

這三位學者都繼承了顧頡剛先生近百年前所提出的大禹是一個天神的觀點，且認為遂公盨銘的出現，雖要修改顧頡剛先生有關大禹的一些判斷，但大禹作為天神的特性，沒有推翻，反而可強化。在對銘文首句的具體理解上，裘先生與周先生有不同，裘先生認為是上帝派禹布土、墮山濬川，即平治下界的水土。周人已經將大禹平治水土的神話，理性化為大禹治水的歷史傳說了。周先生則認為是上帝派大禹下降到下界來布土、堆土和挖川，即認為這是創造大地、高山和挖掘河流的開天闢地的創世神話。這主要體現了二者對文中「隓（墮、隨）」和「濬」字的理解的不同上。周先生對「隓」字的理解，

〔註9〕裘錫圭：《遂公盨銘文考釋》，《中國歷史文物》，2002年第6期。
〔註10〕裘錫圭：《新出土先秦文獻與古史傳說》，《中國出土古文獻十講》，復旦大學出版社，2004年，第20～22頁。
〔註11〕周寶宏：《近出西周金文集釋》，天津古籍出版社，2005年，第234～235頁。
〔註12〕丁妮：《豳公盨的一點啟示》，《才智》，2008年第13期。

認為該字從阜從雙手從兩土，會意用手堆土。「濬」字本從叡，會意從手持「攴」
掘川之意。筆者更為認同。

若大禹本為天神，但在遂公盨銘中也說到大禹「降民監德，乃自作配享，
民成父母，生我王、作臣……」〔註13〕，即大禹在完成創世神功後，降於民
間，監視德是否被奉行。因大禹功德合於天意，乃作為天之配而享天給予之
命。成為百姓的父母，被他們奉為王等等。這又顯示出大禹降到下界成為了
人王。那到底周人是如何看待神、人的關係的？我們繼續分析。

二、遂公盨銘大禹故事體現出來的當時人對神、人關係的認知

在遂公盨銘中，先說了天帝派大禹布土造陸、堆山挖川等創世功跡，這
顯然只有作為天神才有如此神功。但後文又說大禹下降到人間，德可配天，
因此成為百姓的父母，被後者奉為王等等。這又顯示出大禹成了人間的王。
在周人眼裏，似乎神可以降到人間為人王，體現了神、人轉化自如的特點。
也即是說，神、人可相通，神可成為人祖。

在這一點上，顧頡剛也有類似的說法，他說：「古人對於神和人原沒有界
限，所謂歷史差不多全是神話。人與神混的，如后土原是地神，卻也是共工
氏之子，實沈原是星名，卻也是高辛氏之子。……，他們所說的史固決不是
信史，但他們有如是的想像，有如是的祭祀，卻不能不說為有信史的可能。
自春秋末期以後，諸子奮興，人性發達，於是把神話中的古神古人都『人化』
了」〔註14〕。這是在揭示春秋以來的神話歷史化現象，但也指出了古人不分
神、人的界限，神、人可互通的特點。

對於周人看待神、人關係的這種認知，一方面體現了周人的理性化運動
和神話歷史化的過程，另一方面也顯示出周人對待神話，不同於今人將現實
世界與神話世界分得很清很開。他們這種神、人不分、神話世界和現實世界
可互通互融的認知，當是周人離神話時代不遠，他們的理性化運動才剛剛起
步所造成，但這也使周人的「歷史」記述，實際上是不同於今天所理解的「歷
史」的所謂「神話歷史」了。

關於遂公盨銘首句的「天命禹敷土」的理解，不贊成大禹是天神的學者

〔註13〕周寶宏：《近出西周金文集釋》，天津古籍出版社，2005 年，第 201 頁。
〔註14〕顧頡剛：《答劉胡兩先生書》，《古史辨》，第一冊，海南出版社，2005 年，第
　　　105～106 頁。

舉出一些商湯、周文王也接受過天命的文獻來反駁。例如《尚書·君奭》:「我聞在昔,成湯既受命,時則有若伊尹,格於皇天」〔註15〕,《尚書·多士》:「惟時天罔念聞,厥惟廢元命,降致罰。乃命爾先祖成湯革夏,俊民甸四方」〔註16〕。《尚書·君奭》:「在昔,上帝割申勸寧(文)王之德,其集大命於厥躬。」〔註17〕等等。這幾句話中接受天(帝)命的對象是商湯、文王等人王,說明天帝與人王之間可以對話,則「天命禹」中的禹,也可以是人王。楊棟給予的解釋是,這是西周天命思想的結果,是西周神權政治──天命思想與政治聯姻的背景下的產物。因此楊棟認為在西周的話語觀念裏,接受天命的往往是創造了偉業的先賢和將要建功立業的有抱負的人,是人而不是神。故接受了天命的禹,也是人,而不是神〔註18〕。

其實利用天命對象可以是人王來反駁大禹不是天神的觀點,早在顧頡剛時代就有人提出。如劉掞藜引《商頌·玄鳥》:「古帝命武湯,正域彼四方」〔註19〕,《大雅·文王有聲》:「文王受命,有此武功」〔註20〕,《大雅·皇矣》:「帝謂文王,無然畔援」〔註21〕等等。但顧氏的回應不夠有力〔註22〕。筆者以為,天神或人王,都可以成為天命的對象。到底是哪一種,主要是看接受者的所作所為是神功還是人事。大禹接受帝命所施行的敷土、墮(隨)山和濬川,不管是理解為平治水土,還是布土造地、堆山挖川,都是非人力所能及的神功神跡。反觀商湯、周文王接受帝命之舉措,不是「革夏,俊民甸四方」,就是「文王受命,有此武功」等等,都是人王力所能及的行為。兩下對比,大禹與商湯、文王的神、人分途,就是很明顯的了。

三、從神話學和考古學角度對大禹身份的認識

通過上文的分析,我們認為,遂公盨銘並不能強化大禹是真實存在過的歷史人物的觀點,相反,我們從盨銘首句看到了大禹的天神神格及他的開天

〔註15〕屈萬里:《尚書集釋》,中西書局,2014年,第209頁。

〔註16〕屈萬里:《尚書集釋》,中西書局,2014年,第195頁。

〔註17〕屈萬里:《尚書集釋》,中西書局,2014年,第212頁。

〔註18〕楊棟:《夏禹神話研究》,中華書局,2019年,第224、229頁。

〔註19〕劉精盛:《詩經通釋》,湖南大學出版社,2007年,第323頁。

〔註20〕劉精盛:《詩經通釋》,湖南大學出版社,2007年,第254頁。

〔註21〕劉精盛:《詩經通釋》,湖南大學出版社,2007年,第248頁。

〔註22〕顧頡剛:《討論古史答劉胡二先生》,《古史辨》,第一冊,海南出版社,2005年,第111頁。

闢地創世神話，也看到了至少在西周中期，他由天神下降到人間成為了夏邦的創建者。周人顯然認為神、人之間可互通轉化。這體現了古人對待神話，是不同於今人的，古人認為神話是荒古的時候確曾發生過的事實，神是可以下到人間成為族群的始祖的等等。馬林諾斯基就說過：「存在蠻野社會裏的神話，以原始的活的形式而出現的神話，不只是說一說的故事，乃是要活下去的實體。那不是我們在近代小說中所見到的虛構，乃是認為在荒古的時候發生過的事實，而在那以後便繼續影響世界，影響人類命運的。蠻野人看神話，就等於忠實的基督徒看創世紀，看失樂園。〔註23〕」馬林諾斯基是對諸多野蠻社會對待神話態度的總結，因此周人在遂公盨銘中也體現出來的這種認知，並不奇怪。如果將這種認知上升到早期人類的思維和世界觀上，正是所謂的神話思維和神話世界觀。早期人類的思維，是一種整體思維、形象思維、原始思維和神話思維，他們以初民特有的神話世界觀來觀察世界、認識世界，在他們的眼裏，世界充滿著奇異和神秘，想像和虛構成為他們日常的「真實記敘」。周人去古不遠，仍殘存著這樣的神話思維和世界觀，實在是不足為奇的。

那些持大禹為歷史人物觀點的學者，也不是不承認大禹身上所具有的超人的神性，但他們更願意想當然的看成是歷史人物身上的誇飾、歷史人物死後的神化等等，何以見得是這樣？真實歷史人物的證據何在？他們是拿不出來的。所以對待無文字的文化大傳統社會〔註24〕，我們可以在邏輯思維的基礎上，來擺各種可能性，哪一種可能性更大，持這種可能性的觀點就應該更接近歷史真實。

除了以上的兩類文獻，即出土文獻和傳世文獻，還有兩個途徑可以加強我們對大禹身份的認知，那便是神話學和考古學。它們合起來就是葉舒憲先生所倡導的四重證據法〔註25〕。

呂微先生從民間故事母題角度分析了湯普森《民間故事母題索引》歸納的A810「原始大水」神話母題組中，有一些母題與漢語神話中的「潛水撈泥」

〔註23〕〔英〕馬林諾斯基著，李安宅譯：《巫術科學宗教與神話》，上海社會科學院出版社，2016年，第123頁。

〔註24〕關於什麼是「文化大傳統」，請參考葉舒憲等：《文化符號學——大小傳統新視野》，陝西師範大學出版總社，2013年。

〔註25〕這四重證據法是指：一、傳世文獻；二、出土文獻；三、口傳和非物質資料；四、實物和圖像。

型故事有關。其基本結構是：0. 背景和角色，1. 帝命；2. 撈泥（竊土）；3. 布土（瀉水）；4. 違命（作亂）；5. 懲罰（剖育、負土）；6. 巡視。我們將這個母題結構套進鯀禹故事中，非常符合。

以《山海經·海內經》記載鯀禹故事為例：禹、鯀是始布土（3. 布土），均定九州（6. 巡視）。……洪水滔天（0. 背景），鯀竊帝之息壤（2. 竊土）以堙洪水，不待帝命（4. 違命），帝令祝融殺鯀於羽郊（5. 懲罰）。鯀腹生禹（5. 剖育），帝乃命禹（1. 帝命）卒布土（3. 布土）以定九州（6. 巡視）〔註26〕。《山海經》這段文字敘述簡略，但還是將動物潛水撈泥故事母題基本情節都涵蓋了進去，其他文獻還可以補充上述文字簡略的部分，可參見呂微文的具體分析〔註27〕。

呂微還具體分析了鯀、禹故事從神話向歷史傳說演變的清晰痕跡。其辦法就是將上述 7 個步驟的故事情節，用歷史傳說替換掉創世神話。現轉述如下：

（0. 背景和角色）神話中的前創世原始大水在傳說中被置換為帝堯、帝舜時代的一場現實的水患災難；神話中的創世者或天帝在傳說中被置換為人間的賢君帝堯、帝舜；而神話中天神的後裔或人類的始祖動物鯀、禹在傳說中被置換為堯、舜的臣僚。

（1. 帝命）神話中的創世者命令動物神潛水撈泥在傳說中被置換為君、臣在朝廷上討論治水人選。

（2. 撈泥）神話中的潛水動物相繼潛入原始大水撈取水底泥沙用以創造陸地（或諸神從天上取得大地，或諸神用各種辦法退去洪水、露出地面）在傳說中被置換為鯀、禹父子相續的治水事業。

（3. 布土）神話中用以造地的神秘物質息壤在傳說中被置換為治理人類社會的九等大法——洪範九疇（式）。

（4. 違命）神話中潛水者違背創世者之命私藏、偷竊息壤在傳說中被闡釋為道德敗壞，即「廢帝之德庸」。

（4.1 作亂）神話中鯀違背創世者意志用所竊息壤破壞了已經造好的陸地，在傳說中被置換為鯀「汩陳其五行」，「九載無績」。

〔註26〕袁珂譯注：《山海經全譯》，貴州人民出版社，1991 年，第 336 頁。
〔註27〕呂微：《鯀、禹神話：口頭傳說與權力話語》，《神話何為——神聖敘事的傳承與闡釋》，社會科學文獻出版社，2001 年，第 64～74 頁。

（5. 懲罰）神話中潛水者因偷竊息壤被殛死於「日照無及」的地下幽冥世界羽淵，在傳說中被置換為帝堯、帝舜試用鯀治水，因不勝任而將其刑殺於邊荒地區。

（5.2 負土）神話中禹在鯀腹上創造陸地在傳說中被置換為鯀、禹最早發明城郭。

（6. 巡視）神話中創世者於造地成功之後巡視、步測大地在傳說中被置換為大禹規劃、制訂九州中國的行政區域、貢賦標準。

於是，經過一次從神到人的場景轉換，一則創世神話就被轉述為一則古代歷史傳說了〔註28〕。這就是呂微先生所揭示出來的鯀、禹傳說的神話原型。

還可以從考古學角度進一步揭示大禹神話的遠源。

筆者曾考證過良渚文化玉器上的神人獸面紋圖案，認定該圖案是大禹騎龜的形象〔註29〕。在該文中，筆者仔細討論了該圖案獸面的龜形特徵、鯀禹的天神性及存在的化龜經歷、良渚文化的外來文化因素及與夏文化的關係，從而指出大禹神話實際上是北遷的良渚人帶到中原去的，良渚文化神徽上的神人是大禹，他是受到外來神話影響的良渚人的祖神，北遷良渚人與當地土著龍山文化先民，以及東來的山東龍山文化移民、西來的齊家文化移民融合成夏人，繼續奉大禹為祖神。因此，大禹作為良渚人和夏人的祖神，被信奉了至少一千年，並非如後代的大禹治水傳說那樣，以為是公元前21世紀初前後的真實歷史人物。

以上所述利用神話學和考古學對大禹展開研究的成果，進一步強化了通過遂公盨銘得出的大禹為天神的結論。

四、結論

遂公盨及其銘文的出現，圍繞大禹治水故事的討論迅速成為學界熱點，儘管意見並不一致，甚至形成針鋒相對的兩個極端，一端認為強化了大禹是歷史人物的觀點，一端卻認為強化了大禹是天神的觀點。前者最大的問題是，將實物的真實可靠性當成了刻在它上面的銘文的內容的歷史真實性，這是完全不同的兩回事。銘文內容是否是史實，是要經過考證辨析的。而經過擺各

〔註28〕呂微：《鯀、禹神話：口頭傳說與權力話語》，《神話何為——神聖敘事的傳承與闡釋》，社會科學文獻出版社，2001年，第74～75頁。
〔註29〕宋亦蕭：《良渚文化神徽為「大禹騎龜」說》，《民族藝術》，2019年第4期。

種可能性，大禹是天神的可能性是遠遠大於他是歷史人物的可能性的。

通過對遂公盨銘的分析，我們還能看出周人對待神、人的關係，是認為神、人可相通，神是可以變為人祖、人王的。這體現了周人去古未遠，還有著濃厚的神話思維和神話世界觀，儘管他們已經走上了理性思維的道路，神話在他們的手裏，開啟了歷史化的命運。

我們通過神話學和考古學等角度對鯀禹神話的考證，發現鯀、禹治水神話，完全同於世界民間故事類型中的「原始大水」和「潛水撈泥」民間故事的類型，鯀禹治水傳說原來是由原始創世神話演變為治水歷史傳說的。良渚文化神徽中的神人獸面紋圖案，被考證出該獸面是龜，該神人是大禹等。都進一步將大禹定格為了天神的角色。大禹神話，至少從良渚文化中期就開始了流傳，到夏初，都有千年的歷程了。夏民族將大禹奉為創邦之祖，並經後代的神話歷史化運動，使大禹由天神降為歷史人物。我們應該將大禹和夏民族分開看，夏人是真實存在的，夏人奉為祖先的大禹卻只是天神，並不真實存在。

原載於《神話研究集刊》，第三集，巴蜀書社，
2020 年 12 月，第 109～119 頁。

下編　其他文物圖像或造型中的神話歷史

第十一章　禮玉「六器」的陰陽性別及與四神的關聯

提要：

　　璧、琮、圭、璋、琥、璜是六種玉禮器，到西周時已規範成禮玉中的「六器」。依據上古巫術思維和生殖巫術以及對「天地」陽陰屬性的界定，我們推斷「六器」皆有陰陽性別，分別是璧、琥、璜屬女性陰性，琮、圭、璋屬男性陽性。如此，璧、琮與天、地相配，正是陰陽相合之意；而圭、璋對應東、南，琥、璜對應西、北，意指東、南方為陽，西、北方為陰。形成於《禮記》、《周禮》時代的四靈或四神觀念，是分別代表東、西、南、北四方的青龍、白虎、朱雀和玄武（龜蛇合體）。四神在生殖巫術中所代表的陰陽性別，與六器中的圭、琥、璋、璜有著相同的陰陽性別對應關係。二者的相同，應是共同受到陰陽五行觀念影響的結果。

　　禮玉「六器」是指璧、琮、圭、璋、琥、璜等六種玉禮器。最早記載它的文獻是《周禮‧春官‧大宗伯》。其文為：「以玉作六器，以禮天地四方：以蒼璧禮天，以黃琮禮地，以青圭禮東方，以赤璋禮南方，以白琥禮西方，以玄璜禮北方」。《周禮》據研究成書於戰國後期〔註1〕，但所載內容也多有西周時的官制和禮制，因此六器的組合及其用以祭祀天地及四方之神，反映了西周以來的玉禮器功用。在考古出土物中，六器中的璧、琮、璜已見於新石器時代，二里頭文化已見平首玉圭，西周時尖首玉圭則有較多發現。玉琥（即寫實的

〔註1〕錢穆：《〈周官〉著作時代考》，《燕京學報》，1932 年第 11 期；錢玄等：《周禮》，嶽麓書社，2001 年，前言，第 3～5 頁。

玉虎形器）已見於殷墟文化。璋是半圭之玉器，其出現自然要晚於玉圭，至遲到戰國時期，玉璋已出現。從而六器全部亮相。此後歷代續有六器的製作並或多或少用於祭典，一直延續到傳統社會結束的晚清。

關於「六器」的源頭、形制及功用等基本問題，前人已作過諸多探討〔註2〕，本文不擬重複。而關於六器可能存在的陰陽性別屬性，除了趙國華對玉璧、玉琮有過探討〔註3〕，車廣錦對玉璜有過分析之外〔註4〕，其他少有觸及，更未有從整體上對六器的陰陽性別的思考以及它們與四神和陰陽五行觀念的關聯。本文試圖從這個角度探討一下六器的內涵，以就教於方家。

一、六器的陰陽性別

經筆者分析，六器皆有陰陽性別。分別是璧、琥、璜表女性陰性，琮、圭、璋表男性陽性。下面我們先對六器中的每一器進行陰陽性別分析，然後再總結其整體效應。

1. 玉璧

玉璧是指周邊呈圓形，體扁平，中有圓孔的玉器。古籍中也按孔徑與玉質部分的寬窄不同區分出玉瑗和玉環來，將孔徑小於玉質寬度稱為璧，孔徑大於玉質寬度的稱為瑗，孔徑等於玉質寬度的稱為環。

趙國華先生從生殖崇拜文化的角度探討了諸多象徵女陰和女性的紋飾和器物，玉璧是其中之一〔註5〕。玉璧之所以可象徵女陰和女性，得之於其形體是對女陰的模擬。同理，先民將花葉、魚紋、蛙紋等繪之於彩陶並予以崇拜，取的也是花葉之外形與女陰的類同，魚、蛙多子等特性以類比女性，希望通過崇拜這些類比物而使人類得以繁衍不息子孫興旺。

關於玉璧的陰陽屬性，也有正好相反的認識。如汪遵國先生通過對玉璧源頭的追溯，以為玉璧乃由環形石斧演變而來，而石斧正代表的是男性、陽

〔註2〕周南泉：《中國古玉概論》，周南泉著：《玉禮器》，藍天出版社，2009年，第1～14頁；王永波：《耜形端刃器的起源、定名和用途》，《考古學報》，2002年第2期。

〔註3〕趙國華：《生殖崇拜文化論》，中國社會科學出版社，1990年，第234、298～322頁。

〔註4〕車廣錦：《中國傳統文化論──關於生殖崇拜和祖先崇拜的考古學研究》，《東南文化》，1992年第5期。

〔註5〕趙國華：《生殖崇拜文化論》，中國社會科學出版社，1990年，第300頁。

性，因此玉璧代表的是男性陽性，「以蒼璧禮天」正合於代表陽性的天〔註6〕。
周南泉先生另闢溪徑，從「璧」字的聲旁出發，由「辟」字含天帝、君主、法
等義，因天帝、君主等屬陽性，故玉璧代表天，進而以之禮天〔註7〕。其實，
玉璧並非由環形石斧演變而來，故其表男性陽性的根基就失去了，而「辟」
字所含天帝、君主、法諸義，也不能就一定導向玉璧表陽性。至於用其禮天，
完全可以是表陰性女性的玉璧來祭祀表陽性男性的天，以達到陰陽結合從而
「雲行雨施，品物流行」，繁衍萬物的目的。至於「璧」字聲旁之「辟」字，
倒是可根據其音、形，得出我們認為的表女性陰性之義。「辟」之音念「bi」，
正同於表女陰的「屄」字的發音；「辟」之左半部分，尸下一口，也正同於屄
字造型所表含義。

圖 11-1　「長宜子孫」出廓玉璧拓片〔註8〕

　　正因為古人將玉璧看作是陰性女性，乃至出現出廓璧，上面鑄刻「宜子
孫」、「長宜子孫」字樣（圖 11-1），表達著渴望子孫興旺的生殖崇拜心理。此
外，還有一種龍形、鳳形、螭形出廓璧（瑗、環），則想表達的是以龍、鳳、
璃等為代表的男性陽性與以玉璧（瑗、環）為代表的女性陰性相結合，從而
形成陰陽相配的生殖崇拜意願（圖 11-2：1，2）。

〔註6〕汪遵國：《良渚文化「玉殮葬」述略》，《文物》，1984 年第 2 期。
〔註7〕周南泉：《玉璧的用途及相關問題》，《玉禮器》（上），藍天出版社，2009 年，
　　　　第 189～191 頁。
〔註8〕引自南南泉：《玉禮器》（上），藍天出版社，第 187 頁。

圖 11-2

（1：戰國玉鏤雕龍紋出廓瑗〔註9〕；2：戰國玉鏤雕雙鳳出廓璧〔註10〕）

2. 玉琮

玉琮一般是指一種外方、內圓、牙身的玉禮器，即外部呈四方形、器物中心有一上下垂直貫穿的圓孔，周身被分為若干節並有紋飾。也有將內外皆圓但孔徑較鐲徑大厚度也比鐲厚重的玉器稱作玉琮〔註11〕。考古發現的玉琮，最早出現於薛家崗文化，其後新石器時代的大汶口文化、龍山文化、良渚文化、石峽文化、齊家文化、客省莊文化等都有發現，良渚文化中尤其多見。

良渚文化玉琮可分為三種：第一種呈短圓筒形，較鐲孔徑大，邊沿寬厚。以張陵山遺址所出為代表；第二種為矮方柱體筒形，以反山墓地所出為代表；第三種為高方柱體筒形，以寺墩遺址所出為代表〔註12〕。這三種玉琮的時代以第一種最早，第三種最晚，因此良渚文化玉琮存在一個外形由圓變方、高度由矮變高的演變趨勢。趙國華認為玉琮是對男根的模擬，代表著陽性和男性〔註13〕，因此上述良渚文化玉琮的演變正是其作為男根的象徵，一方面由圓筒狀的形似向因禮地而模擬地為方的方柱體轉化，一方面其高度的增加顯示了男性生殖崇拜力度的增強。除了這兩方面，還有三點可作為玉琮代表男性陽性的依據。一個是隨葬特點，例如浙江餘杭瑤山墓地，有十一座墓分為

〔註9〕 引自南南泉：《玉禮器》（上），藍天出版社，第122頁。

〔註10〕 引自南南泉：《玉禮器》（上），藍天出版社，第122頁。

〔註11〕 例如1973年江蘇省吳縣張陵山上層墓葬出土的短圓筒形玉神人紋琮，高3.3，外徑8.2釐米。

〔註12〕 趙國華：《生殖崇拜文化論》，中國社會科學出版社，1990年，第303頁。

〔註13〕 趙國華：《生殖崇拜文化論》，中國社會科學出版社，1990年，第304～306頁。

南北兩列，南列六座，北列五座，南列共見玉琮、玉（石）鉞、三叉形飾和與
之配套的成組錐形飾，北列諸墓則無。北列墓共見有玉璜和紡輪，南列墓則
不見，北列墓多見的圓牌，在南列墓僅見一例〔註14〕。按史前墓葬常例，凡
紡輪與斧（鉞）不共見者，一般可作為墓主性別的標誌。即出紡輪者為女性
墓，出斧鉞者為男性墓。由此可判定這兩列墓有依男女性別分葬的情形，南
列出玉石鉞，為男性墓，則共出的玉琮及三叉形飾和錐形飾也可作為男性陽
性的代表了。第二個是玉琮上的紋飾，玉琮上多見獸面紋，其中的重圈圓目，
趙國華認為是男根的兩個睪丸的象徵〔註15〕。第三個便是「琮」字聲旁的形
義了。同於對「璧」字聲旁的分析，「琮」字的聲旁「宗」字，乃祖宗之宗，
「祖」、「宗」二字同義互訓，宗也即是祖，祖為男根之古稱已成常識，則「宗」
及「琮」代表男根男性陽性也就順理成章了。

　　也有因《周禮》中言「黃琮禮地」，便以為琮代表大地，大地常被看作是
與天相反的陰性女性，因此推斷琮屬陰性女性，進而要麼認為琮是仿女陰之
器，要麼認為琮是女性飾物手鐲的演化〔註16〕。手鐲作為飾物並非女性的專
利，琮之形與璧相比其與女陰的差別真是不可以道里計。之所以有此相反的
結論，只怕是因為論者未認識到「黃琮禮地」恰恰要表達的是以琮之陽與地
之陰相結合，從而陰陽結合化生萬物。一如「蒼璧禮天」要的也是以璧之陰
合天之陽，這都是表達陰陽結合的生殖崇拜祭儀。

　　3. 玉圭

　　圭的形制、定義與對它的源頭的認定密切相關。王永波先生依圭首形態
的不同將玉圭分為凹首圭、平（圓）首圭和尖首圭，它們有著各自的起源，凹
首圭源於農具耒耜，平首圭源於斧、鏟等手工業工具，尖首圭則源於兵器玉
戈〔註17〕。由此，圭的定義似可歸納為一種無刃長條片狀玉器，其首部形態
因不同的起源可分為凹首、平首和尖首三種，尾部有的有闌或穿孔，是它們
的前身耒耜、斧鏟、戈等器物特徵的遺留（圖11-3）。

〔註14〕浙江省文物考古研究所：《餘杭瑤山良渚文化祭壇遺址發掘簡報》，《文物》，
　　　　1988 年第 1 期。
〔註15〕趙國華：《生殖崇拜文化論》，中國社會科學出版社，1990 年，第 306 頁。
〔註16〕引自周南泉：《玉琮的淵源與歷史》，《玉禮器》（上），藍天出版社，2009 年，
　　　　第 199 頁。但這兩種看法並非周南泉先生的。
〔註17〕王永波：《耜形端刃器的起源、定名和用途》，《考古學報》，2002 年第 2 期。

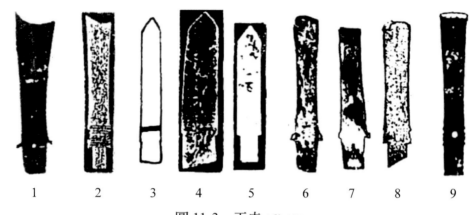

圖 11-3　玉圭〔註18〕

（1～2：凹首圭；3～5：尖首圭；6～9：平首圭）

《禮記・月令》：「孟春之月，……天子親帥三公、九卿、諸侯、大夫，以迎春於東郊。……是月也，天子乃以元日祈穀於上帝。乃擇元辰，天子親載耒耜，措之於參保介之御間，帥三公九卿、諸侯、大夫躬耕帝藉。天子三推，三公五推，卿、諸侯九推」。這裡說的是孟春之月天子率公卿百官在東郊向上帝舉行祈年禮，上帝就是天神。天子親執耒耜之儀式，體現了農業豐產之巫術，實際上這也是生殖崇拜的表現形式之一種，其耒耜與土地的關係正是陽和陰的關係，與後來的犁與田比作男女關係一脈相承。天子率百官於東郊親執耒耜行祈年禮，與六器中的「以青圭禮東方」有如一轍。因此，這段話既揭示了玉圭的一個源頭在耒耜，也體現了了由耒耜演變而來的凹首瑞圭的陽性男性特質。

　　圭之有陽性特質，除了上述，還有的是它的另兩個源頭也一樣將其定位於陽性屬性。即斧錛和戈本也是男性陽性的代表，故其後裔平首或尖首玉圭一樣有著體現男性陽性之特性。此外，圭、璋的整體長條形狀，也是對男根的形象模擬。

　　我們在玉禮器中還能發現一種圭璧結合的器物，稱圭璧。有一圭一璧、二圭一璧、四圭一璧等形制（圖11-4）。這顯然是利用璧圭分屬陰陽兩性，將它們結合在一起，表達生殖崇拜意願。如果像有的論者所認為的將璧看做是天，代表陽性男性，那將圭璧合在一起就實在沒有天理了。

〔註18〕引自王永波：《耜形端刃器的起源、定名和用途》，《考古學報》，2002 年第 2 期。

1　　　　　　　　　　2

圖 11-4　圭璧〔註19〕

（1：一圭一璧；2：四圭一璧）

4. 玉璋

「半（判）圭為璋」，這是古籍中的常見說法。如以尖首圭判之，所得之璋便為斜直三角形首，這是傳統意義上的玉璋（圖 11-5：1）。若以凹首圭判之，則所得之璋為斜邊略微外凸（V 字型首判之即是）或略微內凹（凹弧首判之即是）的三角形首（圖 11-5：2）。圭既代表男性陽性，其半之璋，自然也是如此。古籍中還有「弄璋」一說，進一步證實了璋所代表的陽性男性特質。

1　　　　　　　　　　2

圖 11-5　玉璋

（1：斜直三角形首璋〔註20〕；2：斜邊微內凹三角形首璋〔註21〕）

〔註19〕引自南南泉：《玉禮器》（下），藍天出版社，第 297、301 頁。
〔註20〕引自南南泉：《玉禮器》（下），藍天出版社，第 324 頁。
〔註21〕引自王永波：《耤形端刃器的起源、定名和用途》，《考古學報》，2002 年第 2
　　　　期。

先看「弄璋」是怎麼回事。《詩經‧小雅‧斯干》便有記載:「……乃生男子,載寢之床,載衣之裳,載弄之璋。……乃生女子,載寢之地,載衣之裼,載弄之瓦」。說的是詩中的貴族生了兒子,就給他玩弄玉璋,生了女兒,就給她玩弄陶紡輪。這顯然是用代表男女的玉璋和紡輪來匹配男女,倒沒有我們近人所總結的重男輕女之意。此後,弄璋和弄瓦便成了生男生女的代稱。如人家生了兒子,可恭賀稱「弄璋之喜」,生了女兒則是「弄瓦之喜」。乃至將此二詞製成了字謎,前者的謎底是「甥」,取生男之意。後者的謎底是「姓」,取生女之意。

由弄璋、弄璋之喜等詞,可以讓我們確信玉璋在古代傳統文化和六器中代表了男性和陽性的特性。

5. 玉琥

玉琥是一種虎形玉器。目前發現最早的是商代婦好墓,西周時期突然增多,春秋時成為六器中最常見的一種玉器了。戰國時的中山王墓,有若干書寫有名字的玉器,其中虎形玉名「琥」,證實了玉琥的器形正是虎形。

既然玉琥是虎形玉,則琥的陰陽性別自然要從虎的屬性裏找。虎為百獸之王,有著陽剛健碩的身形,或許有人要說猛虎當然要屬陽性男性的了。但在我們的傳統文化中,虎卻代表的是女性陰性的角色。如果說在生殖崇拜文化中,我們的祖先以魚、蛙等形象表達女性生殖崇拜,是崇拜它們的多子特性,那麼我們以老虎作為女性生殖崇拜的對象,則是崇拜母虎所象徵的雄渾的生命力和養育力。如果前者還僅是對符合女陰、女性特徵的象徵物的形象崇拜,那麼崇拜母虎則是對生命力內涵的尊崇,已是更進一步的生殖崇拜表現形式了。

下面我們從古文獻、古代青銅器紋飾、民俗等方面對老虎所代表的陰性及女性生殖崇拜進行論證。

《易‧乾‧文言》:「雲從龍,風從虎」。顧炎武著《日知錄‧卦爻外無別象》解釋這句話:「雲從龍則曰乾為龍,風從虎則曰坤為虎」。按照《說卦》的解釋,「坤為地,為母,為布,為釜……」,則虎與地、母、布、釜等一樣屬於女性象徵系列。

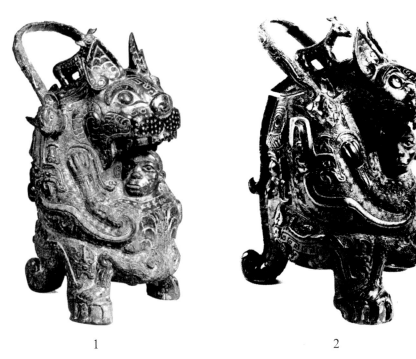

1　　　　　　　　　　　　　　2

圖 11-6　青銅「虎食人」卣

（1：藏日本泉屋博古館〔註22〕；2：藏法國巴黎賽努施基博物館〔註23〕）

　　中國早期青銅器中有若干以虎與人為主題的造型或紋飾。例如「虎食人卣」，有兩件，分藏於日本泉屋博古館（圖 11-6：1）和法國巴黎賽努施基博物館（圖 11-6：2），兩器形製紋飾基本相同，為一虎踞坐，用後足和尾三點支撐，兩前足抱持一人，人與虎相向緊貼，手足呈蛙肢狀屈伸，頭側視，長髮向頭後直披，表情肅穆平靜，並無驚恐可怖之狀。人的腿部到臀部飾一對蛇紋，蛇身有三角形紋飾。其他細部紋飾不贅述。傳統上將此造型解釋成虎食人，至於為何要表現這種情景則不得而知，也不能很好地說明將要被吃的人的表情為何如此淡定肅穆。其實是因為沒有真正揭示出這一造型的真意。只有將其理解成擺成蛙形的女子，緊抱著母虎，想將母虎的強大生命力和養育力傳遞到人類女性身上，才可能更符合設計者的意圖。模擬蛙形也是希望女人能像青蛙一樣多子，還有女人腿、臀上的蛇紋和三角紋，分別代表男性和

〔註22〕引自中國青銅器全集編輯委員會編：《中國青銅器全集》4，文物出版社，1996年，第 148 頁。
〔註23〕引自靳之林：《生命之樹與中國民間民俗藝術》，廣西師範大學出版社，2002年，第 128 頁。

女性，都在強化著生殖崇拜的寓意。再如著名的青銅重器「后母戊大方鼎」，其鼎耳的紋飾為兩虎相對站立，張開大口，兩口中間有一人首（圖 11-7）。傳統的理解還是虎食人，如果我們變換思路，它更有可能表達的是人從虎出也即人從母出的女性生殖崇拜意蘊。另有一件「龍虎尊」，也頗能說明問題。該尊在安徽阜陽出土，尊肩部飾一虎雙身，頭下浮雕一裸體女性，其四肢呈蛙狀屈伸，陰戶張開（圖 11-8）。此紋飾明顯不能解作虎食人，可以很好地反駁人虎題材反映的是虎食人的誤解。那它該作何種理解呢？仍然需要解做人類在生殖巫術思維的支配下，要將母虎的生命力、生殖力和養育力感應、傳遞到人類女性身上的「企圖」。

圖 11-7
后母戊大方鼎〔註 24〕

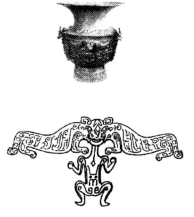

圖 11-8
龍虎尊及雙身「虎食人」紋飾〔註 25〕

　　古文獻和民俗學資料也有很多老虎母親的原始意象。例如《左傳・宣公四年》記楚令尹子文在嬰兒期被他的外婆丟棄在雲夢澤中，受母虎的哺乳而存活〔註 26〕。《齊諧記》中也有一段人虎互變的傳奇：「晉義熙四年，東陽郡太來縣吳道宗，少失父，單與母居，未有婦兒。宗賃，不在家，鄰人聞其屋中碰礚之聲，窺，不見其母，但有烏斑虎在其屋中。鄉里驚惶，恐虎入其家食其母，便鳴鼓會人，共往救之。圍室突進，不見有虎，但見其母，語如平常」。這兩個故事情節，演繹的成分居多，但卻透露出自遠古以來的老虎母親觀念。

〔註 24〕引自杜迺松主編：《中國青銅器定級圖典》，上海辭書出版社，2008 年，第 6 頁。

〔註 25〕引自汪玢玲：《中國虎文化》，中華書局，2007 年，第 50 頁。

〔註 26〕楊伯峻編著：《春秋左傳注》二，中華書局，2009 年第三版，第 683 頁。

民俗方面的老虎母親形象更多。例如山東民間剪紙中就有虎孩和虎奶的剪紙藝術。最簡單的一種是一虎一孩，虎作笑面，垂尾，藏爪，表現了母親的慈愛。腹下一孩仰面吮吸虎奶（圖11-9）。此外舊俗中兒童常穿戴虎頭帽、虎頭鞋，使用虎頭枕，顯示的也是有強大養育力的老虎母親護祐幼雛的遠古遺意。我們還發現山西稷山有一種虎頭魚尾的絨布枕（圖11-10），這顯然是將虎、魚兩種女性生殖崇拜對象結合，希冀將老虎的強大養育力和魚的強大繁殖力傳遞給人類女性並保護兒童茁壯成長。

圖11-9　膠東虎奶剪紙〔註27〕　　圖11-10　山西稷山虎頭魚尾枕〔註28〕

在時下俗語中，有將潑辣兇悍的女性稱作「母老虎」，雖然褒貶已起變化，但它卻是數千年老虎母親古意的活化遺留，是不可多得的語言民俗活化石。還有一首《女人是老虎》的流行歌曲，老和尚將女人說成是老虎，當然是古意之遺存，但由於已遺失人類女性借老虎傳遞生命力和養育力的巫術觀念，才造成歌曲中小和尚的困惑：為什麼老虎不吃人，模樣還蠻可愛？因為現代人對老虎只剩下殘暴吃人的觀念了。

通過以上例證及分析，我們可確信古代中國有將老虎比作女性陰性的觀念，老虎形象成為生殖崇拜文化的重要表現形式之一。老虎形象如此，玉琥也不例外，它表達的也是女性和陰性的特性。後面我們還將在討論四神中的白虎與六器中的白琥的關聯時作進一步論證。

6. 玉璜

「半璧為璜」，這也是古籍中的常見說法。璧代表的是女性陰性，循璋為半圭，圭、璋同代表男性陽性之例，則玉璜自然也代表著女性陰性。前文提到的浙江餘杭瑤山墓地中的北列諸墓，隨葬圓牌、紡輪和玉璜，由南、北兩

〔註27〕引自靳之林：《中國民間美術》，五洲傳播出版社，2004年，第19頁。
〔註28〕引自靳之林：《中國民間美術》，五洲傳播出版社，2004年，第19頁。

列墓紡輪和斧鉞不共見的特點，推斷北列墓為女性墓，我們已知圓牌和紡輪都代表著女性陰性，則同出的玉璜也只能是代表女性陰性的了。

車廣錦先生對玉璜的陰陽性別提出了另一種解釋。他認為玉璜的扇形外圓弧象徵男根頭部的圓形，內凹的半孔則象徵女陰。這樣玉璜的特性就變成了男根與女陰的結合。這也算是對玉璜性別的另一種解說吧。

7. 小結

由以上分析，可知六器皆有陰陽性別。其中璧、琥、璜屬女性陰性，琮、圭、璋屬男性陽性。用以禮天、地的璧、琮，與天所代表的陽和地所代表的陰相配相成，圭和璋禮敬的是東方和南方，琥和璜禮敬的是西方和北方，表現了古人以東方、南方為陽，西方、北方為陰的陰陽觀念。六器中的陰陽性別觀念，與四神中的青龍、白虎、朱雀、玄武，在陰陽性別、方位和顏色上面，有著驚人的一致關係。下節我們便來討論兩者間的關聯。

二、六器與四神的關聯

四神也稱四靈，是對青龍（又稱蒼龍、交龍）、白虎（或麒麟、熊）、朱雀（又稱朱鳥、赤鳥、鳳凰、鳥隼）、玄武（或龜蛇）這四種神獸的總稱。四神觀念形成於《禮記》、《周禮》所反映的時代，也即西周至春秋戰國時代〔註29〕。四神觀念和信仰，是在三個觀念因素相互作用下的結果，它們是動物分類觀念、星空分區觀念和陰陽結合觀念。由動物分類觀念，四神分別代表了鱗獸、毛獸、羽獸、介獸等四大獸類的神性代表；由星空分區觀念，四神分別是東方星宿、西方星宿、南方星宿和北方星宿等周天星宿的神性代表，故又稱「四象」和「四星」；由陰陽結合觀念，四神中的每一方位神，如交龍、龜蛇是雌雄相交，鳳與凰、麒與麟是牡牝相配。發展到後來，又形成「龍虎交」、「鳥龜會」的觀念〔註30〕。此外，四神觀念也與陰陽五行學說和六器中的陰陽性別及代表顏色、代表方位有著對應關係。如東方青龍對應東方木、南方朱雀對應南方火、西方白虎對應西方金、北方玄武對應北方水等等。下面我們逐一來比較四神與六器中的陰陽性別及代表顏色和方位的對應關係。

〔註29〕王小盾：《中國早期思想與符號研究——關於四神的起源及其體系形成》，上海人民出版社，2008年，第105頁。

〔註30〕王小盾：《中國早期思想與符號研究——關於四神的起源及其體系形成》，上海人民出版社，2008年，第105～106頁。

1. 青圭與青龍的關聯

青龍是四神中掌東方星宿的神性代表。它與六器中的青圭在方位上均為東方、顏色上同為青色，在陰陽性別上，也與青圭一樣代表著男性陽性。下面略作申述。

我們在前文已引用過「雲從龍則曰乾為龍，風從虎則曰坤為虎」，這句話指明了乾為龍，也即龍代表乾天代表男性陽性。「雲從龍」是說龍可以招致雲雨，即「以龍致雨」，古人想像的天地交合中，天是靠龍召集雲而流出象徵精液的雨，從而使龍成為乾天陽具的意象物〔註31〕。龍在《周易》和《說文》裏，被描述成「能幽能明，能細能巨，能短能長。春分而登天，秋分而潛淵」的靈蟲，這實際就是對男根特性的摹寫。故龍被看作是乾天的陽具了。所以它的陽性男性特性已十分明顯。

流行於東漢至兩晉的龍虎交媾鏡，其主題紋飾常刻畫為一龍一虎並排相向而立，圓目張口，龍吐舌信，進入了虎的口腔內，這當然是一種性交合的暗示，且揭示了龍陽虎陰的性別角色。龍虎之間看似撕咬，實是亢奮激昂中的親暱。有的還在龍的襠部刻畫一男性生殖器，陰莖微挺，陰囊畢現，其旁一大龜驚慌羞走又不忘扭頭向生殖器張望。龜有代表女性陰性之屬性，我們將會在玄武一節中分析。因此這個頗具戲劇性情節的場景仍然要表現的是陰陽結合龍虎交媾的寓意（圖 11-11）。

圖 11-11　東漢龍虎交媾鏡〔註32〕

〔註31〕車廣錦:《中國傳統文化論──關於生殖崇拜和祖先崇拜的考古學研究》,《東南文化》, 1992 年第 5 期, 第 39 頁。
〔註32〕王趁意:《中國東漢龍虎交媾鏡》, 中州古籍出版社, 2002 年。

　　總之，通過古籍文獻和古代文物中有關龍的性別分析，其代表陽性男性的性別屬性已殆無疑義。如此，則青圭與青龍從方位、顏色到性別便完全一致了。

2. 赤璋與朱雀的關聯

　　赤璋與朱雀在代表方位及顏色上明顯一致，無須多言。下面我們只用揭示一下朱雀是代表陽性男性便可證明這兩者也是完全對應的關係了。

　　在四神或四靈的不同表述中，朱雀也被朱鳥、赤鳥、鳳凰、鳥隼等名稱替換過。它們共同的特性都是鳥。鳥在中國生殖崇拜文化中是陽性男性的代表。郭沫若、趙國華等都論證過鳥紋象徵男根〔註33〕。趙國華還具體分析了有此象徵意義之原由：從表象來看，鳥（特別是其能夠伸縮低昂的頭頸部）可狀男根之形，鳥生卵，男根亦有卵（睾丸）。而且相比之下，鳥生的卵數目多多，古人遂將鳥作為男根的象徵，實行崇拜，希冀男人像鳥一樣生殖力繁盛。

　　中國新石器時代的彩陶及其他器物上多可見到鳥紋圖案。這些鳥紋自然表達的是當時的男性生殖崇拜文化。其中最有名的要數河南臨汝閻村仰韶文化彩陶缸上的「鸛魚石斧」圖案了（圖 11-12）。我們的理解是這件陶缸葬具上所繪的鸛鳥食魚及帶柄石斧，表現的是男女結合的生殖崇拜含意，生者希望通過這樣的生殖巫術而使自己的族群繁衍不息。圖案裏的鸛鳥及所叼之魚，分別代表了男和女、陽和陰。其旁的帶柄石斧也不是閒筆，它們同樣以石斧表男性斧柄表女性將二者結合在一起從而形成生殖崇拜寓意。我們以《詩經》中的詩句再來映證一下上說。詩經首篇《關雎》中的首四句是「關關雎鳩，在河之洲。窈窕淑女，君子好逑」。雎鳩是水鳥，站在河岸上，這是詩人的起興，看似跟後面寫到的窈窕淑女沒有關係。但既是起興，就大有關係。雎鳩站在河岸上自然是在等待捕魚食魚，鳥捕魚象徵的是男娶女，這就跟後面的「窈窕淑女是君子的好配偶」這句詩對應上了。詩經《伐柯》首段四句是「伐柯如何？匪斧不克。取妻如何，匪媒不得」。詩言男子娶妻，卻以用斧伐柯來起興，自然也是閒筆不閒。詩人正是要用「斧伐柯」來象徵「男娶女」，故斧代表了男性，柯即斧柄代表了所娶之女性。這正是《鸛魚石斧圖》作者充分明晰魚與鸛、柯與斧之間的陰陽結合關係，才創作出了這樣的飽含生殖深意的畫作。

〔註33〕郭沫若：《先秦天道觀之進展》，《青銅時代》，中國人民出版社，2005年，第10頁；趙國華：《生殖崇拜文化論》，中國社會科學出版社，1990年，第256～257頁。

圖 11-12　鸛魚石斧圖彩陶缸〔註34〕

3. 白琥與白虎的關聯

　　白琥是六器中的虎形玉，虎在生殖崇拜文化中代表女性陰性，已在前文中做過詳細分析。這裡我們再舉兩類文物強化一下虎為女性陰性的認識，順便也釐清一下這兩類文物的真實寓意和用途。

　　這兩類文物其中之一是楚文化墓葬中頻繁出現的虎座鳥（鳳）架鼓（圖11-13）。一般由雙虎、雙鳳、一鼓組成。木製彩繪。雙虎背向，身形相較雙鳳弱小了很多，踞伏抬首，呈婉轉承歡之態。雙鳳各立於一虎背上，昂首挺胸，呈雄健陽剛之氣。鼓則懸繫於雙鳳鳳冠之間。這顯然要表達的是以鳳為陽虎為陰的陰陽結合的生殖崇拜寓意。而不是像一些專家所認為的是以鳳為圖騰的楚人戰勝了以虎為圖騰的巴人的圖騰紀功說。楚墓中也出土有獨立的虎座飛鳥漆器，跟虎座鳥架鼓有相同之寓意。

圖 11-13　虎座鳳架鼓〔註35〕　圖 11-14　武漢博物館藏西晉青瓷虎子〔註36〕

〔註34〕馬自樹主編：《中國文物定級圖典》（一級品）上卷，上海辭書出版社，2001年，第9頁。
〔註35〕高至喜主編：《楚文物圖典》，湖北教育出版社，2000年，彩版四一：3。
〔註36〕劉慶平主編：《武漢館藏文物精粹》，武漢出版社，2006年，第29頁。

其二是始見於春秋晚期、流行於漢至南北朝時期的男用溺器「虎子」〔註37〕。其形狀為蹲踞的老虎形象，虎口斜向上方，正好承接男性生殖器以便溺，虎體中空用以裝盛尿液，四虎足以承地，虎尾上翹至頸部形成提梁（圖11-14）。總體上看，春秋至兩漢時期的虎子以青銅質為多，老虎形象逼真，兩晉南北朝時期以青瓷虎子最多，虎體上的眼、鼻、耳、四肢等漸趨模糊不見，更強調的是虎子的實用功能。關於虎子的用途，至少有兩說，一說是男子的小便器，二說是灑水器。筆者同意前說，因為其形象與用途正可以互證。用老虎形象做成男子小便用的溺器，表達的正是自遠古以來便流傳開的老虎代表女性陰性，以象徵陰陽結合的生殖崇拜遺意。這也正是虎子形象是老虎而不是牛、羊形象的原因所在。反過來，也強化了虎子作為男用小便溺器的功能說。

不過虎子到了唐代，因避李淵祖父李虎之諱，改稱「馬子」，至於其形狀是不是也改成了馬的形象，還沒有找到實物證據。但馬在後世被比作女人是很常見的。如白居易詩「莫養瘦馬駒，莫教小妓女」，正是以瘦馬駒比喻小妓女；錢鍾書先生也曾提到「或人考證謠諺風俗，斷謂自上古已以馬與婦女雙提合一」〔註38〕；筆者親見湖北武穴當今的風俗稱女朋友為馬子，找女朋友為「找馬子」，這也是將女人比作馬的當代民俗反映。由「馬子」的性別寓意倒推到虎子，也可見虎子其形象「老虎」所代表的女性陰性寓意了。

4. 玄璜與玄武的關聯

玄璜與玄武均色黑，位置為北方，自不必多說。我們要討論的是玄武是否也屬女性陰性。玄武乃一龜蛇合體之形（圖11-15），但龜佔有主體，且最初僅有龜形。所以我們先來討論龜的陰陽屬性。

龜之頭龜頭因與男根頭部形似，常被用來稱呼後者。這似乎可將龜之屬性定位於陽性。但其實不然。追根溯源，可追至西亞創世史詩中的原始女怪蒂馬特，蒂馬特本為天地未形之前的原始深淵，其後逐漸賦以女性性格。女怪有多種形象，但其基本形象則是一巨龜。木星神馬杜克屠龍創世，正是將其殺死後以她的龜蓋造天，龜板造地。龜形原始女怪傳到中國衍生為盤古及巨鼇背負大地神話〔註39〕。因此，龜被賦予女性陰性屬性是自古就有的觀念。

〔註37〕程瑞秀：《試析虎子的用途與造型》，《北京文物與考古》，2004年。

〔註38〕錢鍾書：《管錐編》（一），上卷，「周易正義二七說卦（二）」，三聯書店，2001年，第109頁。

〔註39〕蘇雪林：《屈原與〈九歌〉》，武漢大學出版社，2007年，第159頁。

前文提及的龍虎交媾鏡中有一扭頭羞走的大龜，也只有理解成女性陰性才符合該銅鏡整體圖案寓意。

圖 11-15　河南鄧縣彩色畫像磚墓玄武圖〔註40〕

　　但後來的玄武畢竟還有纏繞在龜身上的蛇形，蛇在生殖崇拜文化中代表陽性男性，因此龜蛇所構成的玄武自身便形成了陰陽交合。這是其他三神所不具備的。與此巧合的是，玄武應對的玄璜也有一種解釋，即玉璜的扇形外圓弧象徵男根頭部的圓形，內凹的半孔則象徵女陰。這樣玉璜自身也有了男根與女陰結合的寓意。

　　總之，玄璜與玄武在陰陽性別、顏色和方位上也達到了相當的一致。

5. 小結

　　經過對比，六器中的圭、璋、琥、璜在陰陽性別、方位和代表顏色上與四神中的青龍、朱雀、白虎、玄武有著驚人的一致。筆者判斷，六器和四神的這種高度一致，應是共同受到陰陽五行觀念影響的結果。至於具體如何受到陰陽五行觀念影響，受本篇要解決的主題及篇幅限制，擬另文再探。

三、結論

　　禮玉六器是在生殖巫術和陰陽五行觀念的共同作用下形成的祭祀天地四方神的六種玉禮器。受六器各自起源時的生殖巫術象徵意義及陰陽五行觀念影響，六器皆有陰陽性別，分別是璧、琥、璜屬女性陰性，琮、圭、璋屬男性陽性。用以禮天、地的璧和琮，與天所代表的陽和地所代表的陰相配相成，

〔註40〕引自孫作云：《天問研究》，河南大學出版社，2008 年，第 157 頁。

表達了陰陽相合繁衍萬物的厚生願望。圭和璋禮敬的是東方和南方，琥和璜禮敬的是西方和北方，表現了古人以東方、南方為陽，西方、北方為陰的陰陽觀念。六器中的圭、琥、璋、璜的陰陽性別、顏色及代表方位，與四神中的青龍、白虎、朱雀、玄武，有著高度的一致關係，兩者應是共同受到陰陽五行觀念影響的結果。

原載於《民族藝術》2014 年第 3 期。

第十二章　玉璇璣為中央天區、天門及北極星神象徵說

提要：

　　《尚書‧堯典》出現「璇璣」一詞，正可作為傳世和出土實物即周緣帶三節齒牙的璧形器名稱。因為二者均指中央天區、極星和北極星神。具體來說，玉璇璣是中央天區、天門和北極星神的象徵，其「肉」象徵了中央天區，牙和齒象徵了極星周圍的三垣和點點繁星。其向同一方向旋轉之「牙」形，模擬了中央天區的星空圍繞著北天極旋轉的狀態。玉璇璣之「好」，象徵了天門，玉璇璣的整體構型，則象徵了北極星神，即天神太一。

　　「璇璣」一詞首現於《尚書‧堯典》，該詞所在文句為「在璇璣玉衡，以齊七政」〔註1〕。我所見《尚書》版本，一般寫作「璇璣」，其義一致。該詞作何理解？古代學者有星象說和天文儀器說兩說。星象說中又可分三派，一派認為「璇璣」指北斗七星，以司馬遷為代表；一派認為「璇璣」指北極，以《尚書大傳》為代表；還有一派則以為是北極星，以《星經》為代表〔註2〕。天文儀器說者則有東漢的古文家馬融、鄭玄，唐代的孔穎達，清代的吳大澂等〔註3〕。吳大澂是在他所收藏的周緣帶有三節齒牙的璧形器的基礎上，提出

〔註1〕屈萬里：《尚書集釋》，中西書局，2014年，第17頁。

〔註2〕參見馮時：《中國天文考古學》，中國社會科學出版社，2010年，第128～129頁。

〔註3〕參見馮時：《中國天文考古學》，中國社會科學出版社，2010年，第129～130頁；〔清〕吳大澂：《古玉圖考》，《續修四庫全書》，上海古籍出版社，1995年，第30頁。

這種玉器「疑是渾天儀中所用之機輪」,即齒輪。並以《尚書‧堯典》為據將其命名為「璇璣」。這是第一次將《尚書‧堯典》中的記載和實物聯繫起來的嘗試。

現當代學者繼續著對玉璇璣的探討。他們幾乎都否定了玉璇璣的天文儀器說,也不大同意與星象有關。紛紛提出了新說,代表性觀點有裝飾品說〔註4〕,實用織機件、紡輪改製品和束髮器說〔註5〕,玉神器說〔註6〕等等。認為是裝飾品者,自然覺得「璇璣」之名不確,建議改名「牙璧」等。陸思賢先生認為該器可視為與某種禮天儀式有關,外緣凸起的牙角,表示環而不周。該器應與某種天象的祭儀有關〔註7〕,葉舒憲先生則認為該器形象徵著天體圍繞天極而旋轉的動態,其名稱也隱喻著天體旋轉的意思〔註8〕。

筆者在認真研讀上述眾家學說的基礎上,認為玉璇璣確跟「璇璣玉衡」之「璇璣」有關,它代表了某種星象,因此從功能上考慮命名,「璇璣」比「牙璧」更合理。並比較贊同陸思賢和葉舒憲二位先生的見解,只是覺得他們的說法還不夠具體,因而提出一點芻蕘之見,認為該器應是中央天區、天門及北極星神的象徵。下面從三個方面嘗試解答。

一、玉璇璣之「肉」、牙、齒及旋轉之形的象徵

本章所討論的玉璇璣,是指「中國古代玉器中一種形狀特殊的品種,它整體近似圓形,周邊一般有 3 個向同一方向旋轉的牙,有的在牙和牙之間還雕刻出單個或成組的齒狀突起,中間則為或大或小的圓形孔」〔註9〕(圖12-1)。這類玉器以出土品為主,也有少量傳世品,經欒豐實先生統計,有

〔註4〕夏鼐:《所謂玉璇璣不會是天文儀器》,《考古學報》1984 年第 4 期;安志敏:《牙璧試析》,《東亞玉器》第一冊,第 37～44 頁,香港中文大學中國考古藝術研究中心,1998 年;欒豐實:《牙璧研究》,《文物》,2005 年第 7 期。

〔註5〕郭寶鈞:《古玉新詮》,香港神州圖書公司,1976 年,第 8 頁;那志良:《玉器通釋》,中央印製廠,1974 年,第 159 頁;石璋如:《小屯一本丙編三南組墓葬墓葬》,臺北 1973 年。

〔註6〕楊伯達:《綜述海洋性的「嵎夷玉文化板塊」》,《遼寧省博物館館刊》,2009 年,第 225 頁;尤仁德:《璇璣新探》,《考古與文物》,1991 年第 6 期;周南泉:《神秘的玉漩渦形器——論所謂的「璇璣玉衡」及其用途》,《故宮文物月刊》,1992 年第 8 期,總第 116 期,第 108 頁。

〔註7〕陸思賢、李迪:《天文考古通論》,紫禁城出版社,2000 年,第 92 頁。

〔註8〕葉舒憲:《玉石神話信仰與華夏精神》,復旦大學出版社,2019 年,第 38 頁。

〔註9〕欒豐實:《牙璧研究》,《文物》,2005 年第 7 期。

明確出土地點的玉璿璣計 51 件，另有蚌質 1 件和陶質 2 件，共計 54 件。
欒先生對其進行了科學的考古類型學分析。筆者雖不同意他對該類玉器的
功能、用途和命名的看法，但十分認同他的考古類型學研究，因此在這裡轉
述他的研究結論，以作為本項研究的基礎。欒先生將玉璿璣按牙的多少將
其分成四類，分別是二牙、三牙、四牙和五牙，其中，二牙玉璿璣 1 件，三
牙包括蚌、陶質在內共 41 件，三牙玉璿璣又分為 A、B、C、D、F 五型，
有的在型之下，根據齒的有無或多少，又分為若干式。四牙玉璿璣發現 2 件，
五牙有 3 件。這些玉璿璣的出現和使用時代，始於距今 5500 年以來的大汶
口文化中期，以距今 5000—4300 年的大汶口文化晚期和龍山文化前期數量
最多，且集中分布於山東和遼東兩個地區。至夏商周三代，上述兩地區玉璿
璣數量驟然減少，但分布範圍卻有較大的擴展。東周以後，玉璿璣基本上退
出了歷史舞臺〔註 10〕。

1　　　　　　　　　2　　　　　　　　　3

圖 12-1　玉璿璣

（1：山東安丘峒峪出土；2：山東滕州莊里西出土〔註 11〕；3：臺北故宮博物院藏〔註 12〕）

　　在討論玉璿璣可能的象徵意義前，我們先回顧中國早期先民的北斗、天
極、極星等天文知識。這方面馮時先生已做過極好的總結。

　　北斗是指北天極附近的由七顆星組成的古代星官，今天屬大熊星座。天
極是指天球的南北兩極，如姜亮夫先生所言：「地球繞地軸旋轉，引申其軸，
則與天球相值，相值之南北兩端，即為天極。然中土位在地球偏北，其南極

〔註 10〕欒豐實：《牙璧研究》，《文物》，2005 年第 7 期。
〔註 11〕圖 12-1：1、2 引自山東博物館、良渚博物院編：《玉潤東方——大汶口—龍
　　　　山·良渚玉器文化展》，文物出版社，2014 年，第 111～112 頁。
〔註 12〕引自周南泉：《神秘的玉漩渦形器——論所謂的「璿璣玉衡」及其用途》，《故
　　　　宮文物月刊》，1992 年第 8 期，總第 116 期，第 96 頁。

常隱沒地下不見，故古以北極為天極。」〔註13〕星辰的週日運動以北天極為中心。極星則是古人以最靠近北天極的恒星充當，且因歲差之故，靠近北天極的恒星在長時段會有變動替代，因此極星也有更換，如北斗第一星天樞、天一、太一、今天的北極星，都是一定時間段的極星（圖12-2）。

《論語·為政》：「子曰：為政以德，譬如北辰居其所而眾星共之」〔註14〕。這裡以眾星所拱之北辰作為為政以德的譬喻，關於「北辰」所指，有北天極和北斗兩說〔註15〕，而北斗能作為一說，是因為它的第一星天樞曾作為極星，因此，這還是將北辰與北天極和極星對應。

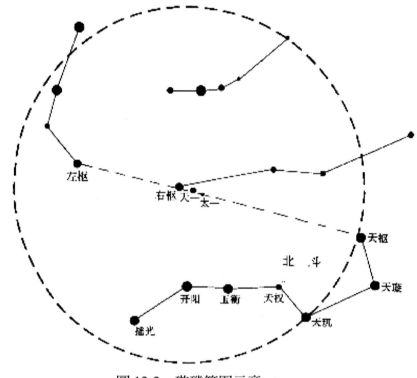

圖 12-2　璇璣範圍示意〔註16〕

馮時認為，中國古代對北斗的觀察和崇拜，至少可以追溯到公元前第六千紀甚至更遠。北斗能作為觀象授時的重要星象，跟它所處的北極近旁的星象位置及中國古人所處的地理位置密切相關。「我們知道，地球的自轉軸

〔註13〕姜亮夫：《楚辭通故》，雲南人民出版社，1999年，第60頁。
〔註14〕毛子水：《論語今注今譯》，重慶出版社，2011年，第14頁。
〔註15〕轉引自馮時：《中國天文考古學》，中國社會科學出版社，2010年，第124頁。
〔註16〕馮時：《中國天文考古學》，中國社會科學出版社，2010年，第136頁。

指向天球北極，這使地球的自轉和公轉所反映出的恒星週日或週年視運動，實際只表現為恒星圍繞天球北極的旋轉，而天極則可視為相對不動。由於華夏文明發祥於北緯 36 度左右的黃河流域，這一地區的人們觀測到的北天極也就高出北方地平線 36 度，這意味著對黃河流域的先民來說，以北天極為中心，以 36 度為半徑的圓形天區，實際是一個終年不沒入地平線的常顯區域，古人把這個區域稱作恒顯圈。北斗則是恒顯圈最重要的星象。由於歲差的緣故，它的位置在數千年前較今日更接近北天極，所以終年常顯不隱，觀測十分容易。隨著地球的自轉，北斗呈圍繞北天極做週日旋轉，在沒有任何計時設備的古代，可以指示夜間時間的早晚；又隨著地球的公轉，北斗呈圍繞北天極做週年旋轉，人們根據斗柄或斗魁的不同指向，可以瞭解寒暑季節的變化更迭。古人正是利用了北斗的這種可以終年觀測的特點，建立起了最早的時間系統」〔註 17〕。

　　古人除了利用北斗觀象授時，更是以北斗、極星為對象，建立起了星神崇拜，即以北斗或其他極星為天帝的象徵，該星也號稱帝星。同時還以北斗作為帝車。如《史記・天官書》：「斗為帝車，運於中央，臨制四鄉」〔註 18〕。此「帝」，自然是指天帝，也即天神泰一。東漢的畫像石上，就有北斗帝車的刻畫（圖 12-3）。《史記・天官書》還稱：「中宮天極星，其一明者，太一常居也」〔註 19〕。「中宮」即以北天極為中心的中央天區，天極星則是西漢所指的極星北斗，「其一明者」當指北斗第一星天樞，也即極星。「太一」又稱泰一，《史記正義》引劉伯莊語：「泰一，天神之最尊貴者也」〔註 20〕。《史記索隱》引《春秋文耀鉤》說：「中宮大帝，其精北極星，含元出氣，流精生一也」〔註 21〕。又引《春秋元命包》：「官之為言宣也，宣氣立精為神桓」〔註 22〕，釋「宣」為「旋」，將星空旋轉的本源和動力解釋為中宮天極星「含元出氣」。這種解釋當然不科學，但體現了古人對星空圍繞北天極和極星旋轉的觀察和探索。這樣的探索也為我們解釋玉璿璣的寓意提供了契機。

〔註 17〕馮時：《中國天文考古學》，中國社會科學出版社，2010 年，第 125 頁。
〔註 18〕〔西漢〕司馬遷：《史記》（四），中華書局，1959 年，第 1291 頁。
〔註 19〕〔西漢〕司馬遷：《史記》（四），中華書局，1959 年，第 1289 頁。
〔註 20〕〔西漢〕司馬遷：《史記》（四），中華書局，1959 年，第 1290 頁。
〔註 21〕〔西漢〕司馬遷：《史記》（四），中華書局，1959 年，第 1289 頁。
〔註 22〕〔西漢〕司馬遷：《史記》（四），中華書局，1959 年，第 1289 頁。

圖 12-3　山東嘉祥武梁祠東漢北斗帝車石刻畫像〔註23〕

　　趙爽注解《周髀算經》說：「極中不動，璇璣也，言北極璇璣周旋四至。極，至也。……極處璇璣之中，天心之正，故曰璇璣也」〔註24〕。馮時和江曉原認為，根據《周髀算經》，北極樞、北極和璇璣是三個完全不同的概念，北極乃真天極，即北天正中不動點，它的位置在璇璣的正中心。而北極樞則是當時的北極星，它圍繞北極運轉，璿周四極，由此畫出的圓形天區，就是璇璣（圖 12-2）〔註25〕。這裡所言「璇璣」，是指《尚書·堯典》中的「璇璣玉衡」之「璇璣」，但它的圓形形狀，圍繞中心而旋轉的狀貌，與玉璇璣何其相似乃爾。

　　因此我們認為，玉璇璣正是模擬中央天區的璇璣，二者是象徵和本體的關係。古人在以玉為神以玉為天的觀念支配下，將星象中的璇璣，刻摹成玉璇璣，加以崇拜和祭祀。

　　具體來說，玉璇璣之「肉」，表達的是中央天區即中宮。「肉」之稱呼，是借用玉璧的說法。因玉璇璣與玉璧，除了後者無向外突起的牙、齒外，其他方面是大體一致的。《爾雅·釋器》說：「肉倍好謂之璧」，並解釋：「『肉』，邊，『好』，孔」〔註26〕。其三牙，似為模擬極星周圍的三垣，即紫微垣、太微垣和天市垣。當然，三垣是後代的概念，玉璇璣最初的創造者雖沒有「三垣」觀念，但仍可以他們可見的三垣所在的恒星群為模擬對象。其他極少量的二牙、四牙、五牙璇璣，可能是簡化形式或者增加了三垣旁邊的天津、天紀等星官（圖 12-4）。有的玉璇璣其牙與牙之間，還有齒狀突起，多寡不一，

〔註23〕馮時：《中國天文考古學》，中國社會科學出版社，2010 年，第 127 頁。
〔註24〕馮時：《中國天文考古學》，中國社會科學出版社，2010 年，第 131 頁。
〔註25〕馮時：《中國天文考古學》，中國社會科學出版社，2010 年，第 131 頁。
〔註26〕周祖謨：《爾雅校箋》，雲南人民出版社，2004 年，第 71 頁。

當是模仿中央天區四周的點點繁星。玉璿璣無一例外都將多牙雕刻成向同一方向的旋轉之形，這自然是要模擬中央天區的星空圍繞著北天極旋轉的狀態。

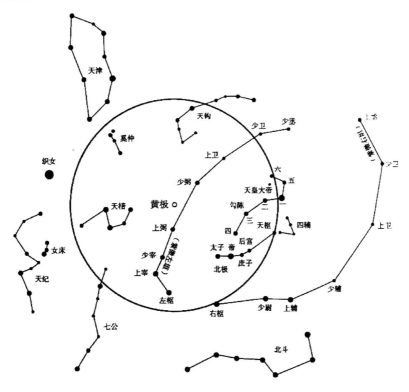

圖 12-4　中央天區星圖〔註27〕

二、玉璇璣之「好」及璇璣整體的象徵

　　玉璇璣之「好」，即中間的穿孔，筆者認為是天門的象徵。這跟玉璧之「好」也象徵天門是一個道理。而關於玉璧與天門的關係，已有了相關的研究成果。

　　1980 年代，在重慶巫山縣東漢墓中連續發現了 10 多件鎏金銅牌飾，它們都有的共同特點是，主題圖案中有高大雙闕，雙闕中間有一璧，有的在璧上還有隸書榜題「天門」二字。經趙殿增、叢德新等學者考證，這是以雙闕和玉璧代表天門，描繪了東漢人死後昇天成仙觀念及天國的各種景象（圖 12-5）〔註28〕。除了實物，文獻也能證明玉璧與天門的關係及天門在天界的位置。

〔註27〕馮時：《中國天文考古學》，中國社會科學出版社，2010 年，第 123 頁。
〔註28〕趙殿增、袁曙光：《「天門」考──兼論四川漢畫像磚（石）的組合與主題》，《四川文物》1990 年第 6 期；叢德新、羅志宏：《重慶巫山縣東漢鎏金銅牌飾的發現與研究》，《考古》，1998 年第 12 期。

《三輔黃圖》：「宮之正門曰閶闔，高二十五丈，亦曰璧門」〔註29〕。而「閶闔」即是「天門」，如《離騷》：「吾令帝閽開關兮，倚閶闔而望予」，洪興祖注：「閶闔，天門也」〔註30〕。這就將閶闔、天門、璧門三者聯在了一起。《九歌‧大司命》：「廣開兮天門」，洪興祖補注曰：「天門，上帝所居紫微宮門也」〔註31〕。這就將天門的位置也交待清楚了，它正符合玉璇璣所代表的中央天區及上帝所居紫微宮位置。

1　　　　　　　　　2　　　　　　　　　3

圖 12-5　重慶巫山縣東漢墓出土鎏金銅牌飾〔註32〕

（1：巫山縣土城坡南東井坎出土；2：巫山縣江東嘴小溝子出土；3：重慶巫山煙廠工地出土）

　　陳江風寫了三篇文章探討玉璧所代表的天門意象，他指出玉璧通天、象天的意義在三代的民俗中顯而易見，聯繫到紅山文化、良渚文化等原始文化，於墓葬中大量隨葬玉璧，其風俗觀念和寄託意義，與漢以後大抵相同，可見確為一脈相承。換句話說，漢代以璧裝飾天門，繼而以璧象徵天門，並不是漢代人的創造，而是原始文化的積澱和傳承〔註33〕。確實如此，用文化文本多級編碼理論來講，新石器時代的葬璧、以璧代表通天的天門，是一級編碼，漢字「璧」的出現是二級編碼，三代典籍有關以璧象天、通天的記載是三級編碼，漢代的闕、璧圖案等隨葬實物及相關文獻，則是 N 級編碼了。經過久遠的時代，或許表現形式不完全相同，但萬變又不離其蹤，以璧象天、通天、

〔註29〕佚名撰：《元本東京夢化錄　元本三輔黃圖》，國家圖書館出版社，2018 年，第 164 頁。

〔註30〕〔宋〕洪興祖：《楚辭補注》，中華書局，2015 年，第 22 頁。

〔註31〕〔宋〕洪興祖：《楚辭補注》，中華書局，2015 年，第 54 頁。

〔註32〕叢德新、羅志宏：《重慶巫山縣東漢鎏金銅牌飾的發現與研究》，《考古》，1998 年第 12 期。

〔註33〕陳江風：《說「璧」》，《三榆堂論集》，河南人民出版社，2012 年，第 52 頁。

代表天門的神話意象，一直沒有改變。

　　玉璿璣只不過是在玉璧的基礎上增飾了一些牙和齒，其基本象徵意義並未改變。

　　既然玉璿璣之肉可象徵中央天區即中宮、牙和齒可象徵三垣和周邊眾星、璿璣之「好」代表天門等等，這些象徵對象都以北天極、極星為中心，而天文神話中，正以天帝居於極星，所謂「中宮天極星，其一明者，太一常居也」。因此，我們認為，玉璿璣從整體上當是象徵北極星神，即天神太一或泰一。

　　西亞神話中的北極星神由水神、水星神哀亞（Ea）充當〔註34〕。而《莊子・大宗師》說：「夫道，有情有信，無為無形，……，禺彊得之，立乎北極」〔註35〕。《山海經・大荒經》又說：「北海之神，名曰禺彊，靈龜為之使」〔註36〕。《國語・周語》則云：「星與日、辰之位，皆在北維，顓頊之所建也」〔註37〕。「北維」就是北極和北極星，這裡說它是顓頊所建，在《淮南子・天文》篇中，說北方的水神是顓頊，他的輔佐是禺彊字玄冥等等〔註38〕，其實主神與佐貳之神往往是一神的分化衍變，因此顓頊和禺彊、玄冥是一個神即水神的分化而已。由此，這個北方海神顓頊或言禺彊，看來也是北極帝星神，才有北極和極星皆由他所建立的說法。如此，則東西方的北極帝星和水神神話出現了一致性。這背後有著源遠流長的文化交流，蘇雪林先生有過詳細的探討，讀者自可參考〔註39〕，此處不表。

　　還值得提出來作一討論的有北斗前四星為何言「魁」及托塔李天王的兒子哪吒為何腳踏風火輪的問題。

　　蘇雪林有過分析，中國的魁星，即那個獨佔鰲頭、魁星點斗的魁星，實為海神，其神職當然也同於水神顓頊或禺彊乃至西亞神話中的水神、智慧神哀亞〔註40〕。而北斗第一星天樞，曾作為天極星，既然天極星總被認為是由天帝所主，則以極星神之名「魁」，命名北斗前四星，也就順理成章了。

　　中國神話傳說中的托塔李天王，實由印度神話中的毗沙門天王所衍化，

〔註34〕蘇雪林：《屈原與〈九歌〉》，武漢大學出版社，2007年，第178頁。
〔註35〕張耿光譯注：《莊子全譯》，貴州人民出版社，1991年，第106頁。
〔註36〕轉引自蘇雪林：《屈原與〈九歌〉》，武漢大學出版社，2007年，第196頁。
〔註37〕鄔國義等譯注：《國語譯注》，上海古籍出版社，2017年，第101頁。
〔註38〕許匡一譯注：《淮南子全譯》，貴州人民出版社，1993年，第114頁。
〔註39〕蘇雪林：《屈原與〈九歌〉》，武漢大學出版社，2007年，第172～204頁。
〔註40〕蘇雪林：《屈原與〈九歌〉》，武漢大學出版社，2007年，第188～191頁。

後者則是四大天王中的北方多聞天，梵名毗沙門。其方位、形象、神跡等，同於西亞水神哀亞。則托塔李天王當也是哀亞的衍形之一。哀亞有孝順子旦繆子，其死法有被析骨肉一種，這完全同於托塔李天王之子哪吒的析肉還母、析骨還父之神話。這當然也是神話交流的結果〔註41〕。筆者大感興趣的是哪吒所踩踏的風火輪（圖12-6），其形極似玉璇璣。既然哪吒之父是哀亞的東方衍形之一，則他也是北極星神，而狀北極星神的玉璇璣，被其子利用作為交通工具，上天入地，則完全同於筆者下文要推測的玉璇璣的交通天人的功能，這恐怕不是偶然巧合，而是背後深刻的神話遠因。

圖 12-6　腳踩風火輪的哪吒〔註42〕

三、玉璇璣的功能

在中國古代玉石神話觀裏，以玉為天、以玉事神的信仰源遠流長，先民先造出玉璧，以璧象天、通天，以璧代表天門，在此基礎上，遼東和山東的新石器時代居民還進一步造出有旋轉齒牙的玉璇璣來，以模擬中央天區和北極星神，並對之進行祭祀和膜拜。由此，玉璇璣的功能似可歸納為兩個方面。

其一，通天、通神的工具。玉璧本就已有象天、通天的神力，且象徵了通天的必由之路——天門，在玉璧基礎上的升級版玉璇璣，與玉璧相同的功能它自然都有，除此，它還象徵了天神太一所居的紫微宮及北極帝星，此處正是天神太一及諸神住所，要通神昇天，自然以此為捷徑。因此，掌管交通天人的人間首領兼巫師，在順勢巫術思維的作用下，自然要借助玉璇璣這一

〔註41〕蘇雪林：《屈原與〈九歌〉》，武漢大學出版社，2007年，第200頁。
〔註42〕引自李建編寫：《哪吒鬧海》，安徽美術出版社，2017年，第14頁。

象徵了天宮和天帝的法器，以方便自己做法求神，溝通天人。

其二，玉璇璣是部落首領和權力的象徵。既然玉璇璣在天象徵中央天區和北極星神，即天上諸神的主宰，那麼依據同類相生的巫術原理，在地，它就應該象徵人世間最高的權力和最尊貴的首領，因此，玉璇璣當是部落首領和權力的象徵。在部落首領生前，用以象徵自己的權威，如同西亞首領和國王手執的權杖。死後，則以之陪葬，並讓部落首領的靈魂通過隨葬的玉璇璣，得以昇天成神。

聯想到中國古代文化現象中的北極崇拜，就更可以領會玉璇璣在天與在地的象徵寓意。陳江風歸納出中國古代政治、哲學、文學、藝術等文化現象中的廣泛北極崇拜痕跡。他說，中國的政體，是以北天區為原型模式的文化物，中央集權於皇帝一身，郡縣對中央形成拱極之勢。帝王與大臣猶如北極與群星〔註43〕。李約瑟也說：「天上的北極星相當於帝王，官僚政治農業國家的龐大組織自然是不知不覺地圍繞帝王打轉的」。「時圈從天極向周圍展開，正和地面上帝王的勢力向四方伸展一樣」〔註44〕等等。正是這樣一種北極與地上帝王同構的關係，使代表北極的玉璇璣可以象徵後者。

夏鼐和欒豐實諸位先生在討論玉璇璣的功能時，雖認為主要是裝飾品，但也感覺與祭祀、禮儀和宗教有些關係，這自然沒有錯，不過這種表達是不具體的，主要原因就在於沒有認清玉璇璣的真實內涵。

由玉璇璣的功能出發，對於它的命名，筆者自然認為璇璣比牙璧更為妥當。因為前者照應到了玉璇璣的象徵寓意，即它與中央天區、天門及北極星神的象徵關係，而後者僅是對它的外形的描述。不過，既然玉璧本也是神器，也代表天門和天，則叫玉璇璣為牙璧，也不算離譜。因此，筆者感覺這兩個名稱可以通用，只是認為璇璣更為恰當罷了。

四、結論

諸位前賢對《尚書‧堯典》中的「璇璣」及傳世和出土實物周緣帶齒牙的璧形器的研究，雖常犯有混淆概念和彼此的毛病，但也給筆者的重新思考提供了很多啟發。在此基礎上，我們認為，堯典中的「璇璣」與實物帶齒牙璧

〔註43〕陳江風：《天文崇拜與文化交融》，河南大學出版社，1994年，第64頁。
〔註44〕李約瑟：《中國科學技術史》，第4卷第1分冊，科學出版社，1975年，第142、144頁。

形器確有關聯，那便是它們都指向星象。因此，後者可稱為玉璇璣。

如果說，堯典中的璇璣是對中央天區、北極帝星的描摹，則玉璇璣也是對前者的象徵。具體說，玉璇璣的「肉」象徵中央天區即《史記·天官書》中所言「中宮」，「肉」周緣之三牙，似為模擬極星周圍的三垣，即紫微垣、太微垣和天市垣，其他極少量的二牙、四牙、五牙璇璣，可能是簡化形式或者增加了三垣旁邊的天津、天紀等星官。而有的璇璣，其牙與牙之間的「齒」，當是模仿中央天區四周的點點繁星。玉璇璣無一例外都將多牙雕刻成向同一方向的旋轉之形，這自然是要模擬中央天區的星空圍繞著北天極旋轉的狀態。璇璣的「好」即中間穿孔，與玉璧的「好」一樣，則象徵了天門。玉璇璣從整體上當是象徵北極星神，即天神太一或泰一。

由此，我們認為玉璇璣的功能，當然不是天文儀器，更不會是紡織構件、束髮器等等，也不能說是裝飾品，而是象徵北極星神的通天神器，它同時也代表著信奉它的族群的部落首領的權威，一如古代西亞和埃及的權杖。並成為部落首領兼巫師的通天、通神的工具。

鑒於玉璇璣在史前及夏商周各時段的分布、數量情況，我們認為上述玉璇璣功能更多地體現在史前時期，進入夏商周，玉璇璣作為通天神器的功能逐漸弱化和喪失，其寓意吉祥富貴的裝飾功能加強。最後在更多可選擇的三代佩飾品中被淘汰，退出歷史的舞臺。

原載於《神話研究集刊》第四集，巴蜀書社，2021 年 7 月，第 173～185 頁。

第十三章　楚「鎮墓獸」功能新解

提要：

　　關於楚墓中「鎮墓獸」的功能，已討論了很久，說法多達20餘種，但均未得到學界的普遍接受，因此仍有再討論的必要。筆者通過對早期「鎮墓獸」的形象分析，如其「身軀」呈「祖」形，插於有的呈「虎形」的底座上。而「虎形」經前人和筆者的研究，乃代表著陰性女性，因此這種「祖、虎」組合的「鎮墓獸」，想表達的是陰陽結合的生殖崇拜寓意。後來「祖」頂漸變為人頭形或獸頭形，並在其上安插鹿角，鹿角的再生特性強化了死亡與再生觀念和生殖崇拜功能。我們認為隨葬有「鎮墓獸」的墓主是楚國巫覡，而「鎮墓獸」更貼切的名稱，或可稱之為「司命」。

　　楚國「鎮墓獸」是指流行於春秋戰國時期的一種隨葬用漆木偶像（偶見陶木或銅木複合型），通常可分為頭身、底座和頭頂榫接的鹿角三個部分。「鎮墓獸」始見於春秋中期，消失於戰國末期，持續了 400 餘年。它僅存在於楚文化區，因此成為楚文化的典型器，其象徵意義或功能一直受到學者們的重視和研究，可眾說紛紜，到今天仍沒有一個統一的認識，因而尚有繼續探索的必要。筆者不揣淺陋，嘗試作一新解，不當之處，請方家指正。

一、研究現狀

　　自 20 世紀 30 年代被盜的長沙楚墓中出土了第一批「鎮墓獸」以來，學者們就開始了對這一楚地獨特的隨葬物的介紹和研究，一直以來，學者們最想弄明白的是它的形象、功能和名稱。當然這三者其實密切相關。有關它的形象和功能，目前有 20 多種說法，如山神說、土伯說、辟邪說、引魂昇天的

龍說、死神說、靈魂看守者說、冥府守護者說、靈魂的化身和人死而復生的
過渡性形式說、生命之神或生育的象徵說、木主說、圖騰說〔註1〕、操蛇神說、
鎮凶辟邪神說、黑人說、靈獸說、巫覡神說、巫祝說、安魄說、夔龍說、保護
墓主說、鎮墓辟邪和引魂昇天說、辟除不祥說、引魂升仙說、「墳羊」說、載
魂昇天的法器說等等〔註2〕，相應的名稱則有山神像、鎮墓獸、木雕怪獸像、
祖重〔註3〕等叫法，其中「鎮墓獸」一名最為流行，早已約定俗成，筆者儘管
認為它名不副實，但既已流行開來，不妨將錯就錯，仍以「鎮墓獸」名之，只
把它的真實內涵發掘出來就好。

　　1937年，日本學者水野清一對盜掘於長沙楚墓中的「鎮墓獸」進行了介
紹，首開「鎮墓獸」研究之先河〔註4〕。其後相關研究成果代不乏人，最有
特點或帶有總結性質的有如下數篇：張君《論楚國神秘器物鎮墓獸的文化涵
義》（簡稱張文）〔註5〕，高崇文《楚「鎮墓獸」為「祖重」解》（簡稱高文）
〔註6〕、丁蘭《楚式「鎮墓獸」特徵綜論》（簡稱丁文）〔註7〕、黃瑩《楚式
鎮墓獸研究》（簡稱黃文）〔註8〕，下面我們先綜述這幾篇文章。

　　張文就「鎮墓獸」的「文化性質與功用」，既總結前人成說又自創新說共
計提出了11種假說。按作者的考證，每種假說都可以找到立論的根據。但這
也導致了一個新問題：不能互為替代的眾說反而說明了這些假說不可能是真
正的答案，至少是沒有找到最準確最能解釋所有現象的唯一答案。作者也看
到了這一點，如是想「從上述十一種假說中找到一種假設，它能夠包容和解
釋另外十種假設，而除它之外的任一假設均不能做到這一點，那麼，這種假
設也就反映了「鎮墓獸」的本質意義和最主要的屬性」。作者認為龍的諸多特
性可以涵蓋前舉十種假設，因此其中的「生命之神龍」正是「鎮墓獸」的象徵

〔註1〕以上十一種說法引自張君：《論楚國神秘器物鎮墓獸的文化涵義》，《東南文
　　　　化》，1992年第2期。有總結前人成說，有自創說法。
〔註2〕引自黃瑩：《楚式鎮墓獸研究》，《中原文物》2011年第4期。均為作者歸納前
　　　　人成說。
〔註3〕引自黃瑩：《楚式鎮墓獸研究》，《中原文物》2011年第4期。均為作者歸納前
　　　　人成說。
〔註4〕〔日〕水野清一：《關於長沙出土的木偶》，《東方學報》1937年第8期。
〔註5〕張君：《論楚國神秘器物鎮墓獸的文化涵義》，《東南文化》，1992年第2期。
〔註6〕高崇文：《楚「鎮墓獸」為「祖重」解》，《文物》，2008年第9期。
〔註7〕丁蘭：《楚式「鎮墓獸」特徵綜論》，《江漢考古》，2010年第1期。
〔註8〕黃瑩：《楚式鎮墓獸研究》，《中原文物》，2011年第4期。

意義所在。我們認可這十一種假設都或多或少部分揭示了「鎮墓獸」的象徵意義，但要說「生命之神龍」能夠解釋另外十種假說，顯然是牽強附會了。因此真實的答案還得另外尋找。

河南淅川和尚嶺 M2 出土了一件銅器座，呈正方形，上部有盝頂，頂中央有一豎管，管內有朽木，其旁有一對鹿角。底坐頂部有銘文「**曾仲邧羞膡之且𧯨**」，發掘報告作者認為此銅器是「鎮墓獸」底座，其銘文的最後二字「且𧯨」是「鎮墓獸」的自銘，可釋為「祖種」〔註9〕。高文由此力創新說，結合春戰時期喪葬中使用的「重」、「主」等祭器及使用特徵，推導出「鎮墓獸」應稱之為「祖重」〔註10〕。但據該文作者對「重」這種祭器的文獻梳理，「重」並不隨棺槨而葬，而是如殷人則五世過後遷出宗廟而埋之，周人則棺柩下葬後，返回寢宮行虞祭之禮後才將「重」埋於廟門外左側。這顯然都跟「鎮墓獸」的下葬時間、地點不合。作者以「『重』何時埋之，又埋於何處，因族、因時、因地而有異」這樣的推斷為依據來論證「鎮墓獸」即為「祖重」，說服力是不夠強的。不過我們覺得高文作為依據的和尚嶺銅器座自銘「且𧯨」，倒不失為一種對「鎮墓獸」的正名。其「𧯨」字為會意字，被釋為「手持物種入土」，隸定為「種」，則「祖種」可理解為「祖先之種」，也即子子孫孫，正合筆者本文立論的「鎮墓獸」為生殖崇拜符號，其功能是強化死亡與再生、渴盼子孫興旺之寓意。此外，高文也只是在解決「鎮墓獸」的名稱問題，尚未涉及到它的功能。

丁文梳理了目前所發現的鄂、湘、豫、皖四省共計 400 多件「鎮墓獸」，經過考古類型學的分析，將全部「鎮墓獸」劃分為早、中、晚三期，分別對應春秋中晚期、戰國早中期和戰國晚期。該文所做的考古學的基礎性工作，為我們的進一步研究提供了相當的便利。「鎮墓獸」的型式分析和分期結論也會作為我們進一步探索的參考和借鑒。但丁文的考古學分析與鎮墓獸功能探討之間還缺乏貫通，故該文所認為的鎮墓獸功能之一是「引魂昇天」，我們不認為它是正確的答案。

黃文對「鎮墓獸」所存在的時間、地區及等級差異進行了比較分析，從「鎮墓獸」的形制出發將其分為三期，春秋中晚期至戰國早期屬於早期，戰

〔註 9〕河南省文物考古研究所等：《淅川和尚嶺與徐家嶺楚墓》，大象出版社，2004年。

〔註10〕高崇文：《楚「鎮墓獸」為「祖重」解》，《文物》，2008 年第 9 期。

國中期為中期，戰國晚期為晚期。我們贊同這一分期，將在下文作進一步申述。該文還對「鎮墓獸」的形制按三部分即鹿角、獸面—人面和底座作了分析，在此基礎上得出「鎮墓獸」的功能在於鎮墓辟邪。此結論完全等同於「鎮墓獸」研究的開創者水野清一的結論，若真是這樣，則「鎮墓獸」之名是最貼切不過的名稱了。但我們不認為是這樣，將在後文中就「鎮墓獸」的功能和名稱提出新解。

二、楚「鎮墓獸」形制發展

經我們對楚「鎮墓獸」形制的分析並綜合高文、丁文和黃文的觀點尤其是丁文的考古類型學研究，我們認為楚「鎮墓獸」經歷了三個發展階段，即春秋中晚期至戰國早期為早期階段，戰國中期為中期階段，戰國晚期為晚期階段。每期在形制上都有一些特點，下面作逐一介紹。

早期：以湖北當陽趙巷 M4〔註11〕（圖 13-1：1）、當陽曹家崗 M5〔註12〕（圖 13-1：2）、當陽趙家湖 M229〔註13〕（圖 13-1：3）及荊州棗林崗 M109〔註14〕（圖 13-1：4）等為代表，其中前二處分屬春秋中、晚期，後二處屬戰國早期。早期「鎮墓獸」相對簡樸，可分為頭身部和底座兩部分。發掘報告是這樣描述當陽趙巷 M4 所出鎮墓獸的頭身部及底座的：「頭作圓角方形，上刻卷雲紋、圓圈紋圖案。中立四棱柱形身軀，下接覆斗狀方座」。在當陽曹家崗 M5 中，其頭身部出現了曲頸的形式。總之，早期「鎮墓獸」頭身部和底座以榫卯結構相連，其頭身部形象被高崇文推斷為「象徵的人形」，他也稱其為「祖形」。這裡的「祖形」，據筆者對高文的理解，指的是「鎮墓獸」的最早期形態。筆者也認為這是「祖形」，但筆者所指「祖」，是指「男根」，我們認為，早期「鎮墓獸」頭身部正是「男根」的象徵。其頭部是「龜頭」的模擬，有的身部有「曲頸」現象，則是對象徵男根的龍、蛇形象的模擬。此外，早期「鎮墓獸」的「龜頭」部，也有的刻畫出了簡率的人面形，關於

〔註11〕宜昌地區博物館：《湖北當陽趙巷 4 號春秋墓發掘簡報》，《文物》，1990 年第 10 期。

〔註12〕湖北省宜昌地區博物館：《當陽曹家崗 5 號楚墓》，《考古學報》，1988 年第 4 期。

〔註13〕湖北省宜昌地區博物館等：《當陽趙家湖楚墓》，文物出版社，1992 年，第 157～158 頁。

〔註14〕湖北省荊州博物館：《棗林崗與堆金臺》，科學出版社，1999 年，第 125～127 頁。

男根與人形的疊合現象，後文再予以分析。屬於戰國早期的兩處墓地，其
「鎮墓獸」頭頂開始出現插孔，只是不見像中後期那樣常見的鹿角，推測也
曾插過鹿角或其他獸角之類，只不過已腐朽無存罷了。

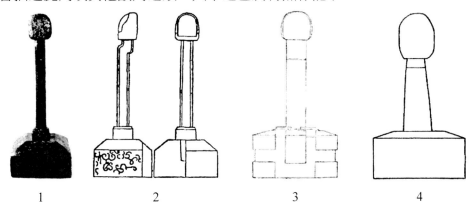

1　　　　　　　　2　　　　　　　　3　　　　　　　　4

圖 13-1　春秋中晚期至戰國早期的祖形「鎮墓獸」

中期：以江陵雨臺山 M354〔註15〕（圖 13-2：1）、江陵天星觀 M1〔註16〕
（圖 13-2：2）、江陵九店 M617〔註17〕（圖 13-2：3）、襄陽余崗 M145〔註18〕
（圖 13-2：4）等為代表，相當於戰國中期。中期是「鎮墓獸」發展繁榮期，
出土數量最多，分布地域最廣，鄂、湘、豫、皖均有出土。相比早期，器形複
雜，製作精巧，紋飾繁縟。中期「鎮墓獸」在早期的基礎上有很多新變化，首
先是人形的頭身部繼續存在但人面較為清晰起來，其次，新出現了獸面形頭，
包括單頭和雙頭，其獸面多為「凸眼，齜牙，長舌，曲頸」，有的可看成是龍
形（蛇形）。底座由早期的覆斗狀演變為梯形臺座。除此，還出現了虎座的新
類型。例如襄陽余崗便有 5 座楚墓隨葬有這種虎座獸首「鎮墓獸」〔註19〕。
中期「鎮墓獸」另一個大的變化是出現了鹿角，插在留有插孔的頭部，一般
單頭插兩枝，雙頭插四枝。

〔註15〕湖北省荊州地區博物館：《江陵雨臺山楚墓》，文物出版社，1984 年。
〔註16〕湖北省荊州地區博物館：《江陵天星觀 1 號楚墓》，《考古學報》，1982 年第 1
　　　　期。
〔註17〕湖北省文物考古研究所：《江陵九店東周墓》，科學出版社，1995 年，第 300
　　　　頁。
〔註18〕襄陽市文物考古研究所：《余崗楚墓》，科學出版社，2011 年，第 76 頁。
〔註19〕襄陽市文物考古研究所：《余崗楚墓》，科學出版社，2011 年，第 74～76 頁。

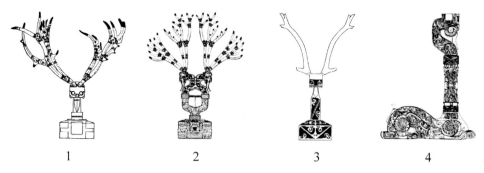

圖 13-2　戰國中期鎮墓獸

晚期：以江陵九店 M51〔註20〕（圖 13-3：1）、江陵九店 M712〔註21〕（圖
13-3：2）、江陵雨臺山 M555〔註22〕（圖 13-3：3）、黃岡曹家崗 M5〔註23〕（圖
13-3：4）等為代表，時代為戰國晚期。晚期「鎮墓獸」數量急劇減少，也不
再出現雙頭獸面形，「鎮墓獸」整體形制有回歸簡單的趨向。獸面形繼續流行，
人形「鎮墓獸」則更趨擬人化，且有的不插鹿角。

　　總的來說，若我們將「鎮墓獸」的形制分成三個部分，即鹿角、頭身和
底座，則頭身和底座關係更為緊密，相伴始終。鹿角在早期後段可能出現，
中期則極為繁盛，到晚期又漸有消失的勢頭，似乎不是「鎮墓獸」的標準配
制。頭身部的演變規律可概括為「男根形（人形）—獸形（包括龍形）—人
形」，其頭部則相應的為「龜頭（人頭）—獸頭（龍頭）—人頭」。

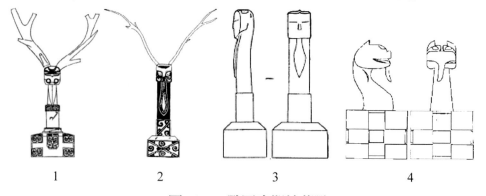

圖 13-3　戰國晚期鎮墓獸

〔註20〕湖北省文物考古研究所：《江陵九店東周墓》，科學出版社，1995 年，第 306 頁。
〔註21〕湖北省文物考古研究所：《江陵九店東周墓》，科學出版社，1995 年，第 301 頁。
〔註22〕湖北省荊州地區博物館：《江陵雨臺山楚墓》，文物出版社，1984 年，第 110 頁。
〔註23〕黃州市博物館等：《湖北黃岡兩座中型楚墓》，《考古學報》，2000 年第 2 期。

三、楚「鎮墓獸」三個部分寓意分析

在「鎮墓獸」的三個部分鹿角、頭身和底座中，我們先從關係更為緊密且貫穿始終的頭身和底座二部分嘗試作寓意分析，為最後得出其功能的新見解做鋪墊。

據前文分析，最早的「鎮墓獸」頭身形象為「祖形」，它以榫卯結構與底座結合在一起。在先民的生殖崇拜文化中，經常以一物插入另一帶孔物來表達陰陽結合男女結合從而在巫術思維裏達到人丁興旺、物產豐饒的目的。如我們熟知的出土於河南臨汝閻村的「鸛魚石斧」彩陶缸（圖 11-12），就以兩組圖案表達生殖崇拜，鸛鳥和魚是一對，石斧和斧柄是另一對，正是以石斧穿插入斧柄中（圖 13-4，二者的結合方式與現代的金屬斧與斧柄結合方式正好相反）來表達男女結合陰陽結合的生殖崇拜寓意〔註 24〕。《詩經》中也有類似的表達形式，例如《伐柯》，首段四句是「伐柯如何？匪斧不克。取妻如何，匪媒不得」。詩經慣用比興，正是在用斧和柯（即斧柄）的結合關係來比喻男娶女。既然斧插入柄都可以用來表達生殖崇拜，那麼直接雕刻為「祖形」的「鎮墓獸」頭身插入帶卯底座中就更能讓人產生男女結合陰陽結合的生殖崇拜聯想了。況且，在戰國中期，還出現了虎形底座鎮墓獸。老虎在今人的意識裏只見其陽剛威猛的形象，但在古代，它卻是代表女性陰性的。葉舒憲曾論證殷商文物上虎形象的神格，認為它是代表陰間的死神，更確切地說，是掌管死亡與再生的母神或女神。肯定了女性與虎的特殊認同關係〔註 25〕。傅道彬談到虎作為女性生殖崇拜的圖騰動物，是因為母虎所具有的雄渾的生命力和養育力〔註 26〕，戶曉輝提出虎在中國文化傳統中是一種母性象徵，其原型意象是具有旺盛繁殖力和生命力的母親形象〔註 27〕。筆者也曾在專文中探討過老虎能代表女性陰性的原因，並舉出多種文物和民俗實例，包括楚文化中的虎座鳥架鼓和虎座飛鳥造型，其昂首挺胸、高大健壯的鳳鳥立於踞伏抬首、婉轉承歡的虎背上，虎鳥結合所帶來的陰陽結合的生

〔註 24〕　關於「鸛魚石斧」彩陶缸的生殖崇拜寓意，參看拙文《禮玉「六器」的陰陽性別及與四神的關聯》，《民族藝術》，2014 年第 3 期。

〔註 25〕　葉舒憲：《虎食人卣婦好墓圈足觥的圖像敘事——殷商青銅器的神話學解讀》，《民族藝術》，2010 年第 2 期。

〔註 26〕　傅道彬：《中國生殖崇拜文化論》，湖北人民出版社，1990 年，第 174～193 頁。

〔註 27〕　戶曉輝：《岩畫與生殖巫術》，新疆美術攝影出版社，1993 年，第 198 頁。

殖崇拜寓意盡顯〔註28〕。因此，這種虎座鎮墓獸，更是將陰陽結合的生殖崇拜寓意表達得淋漓盡致。

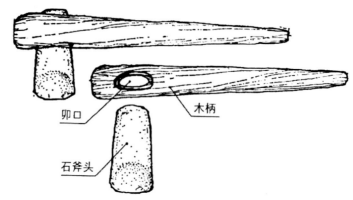

卯口　　木柄

石斧头

圖 13-4　江蘇吳縣澄湖良渚文化帶柄石斧（榫接）〔註29〕

也有在祖形「鎮墓獸」龜頭部位刻畫出人面形，從早期的模糊簡率到晚期的完全擬人化，這似乎可從早期人類有將男根與人體重疊並置的現象中找到答案。

在「鎮墓獸」發展的中晚期，各種獸面形頭身，均可看作是祖形的衍化和延伸，尤其是龍形，因為龍或蛇也是早期人類用以象徵男根男性的生殖崇拜符號〔註30〕。余崗楚墓有 3 件鎮墓獸，均雕刻為龍形頭身和虎形底座，這正可看作是以龍為代表的陽與以虎為代表的陰兩相結合以化生萬物的生殖崇拜符號。河南信陽長臺關一號墓出土了一件特形「鎮墓獸」，除插有鹿角外，其整體為一作蹲坐狀的虎形（圖 13-5），胸部繪有雙乳，報告中還說：其「前肢上舉，兩爪持蛇，作吞食狀」。我們認為用「吞食」容易產生誤會。這實際仍是用蛇與虎相交纏來比喻陰陽交會的生殖崇拜寓意。中國傳統文化有所謂「龍虎鬥」，其實那是對虎的陰性符號不理解的誤解，龍虎相交纏，又哪裏是在「鬥」呢？它們是在交媾纏綿。古人要以此形象來促進人類和牲畜、獵物、莊稼等等豐產富足而已。此外，也有一些獸面形象可能是將死神也即屈原《九歌》中的「司命」形象代入的結果。因為《九歌》中的「大司命」和「少司

〔註28〕宋亦簫：《禮玉「六器」的陰陽性別及與四神的關聯》，《民族藝術》，2014 年第 3 期。

〔註29〕引自楊鴻勳：《楊鴻勳建築考古學論文集》，清華大學出版社，2008 年，第 594 頁。

〔註30〕傅道彬：《中國生殖崇拜文化論》，湖北人民出版社，1990 年，第 168～170 頁。

命」,正是掌管人類生死壽夭的死神和生神〔註31〕。在死亡面前來敬拜供奉它,
不正好可以祈求「司命老爺」免死或保生促生嗎?

圖 13-5　　　　　　　　　　　　　　　圖 13-6
長臺關虎形鎮墓獸〔註32〕　　希臘克里特島米諾斯時期持蛇女神像〔註33〕

　　關於蛇是男性陽性的象徵符號,還可以在西方找到證據。在希臘的克里
特島,出土有非常多的米諾斯時期持蛇女神像(圖13-6),通常是一位陶瓷或
象牙質的女神,坦胸露乳,雙手各持一蛇或共持一蛇並交纏於身上。已有學
者研究這是米諾斯時期的生殖崇拜祭祀神像〔註34〕。顯然,米諾斯時期的藝
術家也正是要以蛇為象徵的男性與女神相交合,從而達到促進人類或動植物
繁殖的目的。

　　最後我們來看看「鎮墓獸」頭頂的神秘鹿角。已有學者對鹿角隨葬及在
古代世界各民族中的文化寓意作過研討〔註35〕,認為它是巫師的法器,巫師
通過佩帶或隨葬鹿角,以獲得鹿角所具有的功能和力量。那麼鹿角又具有什
麼樣的文化功能呢?我們認為與鹿角所具有的週期性脫落與再生的特性有
關,同時,從生物學上,鹿角的長度及複雜程度,與雄鹿的繁殖能力成正比,

〔註31〕蘇雪林:《屈原與〈九歌〉》,武漢大學出版社,2007年,第329～386頁。

〔註32〕引自陳躍均、院文清:《「鎮墓獸」略考》,《江漢考古》,1983年第3期。

〔註33〕引自吳運鴻主編:《波士頓美術館》,外文出版社,1999年。

〔註34〕易英:《文化名城中的波士頓美術館》,《波士頓美術館》,外文出版社,1999
年,第9頁。

〔註35〕羅運兵、陳斌:《鹿角補正》,《楚文化研究論集(第十一集)》,上海古籍出版
社,2015年。

它也便成為男性生育能力的象徵〔註36〕。正因這兩方面的特性，我們的先民將鹿角看成了能促進生殖的聖物，成為生殖崇拜的符號。鹿角既有如此神功，那麼將其加插於「鎮墓獸」頭頂，不正可以強化「鎮墓獸」的生殖崇拜符號特性，使其死亡與再生、促進生殖的寓意得到更大的彰顯麼？當然，在楚墓中，也有少數隨葬的鹿角，是插在虎座飛鳥〔註37〕的鳥頂或單獨隨葬，這當然也是生殖崇拜的象徵符號之一。

四、對前人觀點的剖析

上文對「鎮墓獸」三個部分的寓意作了分析，由此得出了一個不同於前人的關於「鎮墓獸」功能的新觀點，即它應是生殖崇拜符號，表達早期人類連接生死、崇拜生殖的巫術觀念。如此說來，前人的關於「鎮墓獸」功能的觀點，就都全錯了嗎？其實也不盡然。我們認為，前人的大多數觀點，都局部地回答了「鎮墓獸」功能寓意的某一或某些方面，只不過均不是最本質的答案而已。下面我們來集中分析一下這些觀點，一方面是對這些成果的回應，另一方面也正好可作為本文觀點的細節補充。

山神、木主、圖騰、引魂昇天的龍。這幾種前人的觀點的共性便是「生殖崇拜」。這也是每一種觀點都可找到依據，但前人又還未歸納出它們的共性是「生殖崇拜」，從而困惑不解的原因〔註38〕。山神能被當作是司掌生育的生殖神，在於它的外形，能被賦予山神資格的大山（山峰），往往在外形上能讓古人聯想成男根之形。當然，其實在生殖崇拜文化氛圍裏，那些具有突起特點的山峰、石柱，都有可能被先民當作生殖崇拜對象，山神正是這一文化現象的神話抽象。木主是子孫為已故先人做的神像。可看成是祖先崇拜的表現形式。究其實，祖先崇拜正是生殖崇拜的一種表現形式。祭拜先祖並立神像牌位，無非是希望祖先有強大的生殖力並傳及後人，能護祐子孫繁衍發達。上文提到的河南淅川和尚嶺楚墓銅器座銘文「祖種」，乃「祖先之種」、「祖先

〔註36〕 李坤：《解析鹿角之謎》，《大自然》，2009年第2期，第25～27頁；羅運兵、陳斌：《鹿角補正》，《楚文化研究論集（第十一集）》，上海古籍出版社，2015年。

〔註37〕 虎座飛鳥形似虎座鳥架鼓的虎座鳥架部分，只不過它可以單獨出現，不像做鼓架時要成雙出現。因此，它的功能含意一如後者，也是生殖崇拜的象徵符號。鳥頭上再插鹿角，其生殖崇拜的含意更加強化明顯。

〔註38〕 張君：《論楚國神秘器物鎮墓獸的文化涵義》，《東南文化》，1992年第2期，第71～72頁。

之子孫」之意，正可用來解釋木主之內涵。圖騰雖有被國人用濫的趨勢，但也並非完全「莫須有」，只是能正解理解和看待的人還太少了。趙國華是正確分析圖騰內涵的第一人，他認為圖騰是生殖崇拜的一種特殊表現形式〔註39〕，對內，它是某一族群早期生殖崇拜象徵物的演化和固定，對外，它又有了區別族外婚的新增功能。圖騰既然是這麼回事，自然就跟生殖崇拜有了聯繫。關於「引魂昇天的龍」，是不是有引魂昇天的功能不一定，但「龍」本身能被創造出來，正是人類生殖崇拜的需要，在它身上集中了鹿角、蛇身、魚鱗、鳳足等數種先民的生殖崇拜象徵物，它自然成了生殖崇拜的集大成聖物，無怪乎它被捧成了中華民族的「圖騰」。

土伯、死神、冥府守護者、生命之神或生育的象徵。這幾種前人的觀點也可集中到一起來剖析，因為它們正可統一到「死神」和「生神」那裡。而後兩者的本質仍是「生殖崇拜」。先看土伯。它出現於屈原的《招魂》中，據《招魂》裏的描述，土伯長有角、三目、虎首牛身，在幽都地府。這顯然就是後世所言的冥君、閻王。土伯二字本身也能指向冥君：土指地下，伯為霸為君，自然就是冥君了。冥君也可稱死神，掌管人類的生死壽夭，人類為了避死保生，不得不求助於冥君。因此，正是因為崇拜生殖，人類才創造出了土伯、死神這樣的神道。關於死神和冥府守護者的觀點，已同於上面分析的土伯了，不必多言。唯可與「生命之神或生育的象徵」這一觀點並提的是，它們正是屈原的《九歌》中「大司命」和「少司命」。前者主死，後者主生。若將二者合一，便稱「司命」，主管人類生死。「司命」神的設置，同樣是因為人們崇拜生殖促生保生的需求。

以上列舉了前人有關「鎮墓獸」功能的八種觀點，經過分析，它們均可指向「生殖崇拜」，這一方面再次說明了「生殖崇拜」才是對「鎮墓獸」功能的最本質理解。另一方面也理順了上述眾多觀點表面上看似乎矛盾歧異，實際上可統一於「生殖崇拜」的真實情況。

為加深對本文觀點的理解，可再舉一個國外的例子為證。這便是歐洲鐵器時代的嘎德斯佳銀鍋（The Gundestrup Cauldron，圖 13-7）。這件銀鍋發現於 1891 年的丹麥布默蘭半島嘎德斯佳村的泥炭沼澤中，據研究，它的年代在公元前 200 年至公元 300 年之間，屬歐洲鐵器時代晚期或羅馬鐵器時代早期。現藏於丹麥國家博物館。銀鍋的內外壁裝飾有多幅圖像，其中有一幅正中的

〔註39〕趙國華：《生殖崇拜文化論》，中國社會科學出版社，1990 年，第 350 頁。

人像頭戴鹿角，手握長蛇與金屬飾環，兩側有許多動物，包括一隻帶角牡鹿。據研究，這個帶鹿角的人像是薩那諾斯（Cernunnos），即凱爾特人神話中大神，號稱「豐盛之神」或「萬獸之神」，因頭上的鹿角，他還有別名「長角神」和「鹿角人」。他主管土地、動物、財富、生命與陰間〔註40〕。看這職司，顯然可等同於中外神話中的死神兼財神，在古巴比倫，為尼甲為旦繆子，在中國為巫咸為冥君為城隍為關公〔註41〕等各種稱呼。死神照例又兼生神，故又是生殖大神，他頭上的鹿角便有了著落，他雙手持握一蛇一環，也不是在隨便拿兩個對象玩玩，而是特意以蛇代表陽性男性，以環代表陰性女性，二者結合成為化生萬物的象徵。

1　　　　　　　　　　　　　　2

圖 13-7　嘎德斯佳銀鍋〔註42〕

（1：銀鍋全圖；2：銀鍋圖案中的薩那諾斯圖像）

　　本節最後我們再討論一下這些隨葬有「鎮墓獸」的墓主人的職司。因為到目前為止，在已發現的近萬座楚墓中，畢竟只有 400 多座墓葬才隨葬有「鎮墓獸」〔註43〕，這不符合「生殖崇拜文化」應是古人也包括楚人在內的普遍民族心理這個論斷。那又該如何理解這種「矛盾」的現象呢？會否是這樣：儘管全部楚人都有生殖崇拜文化心理，但只有特殊職司的人才隨葬代表生殖崇拜寓意的「鎮墓獸」。若這樣的理解符合事實，則前面提到的看似「矛盾」

〔註40〕沈堅：《古凱爾特人初探》，《歷史研究》，1999 年第 6 期，第 103～116 頁。

〔註41〕即便在現代的生意人家，仍有供奉關公像的民俗，是因為關公死後被神化成戰神，而戰神照例又為死神，死神又兼財神。生意人家看上的正是關公的財神身份而加以供奉祭拜。

〔註42〕轉引自羅運兵、陳斌：《鹿角補正》，《楚文化研究論集（第十一集）》，上海古籍出版社，2015 年。

〔註43〕丁蘭：《楚式「鎮墓獸」特徵綜論》，《江漢考古》，2010 年第 1 期。

的現象就不矛盾了。但我們得拿出一個符合這一理解的觀點來。

　　已有學者就這個問題做過討論。丁蘭認為，隨葬有「鎮墓獸」的楚墓應是楚巫覡之墓〔註44〕。目前所發現的 400 多座隨葬有「鎮墓獸」的楚墓，墓主人身份均為「士」及以上等級，基本不見平民墓。據統計，約有 92%的「鎮墓獸」出自「士」級墓，8%出自大夫及以上高級貴族墓中。但這只是未考慮「士」級墓和大夫及以上等級墓的各自比例的統計，若考慮進去，則變為高級貴族墓隨葬「鎮墓獸」遠高於「士」級墓的比例〔註45〕。以上這些情況符合楚巫在楚國社會中的身份地位及在不同等級貴族中的佔有比例。正如張正明所言，「巫，神通有大有小，地位有高有低」〔註46〕。此外，隨葬「鎮墓獸」的楚墓，總體上大分散，但又有小集中，例如相對集中於高級貴族的核心家族墓地和某些小型墓地的現象，湖北荊州雨臺山墓地、九店墓地、棗林崗墓地、溪峨山墓地，當陽趙家湖墓地，湖南臨澧九里墓地、河南信陽長臺關墓地等是為代表〔註47〕。這似乎又與楚巫有「以巫為世官的家族」〔註48〕現象相符合。

　　我們確定隨葬「鎮墓獸」的墓主人是巫覡，除了上面的分析，還有一個更關鍵的證據是巫覡的職能。一般來說，先秦巫覡的職司範圍為占筮、天官、醫藥、賽禱、祈雨、禳災、祓禊、娛神、降神、詛咒、設蠱、算命、相面、發布預言和表演巫術性歌舞等。除此，楚巫還從事招魂、馭鬼等職司〔註49〕。其招魂、馭鬼的職能，揭示了他們與死亡和再生相聯的生殖職能。一如張正明所言，「對楚人來說，巫不僅可以交鬼神，而且可以寄死生」〔註50〕。這便是具「生殖崇拜」功能的「鎮墓獸」僅葬於巫覡墓中的最關鍵原因。

　　如果我們再深一層揭示為何巫覡具有「寄死生」的生殖職能，則要遠溯到最古老的蘇美爾神話裏面去了。在蘇美爾和巴比倫神話中，水神兼死神哀

〔註44〕丁蘭：《試論楚式「鎮墓獸」與東周時期楚民族的巫文化》，《中南民族大學學報》，2008 年第 3 期。

〔註45〕丁蘭：《試論楚式「鎮墓獸」與東周時期楚民族的巫文化》，《中南民族大學學報》，2008 年第 3 期。

〔註46〕張正明：《楚文化史》，上海人民出版社，1987 年，第 112 頁。

〔註47〕丁蘭：《試論楚式「鎮墓獸」與東周時期楚民族的巫文化》，《中南民族大學學報》，2008 年第 3 期。

〔註48〕張正明：《楚文化史》，上海人民出版社，1987 年，第 112 頁。

〔註49〕宋公文、張君：《楚風俗志》，湖北教育出版社，1995 年，第 380 頁。

〔註50〕張正明：《楚文化史》，上海人民出版社，1987 年，第 114 頁。

亞（Ea）乃創造宇宙萬物及人類的大神，他還是群神之大巫，是巫覡的保護神〔註51〕。正是死神、創造大神、群神之大巫、巫覡的保護神這些關鍵詞，並通過屈原《九歌》中的「河伯」之過渡〔註52〕，將楚巫與楚「鎮墓獸」緊緊聯繫在了一起。

五、結論

我們通過對楚「鎮墓獸」三個部分即頭身、底座和鹿角的分析，認為「鎮墓獸」是生殖崇拜象徵符號。楚人崇拜生殖，便製作出由祖形到獸形、龍形乃至人形的頭身以與或臺式或虎形的底座按榫卯結構的形式組合在一起，以象徵陰陽結合男女結合從而促進人類的生殖。「鎮墓獸」頭頂所插的鹿角，因其所具有的再生特性及象徵旺盛繁殖力，成為強化「鎮墓獸」生殖功能的重要補充符號。而隨葬「鎮墓獸」的墓主，我們認為是楚國的巫覡階層，正是巫覡所具有的招魂馭鬼「寄死生」的職能，使「鎮墓獸」成為他們死後墓葬中的標準配置，這也解釋了為何出土近萬座楚墓卻只發現了400多座隨葬有「鎮墓獸」的原因。

關於「鎮墓獸」的名稱，雖然有點名不副實，但既已約定俗成，仍然可以這樣叫下去。若非要再擬一個更貼切的新名，我們認為可稱「司命」。因「司命」正是楚人心目中的死神兼生神，他「寄死生」、掌壽夭，是楚巫發揮其招魂馭鬼職司的神靈所寄。如此，則巫覡墓隨葬其保護神死神兼生神「司命」，正好彰顯了他們的身份職司。若此說終成定論，則對研究楚墓特別是隨葬有「鎮墓獸」的楚墓及楚國巫覡集團大有裨益。

原載於《民族藝術》2016年第1期。

〔註51〕蘇雪林：《屈原與〈九歌〉》，武漢大學出版社，2007年，第179～180頁。
〔註52〕依據蘇雪林的探索，《九歌》中的「河伯」正是西亞水神兼死神哀亞傳到中國後的神名。楚昭王病危時，就有巫覡說是河伯在作祟，建議昭王祭河伯也即死神。見《左傳·哀公六年》。當然，屈原後來選擇水死，自然是想追隨死神河伯而去。

第十四章　西王母的原型及其在世界古文明區的傳衍

提要：

　　西王母是中國古老神話和道教中的著名女神，她也稱金母、金母元君等，是五星神話中的金星神。西王母的原型是西亞神話中的大母神和金星神伊南娜（易士塔兒），後者在世界古文明區皆有傳衍，如埃及的伊西絲、印度的黛維、希臘的阿佛洛狄忒和雅典娜、羅馬的維納斯和密涅瓦等等。其神格傳至古代中國還演化出了除西王母外的諸多女神形象，如女媧、王母娘娘、湘夫人、高唐神女、螺祖、織女、馬頭娘、媽祖、素女、泰山娘娘、觀音，等等。西王母及其原型和傳衍到世界各地的女神，是遠古生殖崇拜觀念和星神崇拜觀念的結晶。

　　西王母是中國神話裏極為重要的一位女神。關於她的神格、故事的流衍、其圖像的內涵乃至將她作為歷史人物而探討她的時代、居地等等，成果極為豐富。但關於她的原型為何，她與中國古代神話中的其他女神乃至世界古文明區的諸女神關係為何，卻論者寥寥。筆者僅見數位學者有過這方面的討論，早年的有丁謙〔註1〕、丁山〔註2〕、凌純聲〔註3〕和蘇雪林〔註4〕等，近年來

〔註1〕丁謙：《穆天子傳地理考證》，浙江圖書館叢書第二集，中華民國四年（1915年），卷二，第8頁。
〔註2〕丁山：《中國古代宗教與神話考》，上海書店出版社，2011年，第74頁。
〔註3〕凌純聲：《崑崙丘與西王母》，《中央研究院民族學研究所集刊》，1966年第22期，第215～255頁。
〔註4〕蘇雪林：《屈原與〈九歌〉》，武漢大學出版社，2007年，第248～277頁。

的探討見過庫爾班‧外力〔註5〕和黃濤〔註6〕兩位。二丁都提出西王母是月神，丁謙更指出西王母源於西亞古加勒底國的月神，凌純聲認為丁謙的觀點「頗有見地」，並進一步指出西王母三字是蘇美爾語月神 si-en-nu 音譯而來。蘇雪林則認為西王母是五星神話中的金星神，她與世界古文明區的許多大女神也即金星神如伊南娜、易士塔兒、阿佛洛狄忒、維納斯等有同源關係。庫爾班‧外力認為西王母的原型是印度大女神烏摩。黃濤也認為西王母的原型是月神，二者有同構和分化的關係等等。筆者贊同蘇雪林的觀點，雖不同意其他幾位的主體意見，但認同作為金星神的西王母與月神確有許多共性，二者應有神格的讓渡關係。後文將會詳論。鑒於蘇雪林更多地是提出看法，缺少了些論證，因此頗想綜合上述諸位學者的卓識並進行較充分的論證，以引起學界對這些卓識的重新認識，另一方面也有利於推進西王母及世界古文明區的大母神神話乃至早期東西方文化交流的研究。故筆者不揣譾陋，舊論重提，嘗試予以新證。此外，近年也有些學者從西王母圖像的角度探討了其與域外古文明區女神神像的影響關係〔註7〕，是對上述觀點的有益補充，筆者將在下文中予以借鑒述評。

一、西王母的神格

透過神話傳說、畫像磚（石）和前人的分析，我們來歸納一下西王母的諸般神格。

1. 戰神

說西王母是戰神（厲神、刑神），跟她千百年來在民眾中的印象似乎風馬牛不相及，但戰神性卻是她留在中國古代文獻中的最早記載。《山海經‧西山經》之「西次三經」寫道：「玉山，是西王母所居也。西王母其狀如人，豹尾虎齒而善嘯，蓬髮戴勝，是司天之厲及五殘」〔註8〕。這「司天之厲及五殘」幾字，揭示的正是西王母的戰神性。鄭玄曾注「厲主殺罰」〔註9〕，「殘」指

〔註5〕庫爾班‧外力：《西王母新考》，《新疆社會科學》，1982 年第 3 期。
〔註6〕黃濤：《西王母神話與月亮神話的關聯》，《西王母文化研究集成‧論文卷》續編一，廣西師範大學出版社，2011 年，第 83～89 頁。
〔註7〕李淞：《論漢代藝術中的西王母圖像》，湖南教育出版社，2000 年，第 271～298 頁；王煜、唐熙陽：《漢代西王母圖像與西方女神像之關係及其背景》，《考古與文物》，2015 年第 5 期。
〔註8〕袁珂譯注：《山海經全譯》，貴州人民出版社，1991 年，第 38 頁。
〔註9〕李學勤主編：《十三經注疏‧禮記正義》，北京大學出版社，1999 年，第 1305 頁。

「殘害」，丁山引《左傳・襄公廿七年》：「兵，民之殘也」〔註10〕。則「殘」字本義，即以兵加害於人，所謂「天之五殘」，當指五兵、五刑，而西王母司之，她不是刑神是什麼呢？〔註11〕歷代典籍中還有數處記載西王母「遣使授符」助黃帝戰勝蚩尤的神話。如明代董斯張《廣博物志》卷九：「蚩尤幻變多方，徵風召雨，吹煙噴霧，黃帝師眾大迷。帝歸息太山之阿，昏然憂寢，王母遣使者被玄狐之裘。以符授帝，符廣三寸，長一尺，青瑩如玉，丹血為文。佩符既畢，王母乃命一婦人，人首鳥身，謂帝曰：『我九天玄女也。』授帝以三官五意陰陽之略，太乙遁甲六壬步斗之術，陰符之機，靈寶五符五勝之文。遂克蚩尤於中冀」〔註12〕。能幫上征討四方無有不克的黃帝，則這西王母怎麼說也該是征戰高手了。在河南新野樊集畫像磚墓 M37 中，出土的一件陶屋上刻畫有一幅與眾不同的西王母圖像，畫面中心位置的西王母右手持一方形板狀物，左手持一帶箭頭的棍狀物，經王煜等的分析，認為這是一副矛和盾（圖 14-1）〔註13〕。持矛和盾的女神能讓我們聯想到希臘智慧女神兼戰神的雅典娜，雖然後來她將戰神神格讓渡給了她的弟弟戰神阿瑞斯乃至勝利女神尼刻，但她手持矛、盾的形象在古希臘遺存中仍隨處可見。由此，從實物圖像上再次印證了西王母的戰神性。漢魏六朝說部《漢武帝內傳》中有對西王母的容貌服飾描寫，將她描繪成「天姿掩藹，容顏絕世」的美神形象，但也不忘帶上一句「帶靈飛大綬，腰佩分景之劍」的句子。美神佩劍，似乎有點不倫不類，但我們相信作者這樣寫，定有他的憑依，這憑依當然還是因為西王母固有的戰神性了。

圖 14-1　河南新野樊集出土西王母畫像〔註14〕

〔註10〕楊伯峻編著：《春秋左傳注》，中華書局，2009 年，第 1129 頁。
〔註11〕丁山：《中國古代宗教與神話考》，上海書店出版社，2011 年，第 74 頁。
〔註12〕〔明〕董斯張：《廣博物志》，上海古籍出版社，1992 年，第 112 頁。
〔註13〕王煜、唐熙陽：《漢代西王母圖像與西方女神像之關係及其背景》，《考古與文物》，2015 年第 5 期。
〔註14〕南陽文物研究所：《南陽漢代畫像磚》，文物出版社，1990 年，圖 159。

圖 14-2　四川新都縣出土西王母畫像磚〔註15〕

2. 生殖女神

　　生殖崇拜觀念是古代社會起源極早、流傳極久的全民觀念，除了通過巫術和儀式的手段予以表達，先民們也通過塑造神話中的生殖女神來幫助他們實現生殖多多的願望。西王母正有這樣的神格在身。西漢焦延壽所著《焦氏易林》的繇辭中，多次提到西王母的賜子功能，如坤卦第二之「噬嗑」：「稷為堯使，西見王母。拜請百福，賜我嘉子」〔註16〕。鼎卦第五十之「萃」：「西逢王母，慈我九子，相對歡喜。王孫萬戶，家蒙福祉」〔註17〕。在文獻和漢代西王母圖像中經常伴出的三青鳥和蟾蜍、龍虎雙獸座（圖14-2），也提示著其主人的生殖神職司。三青鳥不管是理解成三足鳥還是三隻青鳥，都代表了男性男根，與代表著女性的蟾蜍成為一對，而西王母的龍虎座，其龍虎所代表的男女接合觀念也十分明顯〔註18〕。此外，西王母的蟠桃會，其蟠桃三千年結一次果，是長壽的仙果且不必說，只提這仙桃的形狀，實際上是比附女子的乳房，「吃桃也就暗含著汲食母親的乳汁。西王母是母親神，其居所崑崙山為生命之山，他的蟠桃盛會也就等於用自己的乳汁延伸人類的生命，使之

〔註15〕高文編：《四川漢代畫像磚》，上海人民美術出版社，1987年，圖95。
〔註16〕〔西漢〕焦延壽著、〔清〕尚秉和注：《焦氏易林注》，九洲出版社，2010年，第12頁。
〔註17〕〔西漢〕焦延壽著、〔清〕尚秉和注：《焦氏易林注》，九洲出版社，2010年，第406頁。
〔註18〕關於鳥、蟾蜍（蛙）、龍、虎在生殖崇拜文化中所代表的男女接合觀念，參見宋亦簫：《禮玉「六器」的陰陽性別及與四神的關聯》，《民族藝術》，2014年第3期。也見本書第11章。

生生不已，代代不息」〔註19〕。還有一種牛頭西王母畫像石，也特別能說明西王母的生殖女神性。它發現於陝西神木大保當漢墓的門柱或門楣上（圖14-3）〔註20〕，共見 20 例，呈雞頭東王公與牛頭西王母對稱的布局。西王母坐於蓮臺上，人身牛頭，有翼。考古報告編寫者無法解釋西王母的牛頭形象，葉舒憲撰文作了極好的解說〔註21〕，他引用美國考古學家金芭塔斯和英國古典學家赫儷生關於「牛角—牛首意象」的觀點，指出「用牛頭與牛角表達生殖，在於它們與女性子宮與輸卵管的相似性」（圖14-4）〔註22〕。且「生命力的自我再生和繁殖，如同牛角的再生」〔註23〕。這便是牛頭能與西王母接合在一起的原因。這種用牛頭牛角表達生殖的觀念及裝飾於人、神頭部的做法，當也來自於域外。此外，漢畫像石（磚）中經常與西王母伴出的九尾狐，據《白虎通·封神篇》，它象徵著子孫繁息〔註24〕，這或可作為西王母生殖女神的另一象徵吧。

圖 14-3　陝西神木大保當牛頭西王母畫像石〔註25〕

〔註19〕啟良：《西王母神話考辨》，《西王母文化研究集成·論文卷》中卷，廣西師範大學出版社，2008 年，第 621 頁。

〔註20〕陝西省考古研究所等：《神木大保當》，科學出版社，2001 年，第 117 頁。

〔註21〕葉舒憲：《牛頭西王母形象解說》，《民族藝術》，2008 年第 3 期，第 87～93頁。

〔註22〕〔美〕馬麗加·金芭塔斯著，葉舒憲等譯：《活著的女神》，廣西師範大學出版社，2008 年，第 36～37 頁。

〔註23〕〔英〕赫麗生著，謝世堅譯：《古希臘宗教的社會起源》，廣西師範大學出版社，2004 年，第 301 頁。

〔註24〕〔清〕陳立：《白虎通疏證》，中華書局，1994 年，第 285 頁。

〔註25〕陝西考古研究所等：《神木大保當》，科學出版社，2001 年，彩版 12 頁。

3. 豐產女神

　　生殖女神通常兼豐產女神，因為這只不過是一種觀念在兩個領域的表現。前者促進人類自身的繁衍，後者促進人類所需的動植物的繁殖。西王母的豐產女神神性在《山海經》中就有表現。其《大荒西經》稱「王母之山，……有沃之國，沃民是處。沃之野，鳳鳥之卵是食，甘露是飲」〔註26〕。《西山經》指出，「玉山，是西王母所居也。……有獸焉，其狀如犬而豹紋，其角如牛，其名曰狡，其音如吠犬。見則其國大穰」〔註27〕。「穰」就是指「莊稼豐收」。《焦氏易林》「小畜之豐」說：「中田膏黍，以享王母，受福千億，所求大得」〔註28〕。以膏黍享祭西王母並得到她的福祐從而獲得豐收，西王母的豐產女神神性十分明顯。河南、山東地區的部分漢代西王母畫像石（磚），西王母手持一種角狀物（圖14-5），有研究者認為它正如西方源遠流長的大母神及豐收女神所持的豐饒角（圖14-6），象徵著農作物和牲畜的豐產。西王母手持它是受到了後者的影響所致〔註29〕。之所以會將西方代表豐產的豐饒角借鑒到西王母身上，當然是因為西王母確有豐產女神的職司，而深層原因則是她們本就有著同源關係，故有著相同的職司和象徵物便毫不奇怪了。

圖14-4　土耳其卡託・胡玉克神廟以牛頭形符號代表女神子宮的壁畫〔註30〕

〔註26〕袁珂譯注：《山海經全譯》，貴州人民出版社，1991年，第298頁。

〔註27〕袁珂譯注：《山海經全譯》，貴州人民出版社，1991年，第38頁。

〔註28〕〔西漢〕焦延壽著、〔清〕尚秉和注：《焦氏易林注》，九洲出版社，2010年，第80頁。

〔註29〕王煜、唐熙陽：《漢代西王母圖像與西方女神像之關係及其背景》，《考古與文物》，2015年第5期。

〔註30〕〔美〕馬麗加・金芭塔斯著，葉舒憲等譯：《活著的女神》，廣西師範大學出版社，2008年，第37頁圖27。

圖 14-5　南陽新野張樓持豐饒角　　圖 14-6　法國洛賽爾持豐饒角
的西王母畫像磚〔註31〕　　　　　「維納斯」雕像〔註32〕

4. 紡織女神

　　西王母作為紡織女神，要從《山海經》所記西王母「戴勝」說起。「勝」被晉代郭璞注為卷絓（絲）的工具〔註33〕，即紡織的工具。郭寶鈞也認為織機上用來卷經線的橫軸，叫作摘，也稱縢或勝〔註34〕。漢代畫像磚（石）上出現了不少「戴勝」的西王母像（圖 14-7），甚至是單獨的勝紋，有的還在旁邊刻上「玉勝王者」字樣（圖 14-8），用以指代西王母本人或仙界。這樣「勝」便成了西王母紡織女神職司的象徵。

　　我們還可以從西王母與蠶桑的關係來加強論證。六朝小說《別國洞冥記》有這麼一段：「朔（東方朔）以元封中游濛鴻之澤，忽見王母採桑於白海之濱。俄有黃翁指阿母以告朔曰：『昔為吾妻，託形為太白之精』」〔註35〕。此「王母」正是西王母，「黃翁」則是「黃帝」，「太白之精」是指「金星神」。後文還

〔註31〕南陽文物研究所：《南陽漢代畫像磚》，文物出版社，1990 年，圖 161。
〔註32〕朱狄：《原始文化研究》，生活・讀書・新知三聯書店，1988 年，第 281 頁。
〔註33〕轉引自小南一郎：《西王母與七夕文化傳承》，《西王母文化研究集成・論文卷》中卷，廣西師範大學出版社，2008 年，第 551 頁。
〔註34〕郭寶鈞：《古玉新詮》，《中央研究院歷史語言研究所集刊》，第二十本下，1949 年，第 30 頁。
〔註35〕〔東漢〕郭憲：《別國洞冥記》，《古今逸史精編》，重慶出版社，2000 年，第 91 頁。

將分析這三者的關係，此處暫且不表。《山海經‧中山經》「宣山」條還有「帝女之桑」的說法：「宣山，淪水出焉，東南流，注於視水。其中多蛟，其上有桑焉。大五十尺，其枝四衢，其葉大盡餘，赤理、黃華、青柎，名曰『帝女之桑』」〔註36〕。這「帝女」正是西王母，如《穆天子傳》卷三中西王母自稱「我惟帝女」即是。則「帝女之桑」便是特指的西王母桑林了。

 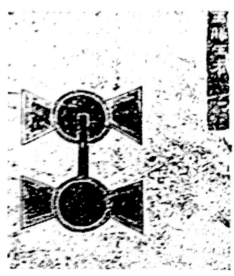

圖14-7　戴玉勝的西王母畫　圖14-8　旁刻「玉勝王者」字樣的
像石〔註37〕　　　　　　　玉勝紋〔註38〕

5. 美神

如果說《山海經》裏的西王母跟美神還沾不上邊，至少是看不出她美在哪兒，那漢唐以來的說部裏則大為改觀，將西王母描畫成了天仙（當然她本來就是）。先看《漢武帝內傳》：「王母上殿東向坐，……，視之年可三十許，修短得中，天姿掩藹，容顏絕世，真靈人也」〔註39〕。這種美，堪比希臘和羅馬美神阿佛洛狄忒和維納斯了。關於西王母的美貌描述，後代多有。東漢張衡《思玄賦》：「聘王母於銀臺兮，羞玉芝以療饑。……咸姣麗以蠱媚兮，增

〔註36〕袁珂譯注：《山海經全譯》，貴州人民出版社，1991年，第171頁。

〔註37〕〔日〕小南一郎《西王母與七夕文化傳承》，《西王母文化研究集成‧論文卷》中卷，廣西師範大學出版社，2008年，第567頁。

〔註38〕〔日〕小南一郎：《西王母與七夕文化傳承》，《西王母文化研究集成‧論文卷》中卷，廣西師範大學出版社，2008年，第544頁。

〔註39〕吳玉貴、華飛主編：《四庫全書精品文存》第24卷之《漢武帝內傳》，團結出版社，1997年，第98頁。

嬝眼而蛾眉。舒沙婧之纖腰兮，揚雜錯之袿徽」〔註40〕。西晉張華《遊仙詩》：
「玉佩連浮星，輕冠結朝霞。列坐王母堂，豔體餐瑤華。湘妃詠涉江，漢女奏
陽阿」〔註41〕。東晉陶淵明《讀山海經》：「玉臺凌霞秀，王母怡妙顏」〔註42〕。
真是美得不可方物了。或許有人要說，這都是文學家言，怎麼能做得數！其
實不然。這些說部詩賦，對待神話人物，不同於向壁虛構，皆有所本，並不敢
信口雌黃的。

6. 愛神

西王母作為性愛之神，有更多顯性的標誌為證。與她結為夫妻的便有三
位大神，分別是黃帝、東王公和玉皇大帝，她還與人間帝王周穆王、漢武帝
產生了戀情，前者見《穆天子傳》，後者見《漢武帝內傳》。西王母與黃帝的故
事最早，在《雲笈七籤》卷一百所輯《軒轅本紀》中有記載。上文提到的《別
國洞冥記》，裏面的「黃翁」正是黃帝，自述與西王母昔日為夫妻。其與東王
公的傳說更多，《神異經·中荒經》記有她與東王公相會於大鳥背。漢魏的畫
像石（磚）和銅鏡上，則留下了更多的西王母與東王公的身影。玉皇大帝和
王母娘娘是道教神話中的主神，他們的故事因了道教的宣傳而更為普及。其
實這三位老公是五星神話中的土星神、木星神和水星神〔註43〕，西王母為金
星神，除自己外，四星神她「嫁」過三神，當然算得上是愛神了。此外在《竹
書紀年》中，還記有她與帝舜的故事：「帝舜有虞氏九年，西王母來朝。獻白
環玉玦」。帝舜更多的是神話人物，這兩位神道相會，獻的是有女陰象徵的環、
玦，難怪有學者認為這是西王母在自薦枕席了〔註44〕。

7. 金星神

西王母的金星神格，蘇雪林早就有過論斷。她在分析屈原《九歌》中的
「湘夫人」為金星神時便順帶做出過。而這二神之所以有金星神格，在於她

〔註40〕〔東漢〕張衡著、張震澤校注：《張衡詩文集校注》，上海古籍出版社，1986
年，第224頁。

〔註41〕逯欽立輯校：《先秦漢魏晉南北朝詩》（上），中華書局，1988年，第621頁。

〔註42〕逯欽立輯校：《陶淵明集》，中華書局，1979年，第134頁。

〔註43〕關於五星神話，可參看蘇雪林：《屈原與〈九歌〉》，武漢大學出版社，2007年，
第121～277頁。至於這三位丈夫與三位星神的對應關係，見於筆者的待刊稿
《三皇五帝新解》。

〔註44〕啟良：《西王母神話考辨》，《西王母文化研究集成·論文卷》中卷，廣西師範
大學出版社，2008年，第619頁。

們源於西亞金星神伊南娜和易士塔兒的緣故〔註45〕。蘇的觀點給了筆者極大的啟發，順著她的思路，還可以找到更多的證據。先分析「西王母」三字，「西」指西方，金星神在五星五行方位中正位於西，即「西方金」。「王」強調了西王母在神界的眾神之長的地位，西亞的金星神伊南娜及易士塔兒，正都有過「天地之女王」、「群神中之王後」之尊位〔註46〕。「母」則指明了西王母的性別。因此「西王母」三字是對五星神話中的金星神的意譯，而非有些學者所認為的是對西方某些女神名的音譯。在一些典籍中直接提到西王母又叫金母，如「西王母者，九靈太妙龜山金母也，一號太虛九光龜臺金母元君，乃西華之至妙，洞陰之極尊」〔註47〕。還有一首漢代童謠：「著青裙，入天門，揖金母，拜木公」〔註48〕。「金母」「木公」正是西王母和東王公，對應著金星神和木星神。上文我們所引的《別國洞冥記》，借黃翁（黃帝）之口指出其妻西王母乃太白之精，「太白」即「太白金星」，則「太白之精」自然就是金星神了。

金星神是西王母最大最重要的神格，其實西王母上述各種神格都不過是從金星神神格中衍生而出。下文作詳論。

二、西王母的原型是西亞神話中的大母神和金星神伊南娜－易士塔兒

在西亞最早的神話蘇美爾神話中，伊南娜（Inanna）是大母神和金星神，到了巴比倫神話，金星神名為易士塔兒（Ishtar），但其神性與伊南娜一致，故本章採取伊南娜－易士塔兒的叫法來統一稱呼西亞神話中的大母神和金星神，有時也使用任一單稱，含意一樣。伊南娜－易士塔兒的雕像或圖案常伴有這些形象，並成為她的象徵符號：獅子、玫瑰或圓形花飾、八角星、頭巾、紅玉髓等等〔註49〕，例如有一幅美索不達米亞伊南娜－易士塔兒像（圖

〔註45〕蘇雪林：《屈原與〈九歌〉》，武漢大學出版社，2007年，第264～265頁。

〔註46〕Diane Wolkstein, Samuel Noah Kramer: Inanna, Queen of Heaven and Earth, Harper and Row Publishers；蘇雪林：《屈原與〈九歌〉》，武漢大學出版社，2007年，第254頁。

〔註47〕〔北宋〕李昉等《太平廣記》，卷五十六「女仙一」，中華書局，1961年，第344頁。此外還見於《說郛》、漢桓麟《西王母傳》、《道藏··洞神部·譜錄類》、《墉城集仙錄·金母元君》等舊籍。

〔註48〕〔唐〕杜光庭：《杜光庭記傳十種輯校》之「仙傳拾遺」，卷一，「木公」條，中華書局，2013年，第822頁。

〔註49〕楊巨平：《娜娜女神的傳播與演變》，《世界歷史》，2010年第5期。

14-9）〔註50〕，她左手牽一獅並站在獅背上，左腰佩長劍，雙肩後斜插數支
箭，背後右上方背一箭筒，右手指向一蛇，頭戴冠飾。頭部左上方有一彎新
月，光芒四射。右上方則繪有一個全視之眼。蛇的下方還有一棵樹（不死
樹？），樹的下方是一個小球體。下面我們先介紹伊南娜－易士塔兒的諸般
神格及特徵，對比西王母的神格及特徵並補充當時的其他方面東西方文化
交流證據，從而得出前者乃後者原型的結論。

圖 14-9　西亞金星神易士塔兒〔註51〕

1. 月神辛及天帝阿努之女〔註52〕

　　關於伊南娜－易士塔兒的出身，有兩說。一說她是月神辛之女，太陽神
俠馬修的妹妹。西亞的很多紀念碑上端和璽印上面，常刻有眉月一彎、太陽
一輪和大星一顆（圖 14-10），論者指出這表示的是月神、太陽神和金星神及
他們之間的父子（女）和兄妹關係。一說她是天帝阿努之女，但後來又成為
天帝之妻。西王母神話不見她與月神有父子關係，但西王母與月神嫦娥卻有
極密切的同位關係，後文還將詳論。西王母的帝女身份，倒是在《穆天子傳》

〔註50〕 Clare Gibson, Symbols of the Goddess: Universal signs of the Divine Female,
　　　　 Saraband.p.21.
〔註51〕 Clare Gibson, Symbols of the Goddess: Universal signs of the Divine Female,
　　　　 Saraband.p.21.
〔註52〕 此節中關於伊南娜－易士塔兒的神格，多引自蘇雪林：《屈原與〈九歌〉》，武
　　　　 漢大學出版社，2007 年，第 248～277 頁。特此聲明並致謝。

和《山海經》中有所揭示。一稱「我惟帝女」，一言「帝女之桑」。西王母成為天帝之妻的場合更多。因土星神黃帝、木星神東王公、水星神玉皇大帝，都曾有過中國神庭中的天帝身份，西王母與他們的夫妻關係自然坐實了她的天帝之妻的身份了。

圖14-10　鑴刻有太陽、月亮和金星的巴比倫紀念碑〔註53〕　　圖14-11　奧地利威林多夫維納斯雕像〔註54〕　　圖14-12　懷抱幼子的大母神易士塔兒〔註55〕

2. 生殖和豐產女神

金星神被奉為大母神，淵源久遠，可追溯到人類的石器時代。今天在歐亞大陸發現的眾多所謂「維納斯雕像」，正是大母神形象。她癡肥臃腫的體態（圖14-11），正是古人追求子孫繁殖多多、牲畜和農作物豐產的見證。因此金星神又被稱作「肥沃之女神」、「大而肥沃之母」等等。西亞很多石刻或塑像上的易士塔兒，懷中常抱一哺乳之子（圖14-12）。還有一種易士塔兒造像，腰束一帶，上嵌寶石名子孫石，認為它有宜子孫之效。西王母的生殖和豐產女神性，上文已有多方揭示，二者的類同十分鮮明。

3. 戰神

先看一些易士塔兒的別稱：「月神辛勇敢之女」、「女勇者」、「戰爭夫人」，其戰神品格呼之欲出。在著名的漢謨拉比法典中，漢謨拉比祈禱她在戰爭中降禍於敵國的軍事首領，平時則懲罰那些違犯法典的人。上文提到的易士塔

〔註53〕Alfredo Rizza, The Assyrians and the Babylonians: History and Treasures of Ancient Civilization, White Star Publishers, p.101.

〔註54〕朱狄《原始文化研究》，生活·讀書·新知三聯書店，1988年，第288頁。

〔註55〕陳進海《世界陶瓷》第四卷，萬卷出版公司，2006年，第4頁。

兒畫像，其背箭掛劍、牽乘雄獅之英姿，已然揭示了她的戰神神格。西王母
的戰神性也十分明顯，且是她在中國最早的記錄《山海經》中首先予以記載
的。關於她裝束上的豹尾虎齒，前文未作分析，這裡作些推測。本來西亞金
星神是牽獅乘獅，傳來中國後，因中國無獅，便用接近的獸類代替，一變而
成了「豹尾虎齒」了。另外，受西亞神話影響的印度大母神黛維（Devā），騎
乘的是一隻老虎〔註56〕，西王母的變異裝束或是受了後者的影響也未可知。

4. 美神及愛神

伊南娜－易士塔兒作為美神，其直接的描摹不及後來希臘、羅馬對美神
阿佛洛狄忒和維納斯那樣鮮明具體。當時的造像，也多半誇張地突出性徵，
其癡肥臃腫的體態，證明當時是一個以肥為美的時代。我們現在能見到的對
伊南娜的描寫，也不過是說她光彩熠熠，極具女性之柔美等等〔註57〕。但有
關她的愛神品格，則多不勝數。例如西亞頌歌中吟詠她與群神相戀，哪怕是
她的父親月神辛或天帝阿努，也未能避免。在一首「易士塔兒昇天」的祭歌
中，說天帝阿努為其美色所迷，不能自己，要求天庭群神同意他娶她為妻。
最終天帝得償所願云云〔註58〕。易士塔兒不僅愛及群神，還澤及人間帝王乃
至禽獸，真個是博愛之神。西王母的美色，被描繪為「容顏絕世」，似乎不是
直接受的西亞神話影響，而更可能是受到了後代的如希臘、羅馬美神神話的
影響。至於愛神之品格，西王母雖不及易士塔兒如此泛愛，但也不遑多讓。
她嫁過數位天帝，也旁及人間帝王，就差禽獸一途了。

5. 智慧及命運之神

易士塔兒還為智慧及命運之神。在一首祭歌中，稱她為智慧的化身，一
切宗教儀式都是她所制定等等。她還有「命運夫人」（Lady of destiny）、「運
氣之後」（Queen of fate）等稱呼〔註59〕。中國神話未曾直言西王母是否為智
慧女神，至於命運女神一格，似可從《焦氏易林》繇辭中窺見一二。如前引
的「西見王母，拜請百福」、「王孫萬戶，家蒙福祉」，還有諸如「患解憂除，
王母相予」、「王母善禱，禍不成災」、「弱水之西，有西王母，行者厄殆，利

〔註56〕〔英〕韋羅尼卡·艾恩斯著，孫士海、王鏞譯：《印度神話》，經濟日報出版
　　　　社，2001年，第120頁。
〔註57〕魏慶征：《古代兩河流域與西亞神話》，北岳文藝出版社，1999年，第390頁。
〔註58〕蘇雪林：《屈原與〈九歌〉》，武漢大學出版社，2007年，第253頁。
〔註59〕蘇雪林：《屈原與〈九歌〉》，武漢大學出版社，2007年，第255頁。

居善喜」、「西遇王母，道路夷易，無取難者」、「中田膏黍，以享王母，受福千億，所求大得」、「金牙鐵齒，西王母子，無有禍殃」、「西見王母，不憂危殆」〔註60〕等等，這西王母能為信眾去禍助福，解患除憂，也該是影響人類命運的命運之神了。

6. 創造主

西亞神話中，隨著時代推移，先後出現過數位開天闢地的創造主，天主阿努、水主哀亞、地主恩利爾、木星神馬杜克都曾為之。易士塔兒祀典極盛時，也被推為人類和宇宙的創造者。在「易士塔兒昇天」祭歌中，插入了一段開闢神話，先言阿努、恩利爾、哀亞之功，又言金星神與日、月神也參與了其事。甚至說易士塔兒是最初原因、女創造主。西亞神話中稱人類為黑頭，而易士塔兒正是黑頭的創造者。西王母倒沒有創世神話傳世，但西王母另一變體女媧，便有搏土造人神話，留待後文談金星神在中國的其他演化形象時再敘吧。

7. 水神性

西亞的水神是哀亞或尼波，哀亞也是水星神，還是智慧神。但易士塔兒也具有水神性，這或許是因為她與哀亞之妻唐克娜本為一人，以及她又與拉格什城邦水神尼娜混為一人，後者則是哀亞之女，這妻、女的身份使其繼承了水神的神性？蘇雪林列舉了幾處女神為水神的例子。除尼娜外，腓尼基亞斯卡隆有一位鴿與魚女神，名字叫提爾克圖，相傳她為尼娜的變形，是一個半人半魚的女神，信徒以鴿和魚為祭品，她的廟宇中懸一條金魚，作為她的象徵。還有一個與提爾克圖同型的女神，叫亞達加替斯，她是由幼發拉底河的一條神魚的卵漂至岸上孵化而出〔註61〕。有兩例或可說明西王母具水神性，一是《山海經‧西山經》：「玉山，是西王母所居也。……有鳥焉，其狀如翟而赤，名曰勝遇，是食魚，其音如錄，見則其國大水」〔註62〕。二是牛郎織女神話中，織女被王母娘娘派天兵抓回天上，牛郎挑著一雙兒女借助神牛角上天追織女，眼看快追上，王母娘娘拔下玉簪往牛郎面前一劃，一道天河出現，將牛女分隔開。順帶一提，易士塔兒具智慧神性，或與她的水神性一樣來自

〔註60〕〔西漢〕焦延壽著、〔清〕尚秉和注：《焦氏易林注》，九洲出版社，2010 年，分別引自第 35 頁、46 頁、47 頁、51 頁、74 頁、80 頁、152 頁。
〔註61〕蘇雪林：《屈原與〈九歌〉》，武漢大學出版社，2007 年，第 263 頁。
〔註62〕袁珂譯注：《山海經全譯》，貴州人民出版社，1991 年，第 38～39 頁。

水神哀亞。易士塔兒的智慧神格雖未影響到西王母，但卻傳衍到了希臘、羅馬，成為智慧神兼戰神雅典娜和密涅瓦。

8. 月神性

易士塔兒是月神辛之女，在西亞神話中，常見父子、父女、夫妻神的神性互繼，這或許是易士塔兒具月神性的原因。更深刻的原因，當是初民相信月亮對於農作物有極大的影響，它帶來的露水能使後者生長迅速，且產量豐饒。所以西亞神話也喜歡將「易士塔兒降地府」與月亮聯繫起來，言其赴幽與還陽，代表著月亮的盈虧等等〔註63〕。而金星神也具備有使農作物豐產的神性，二者這方面的類同使她們相混同。西亞月神本為男性，或是受了金星神易士塔兒影響，傳到希臘、羅馬和中國後變成了女性。而且不少地方的月神反過來吸收了金星神的一些神格，導致一些中國學者以為西王母源於月神甚至是古迦勒底的月神，這是將二者的關係弄顛倒了的緣故。試舉月神吸收金星神神格的幾個例子：希臘月神阿爾忒彌斯，本為不婚之神，但在小亞細亞的月神廟裏，她卻被塑成多副乳房的形象。她還曾與海神波塞冬的兒子俄里翁（Orion）相戀。這顯然是吸收了易士塔兒生殖女神和愛神的神格所致。中國的月神嫦娥吸收了西王母更多的神性及特徵，詳情後文再論。

上面梳理了西亞大母神和金星神伊南娜－易士塔兒的諸般神格，其與西王母的神格高度重合，若說這諸般重合僅是巧合，實在說不過去。所以她們只能是影響的關係、源流的關係。鑒於西亞金星神話早於中國西王母神話太多，我們認為是前者影響了後者，前者是後者的原型。那在戰國甚至更早的時候，東西方就有了來往交流嗎？回答是肯定的。筆者曾以彩陶、冶銅術、綿羊、黃牛、小麥等為例，探討了外來文化進入中國的時間和傳入地，時間可以早到舊石器時代晚期。其後續有往來，新石器時代中晚期和青銅時代，成為中外接觸最持久和活躍的時期〔註64〕。在另一篇文章中，筆者考證出外來小麥在仰韶時代末期和龍山時代，以大致同時的時間分頭進入陝甘交界地區和山東地區〔註65〕，而這兩個區域，也恰是西王母神話及三皇五帝神話傳佈最為集中的地方，如甘東六盤山地區的伏羲、女媧，黃帝、

〔註63〕蘇雪林：《屈原與〈九歌〉》，武漢大學出版社，2007年，第259頁。
〔註64〕宋亦簫：《中國與世界的早期接觸：以彩陶、冶銅術和家培動植物為例》，《吐魯番學研究》，2015年第2期。
〔註65〕宋亦簫：《小麥最先入華的兩地點考論》，《華夏考古》，2016年第2期。

西王母傳說〔註66〕，甘肅涇川王母宮〔註67〕、陝西中西部的黃帝傳說〔註68〕，泰山神話〔註69〕、齊地八神將神話〔註70〕、山東五帝神話〔註71〕等等，我們認為這不是巧合，若大膽推測，應有可能是攜帶小麥的外來人群，也同時帶來了他們的神話，在這兩個地方定居下來，讓小麥和神話在當地扎下了根並傳佈開來，逐漸融入華夏文明並成為華夏文明的源頭之一。這是我們對西王母原型為西亞金星神伊南娜－易士塔兒的結論所提供的旁證。

三、伊南娜－易士塔兒神格在世界古文明區的傳衍

　　東亞大陸遠離產生伊南娜－易士塔兒神話的西亞兩河流域，若說西王母神話原型是伊南娜－易士塔兒，就不能不思考那些離兩河流域更近的古文明區，它們的女神神話是否也受到了影響。事實確實如此。經過分析，我們發現伊南娜－易士塔兒神格同樣也影響到了這些離得更近的古文明區。下面分別作對比討論。

　　先看埃及。伊西絲（Isis）被看作是埃及的大母神，她是埃及太陽神、月神、死神奧賽里斯（Osiris）的妻子，地神格卜與天神努特之女。她是豐饒女神、水與風之女神，她曾教人耕種，希臘人將她與農業女神得墨忒爾相混同，伊西絲是河流的主宰，是海洋和航海者之神。伊西絲豔麗異常，魔法無邊。她既保護兒童、醫治百病，又庇護死者，安撫亡靈。被視為生育祐護神。伊西絲生有雙翼，翼鼓則成風，其形象被描述為雌鷹和有雙翼之女神〔註72〕。由上述歸納可看出，伊西絲的天神之女身份，生殖和豐產女神、水（海）神、美神的神格都同於伊南娜－易士塔兒，另比後者還多出了醫神性和有雙翼之風神性，西亞神話中的醫神乃由另一女神葛蘭擔任，其為天帝之女、土星神尼

〔註66〕李潤強：《曠古逸史——關於伏羲、女媧、黃帝和西王母的傳說》，《中國典籍與文化》，1994 年第 4 期；范三畏：《曠古逸史——隴右神話與古史傳說》，甘肅教育出版社，1999 年。

〔註67〕張懷群：《聖地涇川：西王母祖祠聖地》，甘肅文化出版社，2009 年。

〔註68〕黃陵縣軒轅黃帝文化研究會：《軒轅黃帝傳說故事》，國際炎黃文化出版社，2014 年。

〔註69〕呂繼祥：《泰山娘娘信仰》，學苑出版社，1994 年。

〔註70〕王志民：《齊文化概論》，山東人民出版社，1993 年。

〔註71〕溫玉春、曲惠敏：《少昊、高陽、高辛、陶唐、有虞諸氏族原居今山東考》，《管子學刊》，1997 年第 4 期。

〔註72〕魏慶征：《古代埃及神話》，北岳文藝出版社，1999 年，第 387～389 頁。

尼伯之妻，稱「大女醫」〔註73〕。而中國神話中土星神黃帝之妃素女也是醫神，《隋書·經籍志》就著錄有《素女祕道經》、《素女方》、《素女養生要方》等，但均失傳。當然，即便沒失傳，也該是借用素女名義的人間醫方。伊西絲生有雙翼，雖不見於伊南娜－易士塔兒，但卻見於漢代畫像磚（石）上的西王母及希臘智慧神兼戰神雅典娜和勝利女神尼刻的身上。

　　次看印度。印度女神名目繁多，經多方梳理，我們認為大女神黛維（devā）可作為代表。她是印度教三大神之一、創造與破壞之神濕婆（Shiva）之妻，她可以變化不同的角色，每個角色都有一個名字，這些角色分為溫柔和兇殘兩類，溫柔類有薩蒂、帕爾瓦蒂、烏摩等，兇殘類有杜爾伽、迦梨等。「烏摩」就有「光明的、美的」之意，她代表著光彩和美妙，是生殖女神和豐收女神。而作為兇殘形象的杜爾伽，她雖然美麗，卻天生嗜殺，騎著一隻老虎，長有十臂，十手各執一件象徵諸大神神力的武器〔註74〕。印度大女神的善惡二分，實際上在各文明區大母神神話中是有跡可尋的。即基本上戰神神格代表了惡的一面，如西王母的「司天之厲及五殘」，生殖、豐產、美和愛神神格代表了善良溫柔的一面。這些女神作為戰神時，從西亞的騎獅，到印度的騎虎，再到西王母的豹尾虎齒，似乎有演變的跡象可尋。此外，印度還有一位命運女神和司美女神吉祥天（又稱拉克希米或室利），傳說她是印度眾神攪乳海時從海波泡沫中湧出，她有一個形象是坐在或站在蓮花之上。吉祥天也應是伊南娜－易士塔兒的衍化，她或坐或站在蓮花之上，與漢畫像中的西王母坐在蓮臺之上有異曲同工之妙。

　　再看希臘、羅馬。由伊南娜－易士塔兒傳衍到希臘、羅馬的女神形象，通常被分化為數位。且除了名字不同外，她們在希臘和羅馬呈兩兩對應關係，因此我們放在一起討論。其分化出的女神有天帝之妻赫拉（朱諾）、美神和愛神阿佛洛狄忒（維納斯）、智慧神兼戰神雅典娜（密涅瓦）以及月神阿爾忒彌斯（狄安娜）。很明顯這是將伊南娜－易士塔兒的諸多神格一分為四，其中赫拉原是天光之神、新月之神，又是媒神、生育女神。阿佛洛狄忒的誕生方式，有說是從大海泡沫中浮出，這同於印度的吉祥天，也有說是海螺殼中誕出（圖

〔註73〕蘇雪林：《屈原與〈九歌〉》，武漢大學出版社，2007年，第246頁。
〔註74〕綜合自〔英〕韋羅尼卡·艾恩斯著，孫士海等譯：《印度神話》，經濟日報出版社，2001年，第117～120頁；庫爾班·外力：《西王母新考》，《西王母文化研究集成論文卷》上卷，廣西師範大學出版社，2008年，第217頁。

14-13）。阿佛洛狄忒的羅馬名維納斯，早已成美神和愛神的代名詞，她還是羅馬的金星神，其名 Venus 正有「金星」之義。雅典娜為天帝宙斯之女，是智慧女神、戰神，她還工於紡織，曾為她的母后赫拉織仙袍一件，曾與人間女子阿拉慶賭賽織技〔註 75〕。阿爾忒彌斯為月神、狩獵女神，其張弓引箭的英姿又似乎吸收了一點戰神的品格。她也為農業神、植物神、豐收女神等等。若我們將這些女神的諸般神格合併一處，便成了伊南娜－易士塔兒的完整神格。

　　關於希臘神話的東方起源，即西亞起源說，東西方學者作過多年的研討，已成定論〔註 76〕。我們正是在此基礎上進一步認為，西亞的大母神和金星神伊南娜－易士塔兒不僅傳播到了希臘、羅馬，還傳播到了埃及、印度和中國。

圖 14-13　從螺殼中誕生的維納斯（桑德羅・波提切利畫）〔註 77〕

〔註 75〕蘇雪林：《屈原與〈九歌〉》，武漢大學出版社，2007 年，第 267～270 頁。

〔註 76〕Charles Penglase, Greek Myths and Mesopotamia, Routledge, 1994.〔德〕瓦爾特・伯克特著，劉智譯：《東方化革命——古風時代前期近東對古希臘文化的影響》，上海三聯書店，2010 年；〔英〕威廉・雷姆塞著，孫晶晶譯：《希臘文明中的亞洲因素》，大象出版社，2013 年；〔德〕瓦爾特・伯克特著，唐卉譯：《希臘文化的東方語境》，社會科學文獻出版社，2015 年。

〔註 77〕常雷：《西方 100 名畫之旅》，山東畫報出版社，2010 年，第 24 頁。

四、金星神神格傳至古代中國演化出的其他女神形象

一如希臘、羅馬諸女神乃由西亞金星神伊南娜－易士塔兒分化而來，後者在東傳的過程中，除了變成了西王母外，還演化出眾多具伊南娜－易士塔兒一種或數種神格的女神形象。當然也包括從印度、波斯、中亞等地經過變形後的輾轉傳來。我們至少可列出女媧、王母娘娘、湘夫人、嫘祖、織女、馬頭娘、媽祖、素女、泰山娘娘、觀音等女神。下面略作剖析。

女媧在中國神話裏與伏羲由兄妹而夫妻，伏羲被認為是中華民族的人文始祖，是三皇五帝〔註 78〕中的三皇之首，則女媧便為天帝之妻。女媧還有補天神話和搏黃土造人神話，這跟易士塔兒造「黑頭」神話正合。

王母娘娘實際是西王母的另一稱呼。略去不論。

湘夫人是屈原創作的《九歌》中的一位歌主，蘇雪林發前人所未發，論證出《九歌》中的歌主是十位傳自域外的神道〔註 79〕。他們分別是日月五星神加死神、生神和酒神。其中「湘夫人」乃金星神。經蘇雪林分析，《湘夫人》歌詞所詠內容與西亞金星神無一不合，讀者自鑒，也不再轉述。

嫘祖是黃帝元妃，傳說她是養蠶治絲的發明者，被奉為蠶神。這一點同於西王母的紡織女神神格，也同於希臘智慧神雅典娜。其天帝妻的身份也指向她的金星神屬性。還值得分析的是「嫘祖」二字，「嫘」與「螺」音同形近，筆者推測本為螺字，為配合其女神身份才改為「嫘」，而「螺」即「田螺」、「海螺」，也就是說，嫘祖一如希臘神話中的愛神阿佛洛狄忒，乃螺殼中誕出也。再看「祖」，當然是指人類祖，這又揭示出她的創造主地位。當然，關於螺殼生人，除在這裡筆者將嫘祖歸於此列是我的發明外，中國神話傳說裏還有數位這樣的女仙，如天淵玉女〔註 80〕、白水素女〔註 81〕、螺仙〔註 82〕、田螺姑娘〔註 83〕等等。她們顯然都是來自同一個神話母題，這母題跟阿佛洛狄忒的螺（貝）生神話有共同的源頭。要補充一點的是，「螺」、「嫘」應該都是漢字

〔註 78〕此處所言「三皇五帝」，是指神話三皇五帝，而非信史。
〔註 79〕蘇雪林：《屈原與〈九歌〉》，武漢大學出版社，2007 年，第 130～143 頁。
〔註 80〕〔東漢〕班固著，施丁主編：《漢書新注·郊祀志》，三秦出版社，1992 年，第 884 頁。
〔註 81〕劉琦、梁國輔注譯：《搜神記·搜神後記》之「搜神後記」卷五之四十九「白水素女」條，吉林文史出版社，1997 年，第 612～613 頁。
〔註 82〕據《搜神記》和《搜神後記》改編的民間戲曲中的女主人公。
〔註 83〕後人據《搜神後記》卷五之「白水素女」條而改編的民間故事女主人公。

隸變後的形象，其本字當為「蠃」，指帶殼螺類動物。還可寫作「蝸」、「蝸」〔註84〕，這又將女媧之「媧」列了進來。「蠃」、「媧」二字均應是由原「蟲」旁變「女」旁而來。這些字共同指向了帶殼螺類動物。若我們再聯繫到西亞創世神話中的神、人共祖原始女怪，其形象正有大海龜形，則可認為源頭當在同樣帶殼的龜形原始女怪身上〔註85〕。

織女、馬頭娘與嫘祖及西王母有一共同神性，即均為紡織女神，故在此一併討論。織女被認為是天帝之女〔註86〕，在《史記》和《漢書》中也說是天帝之孫。因「牛郎織女」傳說使她的知名度高於馬頭娘。這帝女之身份加上紡織女神的神格，自然可看成是易士塔兒的衍形之一。馬頭娘是首先流行於古代四川的蠶神和紡織女神，《搜神記》對此傳說有詳細記載〔註87〕。有學者疑其與嫘祖為同一人，這倒不一定，但她們有共同的神話源頭倒是可以肯定。

媽祖也稱禡祖，被浙閩臺等沿海地區漁民和航海者所崇信，綜合她的傳說，媽祖能醫病、能救旱、能助戰、能航海，突顯出她的醫神性、雨神性、戰神性和海神性，再加上這「媽祖」之名所體現的人類女始祖之意，與易士塔兒神格極為合拍。當然「媽祖」也寫作「禡祖」，「禡」似為馬祀之意，若我們聯想到域外的馬頭女神神話，如希臘農業女神得墨忒爾遊於海濱為海神波塞冬所逼，倉皇間化為母馬逃遁。後得墨忒爾也以馬首女身之像受信眾崇祀。埃及也有馬頭女神。印度有馬頭觀音，也稱馬頭明王等等〔註88〕。就更能理解這「禡」字並非隨意的造字了。若從「禡祖」之名來理解這位女神，她似與馬頭娘也不無干係。

素女與玄女成對出現於黃帝神話中。傳說她與玄女一起為黃帝的妃子或侍女，她善長房中術，甚至傳下了《黃帝素女經》等房中術文獻。她還善於調瑟鼓琴〔註89〕，則她應有愛神與樂神之品格。而西亞的易士塔兒愛之泛濫及

〔註84〕谷衍奎：《漢字源流字典》，華夏出版社，2003 年，第 770 頁。

〔註85〕宋亦蕭：《楚文化中的域外文化因素研究》，長春出版社，2015 年，第 125～126 頁。

〔註86〕〔南朝・宋〕范曄：《後漢書・天文志》，中華書局，1965 年，第 3230 頁；〔唐〕房玄齡等：《晉書・天文志》，中華書局，1974 年，第 294 頁。

〔註87〕劉琦、梁國輔注譯：《搜神記・搜神後記》之「搜神後記」卷十四之三五零「女嫁馬之諾」條，吉林文史出版社，1997 年，第 381～382 頁。

〔註88〕蘇雪林：《屈原與〈九歌〉》，武漢大學出版社，2007 年，第 272 頁。

〔註89〕相關文獻見《逸周書》、《世本》作篇、《史記・封禪書》、西漢王褒《九懷》賦等。

能歌善樂，完全可合素女之屬性。雅典娜也有創造鳳笙之傳說，我國神話還言「女媧作笙簧」〔註90〕、西王母「吹笙鼓簧」〔註91〕等等，看來金星神的樂神性也得到了較廣的傳衍。

　　泰山娘娘，也稱泰山奶奶，是泰山地區的重要女神。關於她的身份，有多種說法，其中的兩種一說她是玉皇大帝之女，一說她是黃帝之女，都是帝女之身份。她的職司主要有送生保育、祛病防疾和除暴安良等〔註92〕。宋真宗封禪泰山時因在泰山玉女池發現玉女石雕像，遂封其為碧霞元君，從此碧霞元君漸成為泰山娘娘的新稱號。從泰山娘娘的出身到生殖女神和戰神的神格來看，她是可歸入金星神的衍形之列的。

　　觀音是佛教中的菩薩之一，她從印度傳來中國後，漸由男相變身女相。觀音在過去民間社會受崇奉的程度極高，至遲到宋代已有「家家觀世音」的說法。關於她的出身，有一說流傳最廣，說她是妙莊王三女，發誓守貞不嫁，惹怒了她的父王，將其送往寺廟，觀音在此修行，後獻出自己的手眼救父等等。觀音如此受崇拜，主要在於她的職司。即她的送子、有求必應、救苦救難、大慈大悲神格。民間甚至有將其與王母娘娘、碧霞元君等女神共奉同祀的現象〔註93〕，這一方面體現了民眾的實用主義心理，但也說明她們之間確有共同之處。民間還有一種說法是泰山娘娘和天妃娘娘都是觀音所變，而「觀音為千百億化身，在南為海神天后，封碧霞元君；在北為泰山玉女，亦封碧霞元君，皆一人也」〔註94〕。觀音的貞潔女神屬性，同於希臘、羅馬月神阿爾忒彌斯和狄安娜，其道場位於浙江普陀海島上，又言她為海神天后等，這恐怕是水月觀音像出現的原因，體現出觀音一定的水神性和月神性。

　　關於觀音的男變女相還值得一談。一般認為隋唐以來觀音有男女二相，宋代以後只以女相出現了，觀音像有一個由男變女的過程。通常認為這是佛教中國化及中國信眾心理塑造的結果。其實若通觀古代世界的金星神話，便不會作如此簡單的結論。原來金星神本就是陰陽兩性神，她每天傍晚出

〔註90〕佚名撰，周渭卿點校：《世本》，「作篇」之「黃帝」章，引自《帝王世紀‧世本‧逸周書‧古本竹書紀年》，齊魯書社，2010年，第67頁。
〔註91〕王天海譯注：《穆天子傳全譯‧燕丹子全譯》，卷三，貴州人民出版社，1997年，第63頁。
〔註92〕呂繼祥：《泰山娘娘信仰》，學苑出版社，1994年，第36～48頁。
〔註93〕呂繼祥：《泰山娘娘信仰》，學苑出版社，1994年，第118頁。
〔註94〕呂繼祥：《泰山娘娘信仰》，學苑出版社，1994年，第124～125頁。

現於西天際，屬女性；每天早晨出現於東方，則為男性。她在西方神話中演變出的很多女神，一會兒是妙曼可愛的女仙，一會兒又成了修髯如戟的男神〔註95〕。中國的金星神也是如此。一方面她是指西王母，即金母、金母元君等名號，另一方面則指太白金星，後者乃一白鬚白髮老者，故有太白之號。顯然中國金星神的兩性屬性不是自己的獨創，而是從源頭上便埋下了伏筆的。聯繫到此，便可知觀音的男相女相，也不是中國人的發明創造，而是她本身兩性屬性的源遠流長而已。

五、金星神與月神有部分神格及特徵混同的現象

前文我們已經簡略提到金星神與月神在部分神格方面的混同現象，現集中討論一下。

先看中國金星神西王母與月神嫦娥部分神格及特徵混同現象。最早記載嫦娥的文獻是《山海經・大荒西經》，寫做「常羲」，據考證應為「常羲」，古代「羲」、「娥」同音，故這裡說的「帝俊妻常羲，生月十有二」的女子正是嫦娥〔註96〕。其後嫦娥神話逐漸豐富起來，又講她是羿妻，因偷吃了羿從西王母處得到的不死藥，遂奔月為月精。嫦娥身邊出現了玉兔搗藥、蟾蜍、不死樹這些本來是在西王母身邊的文化元素。難怪有學者認為「嫦娥原是西王母的變身」〔註97〕。此外，中國古人有祭月、拜月祭典和習俗，中國一些地方遺留至今的「拜月壇」、「拜月亭」、「望月樓」等古蹟，即是明證。北京的「月壇」就是明代皇家祭月的場所。這祭拜的目的，是希望月神保祐他們有好收成。這豐產女神的特性及上面指出的陪伴物的雷同，讓我們相信西王母與嫦娥確有部分神格及特徵的混同現象。但這並非孤例。

希臘、羅馬月神阿爾忒彌斯及狄安娜，是貞潔女神，還是狩獵女神、肥沃女神、生殖女神甚至戰神，這些神格雖不復現於金星神維納斯身上，但存在於她們的原型女神伊南娜－易士塔兒身上，希臘、羅馬諸女神神格不同於原型神伊南娜－易士塔兒及中國西王母處，在於她們之間一開始就有了職司分工，不見一個囊括全部或大部分金星神神格的大女神。

還有一個混同現象是二者神格的陰陽兩性現象。西亞及中國的金星神均

〔註95〕蘇雪林：《屈原與〈九歌〉》，武漢大學出版社，2007年，第274～275頁。
〔註96〕袁珂譯注：《山海經全譯》，貴州人民出版社，1991年，第299頁。
〔註97〕黃濤：《西王母神話與月亮神話的關聯》，《西王母文化研究集成・論文卷》，續編一，廣西師範大學出版社，2011年，第83～89頁。

有陰、陽兩種性別的神格，已見前文介紹，其實月神也有這種現象。如西亞、印度的月神為男性神，希臘、羅馬的月神卻是女性神，埃及和中國的月神則陰、陽兩性均有，如埃及男月神愛邱、奧賽里斯等，女月神阿斯旦特、卡蒂絲等〔註98〕，中國的男性月神有屈原《九歌》裏的雲中君，女月神則有嫦娥。至於出現這種現象的原因，有可能是一併受到金星神神格的影響，也有可能是月亮神話在後起文明中逐漸演化的結果。

關於這種混同現象出現的原因，目前我們還只能以傳統的看法為基準。即因為古人認為金星、月亮都與植物、農業有莫大的關係〔註99〕。金星（長庚星）在晴空的傍晚閃耀於西天，宣告夜晚的降臨，而月亮也於夜空中或隱或現，或圓或缺。古人認為夜晚的露水極其有利於植物和農作物的生長，而這夜露的帶來者正是金星和月亮。由此金星神、月神便成為豐產之神，進而為生殖神、狩獵神、戰神，不一而足。

六、結論

通過對西王母神格的分析歸納，我們總結出她至少有戰神、生殖女神、豐產女神、紡織女神、美神、愛神及金星神等神格及特性，其中金星神又是她的基本神格，由此而萌發出前述那些神格。而這些神格竟然與西亞大母神及金星神伊南娜－易士塔兒的諸般神格驚人地符合，加上我們對早期東西方文化交流的研究結論，促使我們相信，金星神西王母的原型是西亞金星神伊南娜－易士塔兒，後者不僅影響到了中國的西王母，還在世界古文明區廣泛傳衍了她的神格及特性，如埃及的伊西絲，印度的黛維、烏摩、杜爾伽、吉祥天等等，希臘（羅馬）的赫拉（朱諾）、阿佛洛狄忒（維納斯）、雅典娜（密涅瓦）、阿爾忒彌斯（狄安娜）等等，均有著伊南娜－易士塔兒的影子。

西亞金星神伊南娜－易士塔兒及其在世界各古文明區的衍形，還影響到了中國神話中除西王母以外的眾多女神的神格，如女媧、王母娘娘、湘夫人、嫘祖、織女、馬頭娘、媽祖、素女、泰山娘娘、觀音等等，她們身上或多或少有著西王母乃至域外金星神的影子。

除此之外，金星神與月神還有著部分神格及特徵上的混同現象。中國的西王母伴隨著的玉兔搗藥、蟾蜍和不死樹不死藥，竟然在月神嫦娥處照單全

〔註98〕蘇雪林：《屈原與〈九歌〉》，武漢大學出版社，2007年，第283～285頁。
〔註99〕蘇雪林：《屈原與〈九歌〉》，武漢大學出版社，2007年，第249、第259頁。

有，其他神格上的類同，如作為豐產女神、生殖女神、狩獵神、戰神以及神性上的陰陽兩性現象等等，在中外金星神和月神神格上都有實例可證。我們認為這是古人將金星、月亮與植物和農業緊密相聯造成的文化現象。

其實西亞先民崇奉金星神，以她為大母神、肥沃之神、生殖女神，是他們重視人類的兩種生產，即人類生活資料的生產和自身種的繁衍的結果，由此形成的生殖崇拜，既包括對人類子孫繁衍多多的渴望，也包括對農牧業豐產的強烈希冀。因此金星神的生殖女神和豐產女神神格是最基本的，其他神格則是在此基礎上的擴延。我們在前文歸納西王母的神格時將戰神放在首位，那只不過是金星神神格傳來中國時首先傳來了其戰神品格，但後來西王母的生殖女神和豐產女神神格仍然佔了主體地位。我們認為，從西亞的金星神伊南娜－易士塔兒，到她們傳衍到世界各地的衍形女神，是遠古生殖崇拜觀念與星神崇拜觀念的結晶。

原載於《民族藝術》2017 年第 2 期。

第十五章　戰國《人物御龍帛畫》為「湘君乘龍車」論

提要：

　　戰國《人物御龍帛畫》中的「人物」，不是墓主人，也不是《九歌》中的河伯，而是《九歌》中的湘君。帛畫的構圖元素，如龍車、水上環境等，完全同於《九歌·湘君》的描寫。帛畫出土地點與湘君崇拜地域也完全重合。此帛畫可改稱《湘君御龍帛畫》。作為土星神的湘君，其駕乘工具龍車，也被同是土星神的黃帝和域外眾多土星神所共有，土星神駕龍車的形象，還被映像到星座神話中，那便是域外的翼龍負獅形象（即獅子座立於長蛇座上方，因土星神有獅形形象）和古代中國的「焉有虯龍，負熊以遊？」神話，即軒轅星座立於代表文昌帝君的張宿之上。湘君御龍帛畫當是墓主人生前極喜愛的宗教畫，以至他死後隨葬。此隨葬行為成為此後一些漢墓中帛畫的引魂昇天功能的濫觴。

　　戰國《人物御龍帛畫》也稱《人物御龍圖》，1973 年 5 月出土於湖南長沙子彈庫楚墓〔註1〕。同墓在 1942 年曾被盜掘出一幅《帛書十二月神圖》，而距此墓僅 2 公里的陳家大山楚墓，1949 年也被盜掘出一幅《人物龍鳳圖》帛畫。此外，1982 年，在湖北江陵馬山 1 號楚墓中，也曾出土過一幅帛畫〔註2〕。這便是通過盜掘和考古發掘所僅見的 4 幅戰國中晚期楚地帛畫。馬山帛畫因殘損漫漶，內容難辨，學界少有論及，其他 3 幅帛書畫則自發現伊始，便得

〔註1〕　湖南省博物館：《新發現的長沙戰國楚墓帛畫》，《文物》，1973 年第 7 期；湖南省博物館：《長沙子彈庫戰國木槨墓》，《文物》，1974 年第 2 期。

〔註2〕　陳鍠：《古代帛畫》，文物出版社，2005 年，第 51～56 頁。

到眾多學者的關注〔註3〕，其中《人物御龍圖》和《人物龍鳳圖》因畫風、構圖元素接近，常被放在一起進行討論〔註4〕。關於《人物御龍圖》，主要觀點有「乘龍昇天形象」說〔註5〕、「引魂之舟」說〔註6〕、「招魂和引魂之具」說〔註7〕、「招魂安魂」說〔註8〕、「引魂昇天」說〔註9〕、「魂像」說〔註10〕、「招水死之魂」說〔註11〕，以及「河伯出遊」說〔註12〕等等，歸納起來，可概為兩類，一類認為此帛畫是招魂引魂的道具，畫中人物是墓主人，龍則是導引墓主人昇天的工具；另一類認為帛畫中人物是《九歌》中的河伯，是河伯乘龍舟出遊圖。筆者較認同後者的討論思路，但提出一個新見解，即認為此帛畫中人物是《九歌》中的湘君，該圖描繪的是湘君乘龍車的形象。下面從三個方面予以討論。

一、《人物御龍帛畫》與《九歌·湘君》之「湘君乘龍車」神話比較

先簡述《人物御龍帛畫》出土時的基本情況及其構圖（圖15-1）。該墓為帶一條斜坡墓道的長方形豎穴木槨墓，棺槨共三層，一槨二棺。帛畫平放在槨蓋板下方、外棺上方的隔板上面，畫面朝上。絹質，長方形，長 37.5、寬 28 釐米。帛畫上端橫邊有細竹條，長 30 釐米，近中部繫有一棕色絲繩，用於懸掛。畫幅左邊和下邊為虛邊，整個畫幅因年久而呈棕色，但質地仍然保存較好。

帛畫正中為一留鬚男子，側身向左，寬衣博帶，腰佩長劍，手執韁繩，駕馭著一條巨龍，龍頭高昂向左，龍尾翹卷向右，龍身平伏，略呈一舟形。龍

〔註3〕陳鍠：《古代帛畫》，文物出版社，2005 年，第 10～29 頁。

〔註4〕黃宏信：《楚帛畫瑣考》，《江漢考古》，1991 年第 2 期；陳鍠：《〈人物龍鳳圖〉與〈人物御龍圖〉簡論》，《美術》，2015 年第 5 期。

〔註5〕湖南省博物館：《新發現的長沙戰國楚墓帛畫》，《文物》，1973 年第 7 期。

〔註6〕蕭兵：《引魂之舟——楚帛畫新解》，《湖南考古輯刊》（2），嶽麓書社，1984 年，第 167～174 頁。

〔註7〕王建勇：《〈人物御龍帛畫〉略考》，《中原文物》2014 年第 6 期。

〔註8〕劉曉路：《帛畫諸問題》，《美術史論》，1992 年第 3 期。

〔註9〕黃宏信：《楚帛畫瑣考》，《江漢考古》，1991 年第 2 期。

〔註10〕陳鍠：《〈人物龍鳳圖〉與〈人物御龍圖〉簡論》，《美術》，2015 年第 5 期。

〔註11〕劉信芳：《關於子彈庫楚帛畫的幾個問題》，《楚文藝論集》，湖北美術出版社，1991 年，第 111～122 頁。

〔註12〕龐光華：《是御龍昇天還是河伯出遊——再論楚帛畫〈人物御龍圖〉》，《五邑大學學報》，2012 年第 1 期。

尾上端站立一鶴，引頸向右。男子頭戴冠，頭頂上方有車輿之華蓋，三條飄帶隨風拂動。龍身左下側，有一向左游動的魚。華蓋、人物及龍頸處的飄帶拂動方向一致，使畫面動感十足，讓後人看到的是一幅神人水面上駕龍車乘風破浪的樣子〔註13〕。

圖 15-1　戰國人物御龍帛畫〔註14〕

　　關於帛畫上的人物為誰？他到底是人還是神？前人有過判斷，多數觀點認為是墓主人，極少數認為是水神河伯。如果我們將此帛畫構圖元素與《九歌·湘君》作一對比，並區別其他神靈乘龍駕龍的情形，答案或許就能出來。

　　關於對《九歌》中諸神的解讀，最佳者當屬蘇雪林。她在《屈原與〈九歌〉》中，精闢地解讀出《九歌》是一套神曲，是歌頌九重天的天神之歌。這九重天神分別是日月五星（金、木、水、火、土星）七星神加上大司命蝕神、少司命彗星神，再加上山鬼對應的大地之神，合為十神〔註15〕。而五星中的土星神，對應的正是湘君。我們先來看看《九歌》中對湘君的描寫。

〔註13〕湖南省博物館：《長沙子彈庫戰國木槨墓》，《文物》，1974 年第 2 期；湖南省
　　　　博物館：《新發現的長沙戰國楚墓帛畫》，《文物》，1973 年第 7 期。
〔註14〕陳鍠：《古代帛畫》，文物出版社，2005 年，彩頁二。
〔註15〕蘇雪林：《屈原與〈九歌〉》，武漢大學出版社，2007 年，第 138～143 頁。

君不行兮夷猶，蹇誰留兮中洲？美要眇兮宜修，□□□□□□。□□□□□□，沛吾乘兮桂舟。令沅湘兮無波，使江水兮安流。望夫君兮未來，吹參差兮誰思？

駕飛龍兮北征，邅吾道兮洞庭，薜荔柏兮蕙綢，蓀橈兮蘭旌。望涔陽兮極浦，橫大江兮揚靈；揚靈兮未極，女嬋媛兮為余太息：「橫流涕兮潺湲，隱思君兮陫側！」

桂棹兮蘭枻，斲冰兮積雪，採薜荔兮水中，搴芙蓉兮木末：心不同兮媒勞，恩不甚兮輕絕。石瀨兮淺淺，飛龍兮翩翩，交不忠兮怨長，期不信兮告余以不閒。

晁騁騖兮江皋，夕弭節兮北渚，鳥次兮屋上，水周兮堂下。捐余玦兮江中，遺餘佩兮澧浦，采芳洲兮杜若，將以遺兮下女。時不可以再得，聊逍遙兮容與。〔註16〕

《湘君》歌詞可分為 4 節，每節 10 句共 40 句，今本缺省 2 句。第一節是女信徒的唱詞，言土星神湘君行動遲緩，祈禱他讓沅、湘、江、漢風平浪靜，還表達出女信徒對湘君遲遲不來的怨盼，體現了人神之愛戀。第二節言湘君駕著飛龍經過洞庭湖、大江而北征。第三節又是女信徒所唱，言她們在舟中等待湘君不至，便入手水中採芙蓉，並想像芙蓉或生於湘君所居水晶宮樹之末梢，還言及自己與湘君心不同、恩不厚、交不忠、期不信，繼續表達著怨望之詞。第四節轉為湘君所唱，言在大江揚靈后，晚上到達了北渚，描述北渚狀貌，如鳥居在屋上，水在四周流動云云。並回憶一路行來，曾捐玦於大江、遺珮於澧浦，採摘芳洲上的杜若，將它們留給愛慕他的女信徒等等。

歌詞中的湘君，駕著飛龍，越過洞庭和大江，最後到達的是北渚，這都是水上世界，其周遭環境正合帛畫上以遊魚為標誌的水域，湘君的交通工具是飛龍，帛畫上也以巨龍為車，除了手執韁繩御龍以示意，還特意畫出車蓋，其以龍為車作交通工具的表意十分明確。

湘君雖是土星神，但也當是湘地的地方神和湘江水神，這可以從《史記·秦始皇本紀》看出。該篇記載始皇帝封禪泰山後一路南行到達洞庭湖上的湘山祠，該祠也稱湘君祠〔註17〕，正是奉祀湘君的神廟。此湘山今稱君山，恐

〔註16〕引自蘇雪林：《屈原與〈九歌〉》，武漢大學出版社，2007 年，第 238～239 頁。小方框表示缺省字。

〔註17〕韓兆琦編著：《史記箋證》（貳），江西人民出版社，2015 年，第 449、460 頁。

怕是源自湘君之「君」字，其上今有君山廟，供奉大舜，自是秦代以來就搞錯供奉對象的結果。因為當年的秦始皇不清楚湘君是何神，問旁邊的博士，得到的竟是「堯女，舜之妻，而葬此」的答覆。子彈庫楚墓出土《人物禦龍帛畫》，聯想到此墓地正在湘江左近，流行湘君神話圖像非常符合情理。因此，筆者認為此帛畫中的「人物」正是湘地的地方神、湘江水神湘君。

　　不過，在屈原的《楚辭》里乘龍飛昇的形象並不止湘君一人，帛畫中畫的會不會是其他神靈呢？下面試做辨析。

　　《河伯》篇有「乘水車兮荷蓋，駕兩龍兮驂螭」的歌詞，證明河伯確也以車為交通工具，並以龍、螭為駕為驂。但要注意，河伯所乘車是水車，非龍車，水車以荷葉為蓋，非華蓋。且河伯並非直接騎乘龍、螭，而是以龍、螭拖拉水車前行，拖拉水車的是兩龍一螭，非單龍。河伯雖也馳行水上，但上述數項均不同於帛畫內容，故不可能是河伯。

　　《雲中君》篇有「龍駕兮既服，聊翱遊兮周章」。《東君》篇有「駕龍舟兮乘雷，載雲旗兮委蛇」。《大司命》篇有「乘龍兮轔轔，高馳兮衝天」。均有「駕龍」的描寫，但也明顯可看出這幾位神靈均是在空中駕龍，而非江湖等水上，帛畫中的水上環境不符合這幾位神靈，則帛畫中的人物也不該是這幾位神靈。

　　還需給予回應的是將帛畫中人物當做墓主人、帛畫功能是招魂或引魂的觀點。若真是如此，這該是戰國中晚期楚地的一種葬俗，當具有一定的普遍性。因為不止子彈庫和陳家大山楚墓才需要招魂或引魂的。但據已經發掘的長沙及江陵各自 2000 多座楚墓來看，並無第三例這樣的所謂帛畫出現。而且，《人物禦龍帛畫》及《人物龍鳳帛畫》都處於水上環境，恐怕只用「招水死之魂」也是解釋不全的。因此，所謂兩幅帛畫中人物均是墓主人是沒有說服力的。《人物禦龍帛畫》中的「人物」當是湘君，此畫可改稱《湘君禦龍帛畫》或《湘君禦龍圖》，也可稱《湘君禦龍北征圖》。

　　而出土於近旁陳家大山楚墓的所謂《人物龍鳳帛畫》，筆者已推斷畫中女子是《九歌》中的湘夫人，如此，這兩幅畫中人物便是極有關聯的湘君和湘夫人了，這也將地點和時代相近的兩座墓關聯了起來，值得一探究竟。《人物龍鳳帛畫》「人物」是湘夫人的具體論證，已有具文探討〔註18〕。

〔註18〕宋亦蕭：《戰國〈人物龍鳳帛畫〉「人物」為湘夫人考》，擬作為 2021 年 12 月湖南省長沙市舉辦的湘鄂豫皖楚文化研究會第 17 次年會參會論文，待發表。

二、黃帝乘龍車及世界神話中的土星神乘龍車神話

　　湘君對應《九歌》中的土星神，除此，中國古代的五星神另有一套叫法，即黃帝（土星神）、赤帝（火星神）、青帝（木星神）、黑帝（水星神）、白帝（金星神），這是以五色配五星神，合稱五帝。司馬遷著《史記・五帝本紀》，雖將五帝當作歷史上的五位人君，但他也說了：「百家言黃帝，其文不雅馴」，即多荒誕不經，他寫《五帝本紀》，是「擇其言尤雅者，故著為本紀書首」，即有選擇的記一些較為可信的事件。因此司馬遷創作《五帝本紀》的行為，實際上是一種神話的歷史化過程。《史記・封禪書》言「晉巫祠五帝、東君、雲中君、司命……」，此處「五帝」與東君、雲中君、司命並列，顯然不是指《史記》篇首的五位人君，而應是與太陽神（東君）、月神（雲中君）、蝕神（大司命）、彗星神（少司命）並列的五星神，不然就犯有非同類列舉的邏輯錯誤了。這是司馬遷有意無意暴露給後人的「五帝」的原始涵義。

　　黃帝既是土星神，可有像湘君和帛畫中人物一樣駕龍車的神話？文獻和口傳神話中確有這樣的記載。

　　《史記・封禪書》：「秦始皇既併天下而帝，或曰：『黃帝得土德，黃龍地蟺見。』」〔註19〕此處言及對應黃帝的神靈是黃龍。

　　《淮南子・天文》：「中央，土也，其帝黃帝……其神為鎮星（即土星），其獸黃龍」〔註20〕。這裡指明黃帝是五方的中央，他是土星神，其聖獸是黃龍。

　　《史記・天官書》：「權，軒轅。軒轅，黃龍體。」〔註21〕我們知道黃帝名「軒轅」，而「軒轅」本意指「大車」。這裡卻成了中國天文學上的星宿名。張守節《史記正義》有對《天官書》「軒轅」的補充解釋：「軒轅十七星，在七星〔註22〕北。黃龍之體，主雷雨之神」〔註23〕。這是說軒轅十七星構成黃龍之體，也是天上神聖的車形符號，實際上就是龍形之車，即龍車了。

　　如果說上述文獻對黃帝駕龍車的記載還不夠直接，下面的記述就直接多了。

〔註19〕〔西漢〕司馬遷：《史記・封禪書》，中華書局，1963年，第1366頁。
〔註20〕〔西漢〕劉安等著，許匡一譯注：《淮南子全譯》，貴州人民出版社，1993年，第114頁。
〔註21〕〔西漢〕司馬遷：《史記・天官書》，中華書局，1963年，第1299頁。
〔註22〕「七星」指二十八宿中的星宿。參徐剛、王燕平：《星空帝國──中國古代星宿揭密》，人民郵電出版社，2016年，第206頁。
〔註23〕〔西漢〕司馬遷：《史記・天官書》，中華書局，1963年，第1301頁。

　　如《史記·封禪書》:「黃帝採首山銅，鑄鼎於荊山下。鼎既成，有龍垂鬍
髯下迎黃帝。黃帝上騎，群臣後宮從上者七十餘人，龍乃上去」〔註24〕。民
間也有很多黃帝乘龍升仙的神話傳說，基本情節均是黃帝鑄鼎荊山下，鼎成
有巨龍垂著鬍鬚迎接他，黃帝騎上龍背升仙等等，河南靈寶鑄鼎原、鼎湖等
地名，正是黃帝鑄鼎升仙的地方云云〔註25〕（圖15-2）。推測這些傳說當是以
司馬遷的記載為原型的。

圖 15-2　黃帝乘龍升仙〔註26〕

　　作為土星神的湘君和黃帝均有駕龍車之舉，環視域外，也多有土星神駕
龍車的神話和圖像。

　　如神話學家每言希臘土星神克洛諾斯（Cronus）乘飛龍車（圖15-3），右
手攜大鐮刀，左手攜麥草一束，又為「時間之神」（God of Time）等等。羅馬
土星神薩特農（Saturn）也乘飛龍之車等等（圖15-4）〔註27〕。這裡所引兩則
圖例中的土星神不是直接騎乘飛龍，而是由兩飛龍牽引兩輪車的模式。當是
土星神駕飛龍神話傳至希臘、羅馬後的變形所致。但在五星神話出現最早的
西亞，則是另一番樣貌。

〔註24〕韓兆琦編著:《史記箋證·封禪書》（肆），江西人民出版社，2015年，第1991
　　　　頁。
〔註25〕何炳武等編著:《黃帝的傳說》，陝西旅遊出版社，1999年，第9～10頁。
〔註26〕何炳武等編著:《黃帝的傳說》，陝西旅遊出版社，1999年，第11頁。
〔註27〕蘇雪林:《屈原與〈九歌〉》，武漢大學出版社，2007年，第241頁。

圖 15-3、4　希臘、羅馬土星神克洛諾斯、薩特農駕龍車〔註28〕

　　如西亞的安息王朝，曾發現過一塊公元 3 世紀的陶簡，上有翼龍負獅像，龍首前方則有一枚八角星紋（圖 15-5）。西亞神話裏，土星神尼尼伯（Ninib）有獅首鷹身或獅身的動物變形，因此這幅圖代表了土星神尼尼伯乘翼龍（飛龍）的神話。而這種構型的淵源，則可找到西亞開闢神話中的尼尼伯為創造主時，其屠戮蛇形的原始女怪蒂亞華滋（Tiawath）的神話〔註29〕，二者是同一神話的置換變形而已。非常巧的是，屈原《天問》裏有一句：「焉有虯龍，負熊以遊？」一直未解。現參照西亞的翼龍負獅，或可有解。因為中國古代無獅，在處理外來文化時，常將涉獅之處臆改為熊虎之類。而黃帝也正「號有熊」。此被負之熊，似可解為黃帝之象徵。如此，則屈原之問，原是對神話裏土星神（在中國是湘君或黃帝）駕飛龍的設問。而且陶簡上的翼龍負獅像下的水波紋以及《天問》中的「負熊以遊」之「遊」字，都體現出土星神駕飛龍是馳騁在水面上的。

圖 15-5　西亞陶簡上的翼龍負獅像〔註30〕

〔註28〕引自微軟 Bing 搜索國際版，網站已注明為免費版：Cronus/Saturn|Free Images at Clker.com - vector clip art online。

〔註29〕蘇雪林：《屈原與〈九歌〉》，武漢大學出版社，2007 年，第 247 頁。

〔註30〕郭沫若：《釋支干》，引自《郭沫若全集》考古編，第一卷，人民文學出版社，2002 年，第 260 頁。

　　古人還將人間神話映像到天空，將眾多的星星組合成一個個神話人物或圖案，這便是星座及其起源的神話。西方天文學上有獅子座，其下是長蛇座，再下方便是茫茫銀河。它們映像的正是上面提到的翼龍負獅以遊於河的形象和神話（圖 15-6）。而較為巧合的是，這兩個星座在中國古代對應的是軒轅星座和以南宮七宿部分星座為主的柳、星、張、翼、陣車等星官，後者雖未統一成一個星座，但其中的張宿，卻對應了中國古代神話中的文昌帝君或稱梓潼帝君的化身普遍以張為姓的傳奇神話。而文昌帝君或梓潼帝君的前身，正是一條大蛇〔註 31〕。如此，則土星神軒轅黃帝處於以張宿為代表的文昌帝君上方，土星神（黃帝）駕長蛇（飛龍）的形象，再次在中國古代的星座神話中出現，且與西方的星座神話呈精確對應關係。

圖 15-6　獅子座星圖〔註 32〕

　　更為奇巧的是，在西方長蛇座所象形的長蛇尾部，立有一鳥，稱烏鴉座（圖 15-7）。無獨有偶，湘君御龍帛畫中的巨龍尾部也立有一鶴。此鳥雖不同彼鳥，這或許是因中國古人認為烏鴉是惡鳥而不喜，便用象徵長壽吉祥的仙鶴代之。但這種細節上的「巧合」，是很值得我們深思的。有了這樣的比較背景，或許我們才覺得帛畫中的立鶴不顯得過於突兀。

〔註 31〕蘇雪林：《談文昌帝君》，《屈賦論叢》，武漢大學出版社，2007 年，第 277～286 頁。高梧：《文昌信仰習俗研究》，巴蜀書社，2008 年，第 5～9 頁。
〔註 32〕蘇雪林：《屈原與〈九歌〉》，武漢大學出版社，2007 年，第 247 頁。

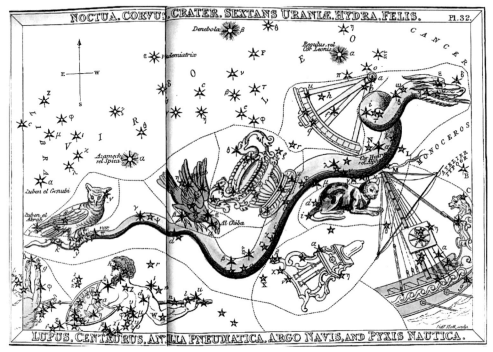

圖 15-7　星空中的長蛇座和烏鴉座〔註33〕

　　上述中外土星神駕飛龍，獅子座、長蛇座與軒轅座、張宿為代表的南宮七宿等群星的星空位置和神話故事的精確對應，長蛇座尾部的烏鴉與帛畫巨龍尾部的立鶴遙相呼應等等，都只是巧合嗎？

　　當然不是。這要拜極早期中外之間就存在過的文化交流所賜。蘇雪林曾討論過中外文化交流情況，提出域外文化曾兩度來華，首次是夏商前，第二次是戰國中葉，因此屈賦裏飽含了大量的外來文化因子便毫不足怪等等〔註34〕。在今天的考古學視野裏看中外文化交流，其中外文化接觸的時間之早和規模之大，已超出了蘇雪林當年的判斷。筆者曾撰小文討論過最早期的中外文化接觸問題，指出彩陶、冶銅術、小麥、黃牛、綿羊、山羊等外來文化因子進入古代中國的時間和可能路徑〔註35〕，這些物質文化和技術都是中外早期文化交

〔註33〕採自〔意〕埃琳娜·帕西瓦迪：《星圖：通往天空的旅程》，華中科技大學出版社，2019 年，第 194～195 頁。

〔註34〕蘇雪林：《域外文化兩度來華的來蹤去跡》，《屈賦論叢》，武漢大學出版社，2007 年，第 32 頁。

〔註35〕宋亦簫：《中國與世界的早期接觸：以彩陶、冶銅術和家培動植物為例》，《吐魯番學研究》，2015 年第 2 期；宋亦簫：《小麥最先入華的兩地點考論》，《華夏考古》，2016 年第 2 期。

流的最鮮明標誌。

　　在中外早期文化廣泛交流的大背景下，湘君駕龍車與域外土星神也駕飛龍具有同源關係便毫不為奇了。湘君御龍神話及《九歌》十神神話中的中外共性部分，當是上述那些外來物質文化傳來時，被一道或直接或輾轉攜來之故。

三、湘君御龍帛畫的功用

　　帛畫內容既為湘君御龍，它置於墓內有何作用？如何整體地看待這幅帛畫的功用？也是要做一番梳理並回答的。

　　這幅帛畫上端有細竹杆和絲繩，可懸掛，墓中是平放於槨蓋下外棺上的隔板上，畫面朝上。說明此畫在隨葬前曾用來懸掛於某處，它不是專為隨葬而創作。該墓還出有一幅《帛書十二月神圖》，簡報作者推斷此墓主人為一士大夫級貴族，綜合起來看，墓主人當是一位文化修養較高、對巫術有瞭解和愛好、熟悉和喜歡地方神話的中下層貴族。

　　由墓主人的身份和個人愛好出發來推斷，此帛畫在墓主人生前，當是他極喜愛的一幅湘君御龍北征圖，他喜歡湘君神話，便自己或請人創作了這幅畫，生前可能掛於居室，欣賞摩挲。但鑒於湘君擁有湘江地方保護神的地位，他也可能在湘地楚人靈魂信仰的相關活動中充當頂禮膜拜的對象和引魂昇天的中介。因墓主人極度喜愛這幅畫，他死後便成了隨葬品，又因在墓主人生前或充當過引領靈魂的法器，便置於墓中棺槨之間，希望此帛畫能繼續導引墓主人的靈魂，升入天界。正因此，它也就成了此後一些漢墓帛畫的引魂昇天功能的濫觴。

　　子彈庫楚墓主人生前極度喜愛這幅帛畫，死後隨葬，這種行為帶有特殊性和個人性，不具普遍意義，這也是在戰國中晚期數以千萬計的楚墓中我們找不到更多同類現象的原因。

四、結論

　　人物御龍帛畫的構圖，完全同於《九歌・湘君》中對湘君的描寫。例如他們均乘龍車，均馳騁於江湖等水面上，帛畫出土地點正是崇奉湘君這個地方神所在的區域等等。而且，屈原的《楚辭》裏也描寫了其他神靈及他本人或駕或乘飛龍的情節，但河伯雖馳行水上，可交通工具不同於帛畫，其他駕龍故事均是遨遊於天空，非在水上。綜此，此帛畫中人物當是湘君，此圖描

繪的是湘君御龍北征的神話。可稱之為《湘君御龍圖》、《湘君御龍帛畫》，或稱《湘君御龍北征圖》等等。

湘君是《九歌》所歌頌的日月五星神及蝕神、彗星神、大地之神等共計十神中的土星神。中國古代還有一套五星神的叫法，即黃帝（土星神）、赤帝（火星神）、青帝（木星神）、黑帝（水星神）、白帝（金星神），這是以五色配五星神，合稱五帝。因此，土星神還有一個叫法——黃帝。黃帝雖被稱為中華民族的始祖，被司馬遷寫入《史記·五帝本紀》之首，但他首先是五星神中的土星神，司馬遷的創作是典型的神話歷史化過程。

在中國典籍和口傳神話中，都有黃帝乘飛龍的神話，而環顧世界，諸多古文明區也都有土星神乘飛龍的神話。因此，駕飛龍當是土星神的標準配置，各古代文明區土星神標配的雷同，當是文化交流的結果。

中外土星神駕飛龍的神話形象，還被先民安置到了天空中的星座神話中，這便是西方的獅子座立於長蛇座上方，構成的「翼龍負獅」形象，而中國古代的軒轅星座和代表了文昌帝君的南宮七宿中的張宿，可對應於西方的獅子座和長蛇座。因軒轅為黃帝，為土星神，文昌帝君的前世是一條大蛇。因此中國古代的星座神話中，也在相同的星空位置有一組「應龍負熊」（黃帝號有熊）神話形象的異化和變形。

最為精巧的是，西方星座長蛇座尾部有烏鴉座，它們組合成蛇尾立鳥形象，與湘君御龍帛畫中的巨龍尾部的立鶴形象遙相呼應，這當然不是巧合，而是早期中外文化交流的真實細節反映。

隨葬湘君御龍帛畫的墓主人，當是一位文化修養較高、對巫術有瞭解和愛好、熟悉和喜歡地方神話的中下層貴族。他生前極度喜愛這幅帛畫，乃至死後隨葬。但因他生前可能將此幅帛畫作為崇奉湘君的膜拜對象和引魂昇天的工具，因此這幅帛畫在墓中可能充當了導引墓主人靈魂昇天的工具。這成為此後一些漢墓中帛畫的引魂昇天功能的濫觴。

原載於《絲綢之路研究集刊》第七輯，商務印書館，
2021 年 7 月，第 71～79 頁。

參考文獻

一、古籍類

1. 袁珂譯注:《山海經全譯》,貴州人民出版社,1991 年。

2. 屈萬里注譯:《尚書今注今譯》,新世界出版社,2011 年。

3. 屈萬里:《尚書集釋》,中西書局,2014 年。

4. 〔戰國〕呂不韋門客:《呂氏春秋全譯》,貴州人民出版社,1997 年。

5. 〔西漢〕司馬遷:《史記》,中華書局,1959 年。

6. 〔西漢〕焦延壽著,〔清〕尚秉和注:《焦氏易林注》,九洲出版社,2010 年。

7. 施丁主編:《漢書新注》,三秦出版社,1994 年。

8. 黃懷信等撰:《逸周書匯校集注》,上海古籍出版社,2007 年。

9. 楊伯峻編著:《春秋左傳注》,中華書局,2009 年。

10. 張耿光譯注:《莊子全譯》,貴州人民出版社,1991 年。

11. 〔西漢〕劉安著,許匡一譯注:《淮南子全譯》,貴州人民出版社,1990 年。

12. 〔北魏〕酈道元:《水經注全譯》,貴州人民出版社,1996 年。

13. 〔晉〕黃甫謐:《帝王世紀》,齊魯書社,2010 年。

14. 〔晉〕王嘉撰,〔梁〕蕭綺錄,齊治平校注:《拾遺記校注》,中華書局,1981 年。

15. 〔唐〕歐陽詢:《藝文類聚》,上海古籍出版社,1999 年。

16. 〔北宋〕李昉等編：《太平廣記》，中華書局，2013 年。

17. 〔宋〕洪興祖：《楚辭補注》，中華書局，2015 年。

18. 〔晉〕張華撰，范甯校證：《博物志校證》，中華書局，1980 年。

19. 〔明〕董斯張：《廣博物志》，上海古籍出版社，1992 年。

20. 〔清〕馬驌：《繹史》，中華書局，2002 年。

21. 〔清〕江永：《河洛精蘊》，九州出版社，2011 年。

22. 〔清〕趙在翰輯，鍾肇鵬、蕭文郁點校：《七緯》，中華書局，2012 年。

23. 〔清〕陳立：《白虎通疏證》，中華書局，1994 年。

24. 周祖謨：《爾雅校箋》，雲南人民出版社，2004 年。

25. 毛子水：《論語今注今譯》，重慶出版社，2011 年。

二、中文著作類

1. 王國維：《王國維論學集》，雲南人民出版社，2008 年。

2. 茅盾：《神話研究》，百花文藝出版社，1981 年。

3. 蘇雪林：《屈賦論叢》，武漢大學出版社，2007 年。

4. 蘇雪林：《屈原與〈九歌〉》，武漢大學出版社，2007 年。

5. 蘇雪林：《天問正簡》，武漢大學出版社，2007 年。

6. 凌純聲：《中國邊疆民族與環太平洋文化》，聯經出版事業公司，1979 年。

7. 郭沫若：《中國古代社會研究》，商務印書館，2011 年。

8. 郭沫若：《青銅時代》，中國人民出版社，2005 年。

9. 郭沫若：《郭沫若全集》考古編，第一卷，人民文學出版社，2002 年。

10. 聞一多：《詩經研究》，巴蜀書社，2002 年。

11. 聞一多：《神話與詩》，天津古籍出版社，2008 年。

12. 顧頡剛：《古史辨自序》，河北教育出版社。

13. 顧頡剛：《論巴蜀與中原的關係》，四川人民出版社，1981 年。

14. 楊寬：《中國上古史導論》，上海人民出版社，2016 年。

15. 呂思勉、童書業編著：《古史辨》第七冊，海南出版社，2005 年。

16. 黃文弼：《西北史地論叢》，上海人民出版社，1981 年。

17. 蒙文通：《周秦少數民族研究》，龍門聯合書局，1961 年。

18. 蒙文通：《巴蜀古史論述》，四川人民出版社，1981 年。

19. 楊希枚：《先秦文化綜論》，廣西師範大學出版社，2008 年。

20. 丁山：《古代神話與民族》，商務印書館，2005 年。

21. 丁山：《中國古代宗教與神話考》，上海書店出版社，2011 年。

22. 孫作云：《美術考古與民俗研究》，河南大學出版社，2003 年。

23. 于省吾：《雙劍誃古器物圖錄》，中華書局，2009 年。

24. 裘錫圭：《中國出土文獻十講》，復旦大學出版社，2004 年。

25. 林梅村：《漢唐西域與中國文明》，文物出版社，1998 年。

26. 范三畏：《曠古逸史——隴右神話與古史傳說》，甘肅教育出版社，1999 年。

27. 呂繼祥：《泰山娘娘信仰》，學苑出版社，1994 年。

28. 何新：《諸神的起源》，時事出版社，2002 年。

29. 趙逵夫：《屈騷探幽》，巴蜀書社，2004 年。

30. 朱芳圃：《中國古代神話與史實》，中州書畫社，1982 年。

31. 蕭兵：《楚辭與神話》，江蘇古籍出版社，1986 年。

32. 湯惠生：《青藏高原古代文明》，三秦出版社，2003 年。

33. 湯惠生：《青海岩畫——史前藝術中二元對立思維及其觀念的研究》，科學出版社，2001 年。

34. 張光直：《中國青銅時代》，三聯書店，1999 年。

35. 張正明：《楚文化史》，上海人民出版社，1987 年。

36. 宋公文、張君：《楚風俗志》，湖北教育出版社，1995 年。

37. 張振犁：《中原神話研究》，上海社會科學院出版社，2009 年。

38. 鄧少琴：《巴蜀史蹟探索》，四川人民出版社，1983 年。

39. 鄧少琴：《鄧少琴西南民族史地論集》，巴蜀書社，2001 年。

40. 劉宗迪：《失落的天書——〈山海經〉與古代華夏世界觀》，商務印書館，2016 年。

41. 賈雯鶴：《神話的文化解讀》，重慶大學出版社，2010 年。

42. 王增永：《華夏文化源流考》，中國社會科學出版社，2005 年。

43. 宋兆麟：《巫與民間信仰》，中國華僑出版公司，1990 年。

44. 趙國華：《生殖崇拜文化論》，中國社會科學出版社，1990 年。

45. 傅道彬：《中國生殖崇拜文化論》，湖北人民出版社，1990 年。

46. 鄭慧生：《中國文字的發展》，河南人民出版社，1996 年。

47. 徐湖平主編：《東方文明之光——良渚文化發現 60 週年紀念文集》，海南國際新聞出版中心，1996 年。

48. 馮時：《中國天文考古學》，中國社會科學出版社，2010 年。

49. 陸思賢、李迪：《天文考古通論》，紫禁城出版社，2000 年。

50. 牟永抗：《牟永抗考古學文集》，科學出版社，2009 年。

51. 王心怡：《商周圖形文字編》，文物出版社，2007 年。

52. 芮傳明、余太山：《中西紋飾比較》，上海古籍出版社，1995 年。

53. 葉舒憲等編：《文化符號學——大小傳統新視野》，陝西師範大學出版社，2013 年。

54. 葉舒憲：《中華文明探源的神話學研究》，社會科學文獻出版社，2015 年。

55. 葉舒憲：《玉石神話信仰與華夏精神》，復旦大學出版社，2019 年。

56. 阿城：《洛書河圖——文明的造型探源》，中華書局，2014 年。

57. 孫慶偉：《鼏宅禹跡——夏代信史的考古學重建》，三聯書店，2018 年。

58. 韓兆琦編著：《史記箋證》，江西人民出版社，2015 年。

59. 王小盾：《中國早期思想與符號研究——關於四神的起源及其體系形成》，上海人民出版社，2008 年。

60. 董楚平：《吳越文化新探》，浙江人民出版社，1988 年。

61. 陳剩勇：《中國第一王朝的崛起——中華文明和國家起源之謎破譯》，湖南出版社，1994 年。

62. 黃懿陸：《〈山海經〉考古——夏朝起源與先越文化研究》，民族出版社，2007 年。

63. 呂琪昌：《青銅爵、斝的秘密——從史前陶鬶到夏商文化起源並斷代問題研究》，浙江大學出版社，2007 年。

64. 陳器文：《玄武神話、傳說與信仰》，陝西師範大學出版社，2013 年。

65. 段守虹：《靈蛇圖像》，陝西人民美術出版社，2014 年。

66. 周寶宏：《近出西周金文集釋》，天津古籍出版社，2005 年。

67. 呂微：《神話何為——神聖敘事的傳承與闡釋》，社會科學文獻出版社，2001 年。

68. 王趁意：《中國東漢龍虎交媾鏡》，中州古籍出版社，2002 年。

69. 陳江風：《天文崇拜與文化交融》，河南大學出版社，1994 年。

70. 戶曉輝：《岩畫與生殖巫術》，新疆美術攝影出版社，1993 年。

71. 李淞：《論漢代藝術中的西王母圖像》，湖南教育出版社，2000 年。

72. 南陽文物研究所：《南陽漢代畫像磚》，文物出版社，1990 年。

73. 高文編：《四川漢代畫像磚》，上海人民美術出版社，1987 年。

74. 朱狄：《原始文化研究》，生活·讀書·新知三聯書店，1988 年。

75. 魏慶徵：《古代兩河流域與西亞神話》，北嶽文藝出版社，1999 年。

76. 魏慶徵：《古代埃及神話》，北嶽文藝出版社，1999 年。

77. 王志民：《齊文化概論》，山東人民出版社，1993 年。

78. 陳鍠：《古代帛畫》，文物出版社，2005 年。

79. 徐剛、王燕平：《星空帝國——中國古代星宿揭密》，人民郵電出版社，2016 年。

80. 高梧：《文昌信仰習俗研究》，巴蜀書社，2008 年。

81. 宋亦簫：《楚文化中的域外文化因素研究》，長春出版社，2015 年。

三、中文譯著類

1. 〔美〕艾蘭：《早期中國歷史、思想與文化》，商務印書館，2011 年。

2. 〔美〕夏含夷主編：《遠方的時習——〈古代中國〉精選集》，上海古籍出版社，2008 年。

3. 〔英〕李約瑟：《中國科學技術史》第 1 卷，科學出版社，1990 年。

4. 〔日〕林巳奈夫著，常耀華譯：《神與獸的紋樣學——中國古代諸神》，生活·讀書·新知三聯書店，2009 年。

5. 饒宗頤編譯：《近東開闢史詩》，遼寧教育出版社，1998 年。

6. 〔英〕弗雷澤著，徐育新、汪培基、張澤石譯：《金枝》，新世界出版社，2006 年。

7. 〔英〕馬林諾斯基著，李安宅譯：《巫術科學宗教與神話》，上海社會科學院出版社，2016 年。

8. 〔美〕馬麗加·金芭塔斯著，葉舒憲等譯：《活著的女神》，廣西師範大學出版社，2008 年。

9. 〔英〕赫麗生著，謝世堅譯：《古希臘宗教的社會起源》，廣西師範大學

出版社，2004 年。

10. 〔德〕瓦爾特・伯克特著，劉智譯：《東方化革命——古風時代前期近東對古希臘文化的影響》，上海三聯書店，2010 年。

11. 〔英〕威廉・雷姆塞著，孫晶晶譯：《希臘文明中的亞洲因素》，大象出版社，2013 年。

12. 〔德〕瓦爾特・伯克特著，唐卉譯：《希臘文化的東方語境》，社會科學文獻出版社，2015 年。

四、考古報告類

1. 中國社會科學院考古研究所等：《蒙城尉遲寺》（第二部），科學出版社，2007 年。

2. 中國社會科學院考古研究所等：《蚌埠禹會村》，科學出版社，2013 年。

3. 江西省文物考古研究所等：《新幹商代大墓》，文物出版社，1997 年。

4. 河南省文化局文物工作隊：《鄭州二里崗》，科學出版社，1959 年。

5. 河南省文物考古研究所等：《淅川和尚嶺與徐家嶺楚墓》，大象出版社，2004 年。

6. 湖北省宜昌地區博物館等：《當陽趙家湖楚墓》，文物出版社，1992 年。

7. 湖北省荊州博物館：《棗林崗與堆金臺》，科學出版社，1999 年。

8. 湖北省荊州地區博物館：《江陵雨臺山楚墓》，文物出版社，1984 年。

9. 湖北省文物考古研究所：《江陵九店東周墓》，科學出版社，1995 年。

10. 襄陽市文物考古研究所：《余崗楚墓》，科學出版社，2011 年。

11. 陝西省考古研究所等：《神木大保當》，科學出版社，2001 年。

五、外文文獻類

1. J. G. Andersson, Research into the Prehistory of the Chinese, BMFEA, No. 15 Stockholm, 1943.

2. Dr.G. Gieseler, La Tablette, Tsong Du Tcheou-Li, Arehedogique, paris, 1915.

3. Beatrice Laura Goff, Symbols of Prehistoric Mesopotamia, Yale University Press, 1963.

4. Diane Wolkstein, Samuel Noah Kramer: Inanna, Queen of Heaven and Earth, Harper and Row Publishers.

5. Clare Gibson, Symbols of the Goddess: Universal signs of the Divine Female, Saraband.

6. Alfredo Rizza, The Assyrians and the Babylonians: History and Treasures of Ancient Civilization, White Star Publishers.

7. Charles Penglase, Greek Myths and Mesopotamia, Routledge, 1994.

附錄：行走在多學科結合研究古典文明的道路上

回望自己能走上學術之路，有各種機緣巧合，有自己的努力堅持，有抓住機緣並乘勝追擊，進而迸發出的強烈的學術興趣和熱情之所致。而這一切，恐怕要從 30 年前自己開始接受高等教育時所獲得的專業教育說起。

一、求學三部曲

高中選擇文科，主要出於對歷史和地理學科的熱愛，高考時這兩科也確實考得最好。但高考後填報志願，我最心儀的專業並非這兩科，而是文學。當時作為一個文學少年，看到的都是文學的綺麗和浪漫，再加上農村父母根本沒有能力參與志願指導，實際也就少了一份選擇上的羈絆，任由我天馬行空地報了很多學校的中文系。現在回想起來，盡顯出自己當年的飄渺夢幻和不帶功利只圖喜歡的簡單。至於將選擇專業跟未來職業的規劃聯繫起來的想法，更是一點都沒有。

可事與願違，錄取結果是被第一志願武漢大學調劑到歷史系考古學專業。當時倒也不氣餒，一副隨遇而安的心態，但也絕沒想到，這一由他人操作的調劑專業行為，竟奠定了我此後一生的志業。

大學四年，專業也在好好地學，但並未提起多大的興趣，更沒有將來要以此為職業和從事學術研究的想法。原因歸納起來，一是自己專業的閱讀量不夠，二是老師們的引領作用不夠，也包括他們沒有好好指導我們閱讀。因

此畢業時的想法是，幹什麼工作都可以，不要幹考古最好。

可找到的第一份工作是博物館的陳列展覽方案設計，跟考古還是有較密切的關係，這也為我後來能回轉到考古上來埋下了伏筆。

1990 年代初期的博物館工作，整體來說是較為輕鬆的。人有閒就愛瞎琢磨，加上有了工作收入，解決了溫飽問題，就要想點別的有意義的事情了。如是準備考研，正好聽說母校在為湖南湖北兩省文物考古從業人員開辦碩士學位班，我就去了。但當初上研究生班的動機也不是為了學術，而是簡單地打發時間和充實自身。

學位班的課當然沒有本科時那麼多，但給我留下的印象深，影響明顯大於本科時。或者是因為熟悉的老師們的授課內容更有深度些，又或許經過了幾年工作歷練，我的關注、理解能力都有提升。總之，碩士課堂及自己的學習和思索，激發了我閱讀相關考古和人類學著作的熱情。印象最深的是大陸當時剛發行面世的張光直的《考古人類學隨筆》和蘇秉琦的《中國文明起源新探》，以及他們的相關著作。張、蘇兩位先生在各自的文章中都提到如何做好中國考古學，蘇先生說當要創建世界的中國考古學，做中國考古，要有世界眼光。張先生本身就是一位有世界視野的考古學家，他認為做中國考古，不能僅僅侷限於中國，還要對中國以外的至少一個地方的考古有瞭解。這些建議給了我極大的啟發。我就想，除了中國考古，我還應該去瞭解域外哪裏的考古材料呢？我首先想到的是中亞。憑過去對中外歷史的粗淺瞭解，也包括讀了一點陳寅恪先生的著作，我知道歷史上中國與中亞包括西域的歷史互動很多，那麼考古上能體現得出來麼？這些互動往還，對中國和世界的歷史影響有多大？這些疑問激發了我的好奇心和探究心。如是就到湖北省圖書館去借書，最先找來的是王治來先生的《中亞史綱》。果然發現古代中國與西域、西方有著多方交流，這些交流又深刻影響了中國的歷史。接著又找來林梅村、水濤、李水城等學者的著作來讀。並買來剛出版的《中亞文明史》前三卷，後者主要是用考古材料寫成的區域文明通史。一時真是電光火石，東西文化交流考古，立馬成了我的學習興趣點所在。並且很快就暗下決心，碩士學位拿到後，我要去念博士，專業方向就選早期東西文化交流考古。直到這個時候，將來要以學術為志業的念頭，才開始在心中潛滋暗長。

但碩士階段包括碩士論文的選題，我並沒有直接進入早期東西文化交流考古領域，一方面自己剛剛涉足，並無任何學術積累和優勢，另一方面武大

也缺少這方面的指導老師，所以碩士論文還是中規中距地找到陳冰白先生指導，寫的是《鄂東新石器時代文化研究》這個題目。

碩士論文通過答辯後，我開始了考博的準備。英文底子差就通過苦練和參加培訓班的方式解決，記得北大的曹其軍先生，那幾年常來武漢開班，我能順利通過博士英文考試，得益於他不少。

因為我已有了既定的博士研究方向，考哪個學校就變成了找到能招這個方向的導師，最後我將目標鎖定在南京大學的水濤先生。水老師是西北人，在甘肅考古所工作多年，從北大獲得考古學博士學位後，來南京大學執教，但研究主要方向還是西北考古和早期東西文化交流考古，這正是我的學術興趣所在。我的博士生入學考試發揮得相當好，2006 年 9 月，我進入了南京大學學習。跟當時很多同學不同的是，我是先有了研究方向和選題才來念博士，所以入學後很快就將博士論文題目定了下來，前兩年，除了上完博士課程，一直在搜集論文材料，包括去新疆做實地調查、參與當地的考古發掘等等。第三年正式落筆寫論文，過程也很順利，論文初稿交給水老師審讀時，他只給改了一個字，即將「她」改作「他」，那是因為我引用這個學者的文章，但不認識他，便以他的名字推斷他是女作者。後來看到學弟們在微信群裏曬導師批改的博士論文稿本，滿紙的銀鉤鐵劃，我內心還頗為感慨。

二、從考古走向立體釋古

博士論文也是一篇中規中距的考古學論文，採用的研究方法有考古地層學、考古類型學和文化因素分析法等等，都是考古學研究中的常用方法。儘管我也關注到文獻資料和種族人類學、古遺傳學的成果並嘗試使用，但在篇幅上占比不高。在準備和寫作博士論文期間，我偶然發現了蘇雪林的臺版《屈賦新探》四部大著，還接觸到葉舒憲老師的多部著作。前者通過中外神話的廣泛比較，揭示了屈原賦裏的大量外來文化因子，後者倡導三重證據法，即將人類學資料和方法應用於解讀古代典籍的研究，都給了我極大的啟發。並暗下決心，待博士論文完成後，可要多多吸收蘇雪林、葉舒憲等學者倡導和採用的研究方法，在早期東西文化交流史領域，努力開拓除考古學的實物資料以外的其他研究資料和研究手段。

這個想法在我博士後研究階段很快得到了實現。博士畢業後，我回到武漢，先在辛亥革命博物館擔任了一段時間業務副館長，同時聯繫華中師範大

學的姚偉鈞老師，跟他從事博士後的研究。我將選題定在楚文化與域外文化的關係上面，是我的早期東西文化交流史研究的延續。期間我閱讀張正明先生著作，看到張先生也極其重視人類學在史學研究中的利用，同樣提出了「三重證據法」，他的三重證據便是「文獻典籍」、「文物考古」、「文化人類學」資料與方法的運用。張先生在區域文化、楚學、楚俗等研究領域，倡導「讀書、考古和采風」三結合，多次介紹「多重證據」的方法原則。他說：「在研究人類文化現象時，要善於綜合運用文獻典籍、文物考古、民俗事項三個方面的論證材料，將三者首先放在特定的時空軸上進行檢驗、定位，然後再在時間軸或空間軸上（抑或兩軸並用）依序予以立體化的運用，使人知其源、明其流、識其變、握其要」〔註1〕。我對張先生的這些倡導深以為然。葉舒憲先生則在過去提出的三重證據法的基礎上，歸納為「四重證據法」，即「傳世文獻、出土文獻、口傳與非物質資料、實物和圖像」〔註2〕，並大力提倡和實踐。葉先生所言的四重證據，與張先生所言的三重證據，道理和觀念是一致的，只是分類的粗細不一，葉老師將「文物考古」分為出土文獻和實物圖像，這樣更細緻清晰。

2012 年，我調入華中師範大學歷史文化學院，從事文化史和楚學的教學和研究。張、葉諸先生倡導的多重證據法研究方法，已在我的頭腦中扎下了根。近七、八年來，我對楚文化遺物如鎮墓獸、虎座鳥架鼓、戰國人物御龍帛畫等，其他先秦出土遺物如良渚文化神徽、玄武圖像、玉璇璣等，以及崑崙神話、西王母神話、鯀禹神話等的關注和研究，都充分利用了四重證據法的立體釋古方法。葉舒憲先生主導的文學人類學一派所總結出來的神話觀念決定論、文化大小傳統論、文化文本 N 級編碼論、玉文化先統一中國論等研究理論，也讓我的藝術考古研究在方法論上有著更清晰的思路和旨歸。

在我從事藝術考古研究的這幾年，有諸多幫助過我的人、事值得我銘記。這裡要特別提到《民族藝術》雜誌的「藝術考古」欄目及幕後的評審專家、編輯和雜誌社主編許曉明博士，正是他們的厚愛不棄，我的多篇藝術考古論文得以在該欄目發表，並在學術界產生了一些影響。過去年代有一些名刊名欄

〔註1〕 轉引自楊昌鑫：《磨礪龍泉闢天地——謅論楚俗學派的「三維論證——五維操作」治學之道》，《社會科學動態》，1998 年第 3 期。

〔註2〕 葉舒憲：《第四重證據：比較圖像學的視覺說服力——以貓頭鷹象徵的跨文化解讀為例》，《文學評論》，2006 年第 5 期；楊驪、葉舒憲編著：《四重證據法研究》，復旦大學出版社，2019 年，第 3～88 頁。

用心經營，與欄目作者一起成長，甚至成就了彼此，成為一段段學術佳話，如《古史辨》，如《禹貢》，如《食貨》，如《學衡》，等等。我相信《民族藝術》的「藝術考古」欄目，一定也會在中國學術期刊史上留下它應有的色彩和華章。

還要特別感謝葉舒憲老師，除了在他的大量著作和論文中吸收了多方營養外，在有限的見面機會中，也聆聽到了不少教誨。更多的，則是在郵件往來中我所獲得的啟發和新知，以及葉老師提攜後進、為我的學術成果發表創造機緣等，都給了我切實的幫助。記得 2015 年在湖北黃石召開的中國端午節俗與屈原文化學術研討會上，我第一次見到葉老師，會議間隙我去拜謁葉老師，聊天中我說，葉老師是從文學、神話學到民俗學、人類學再到考古學（因為葉老師提出四重證據法，大量在利用考古學的實物和圖像），而我是從考古學到人類學、民俗學再到文學、神話學，實在是殊途而同歸，相反而相成。這當然有自我抬高的不自量力，但我主要還是想說明，在研究古典文明的道路上，儘管學緣不同，但最終總會走到這樣的多學科結合研究的道路上來的。

三、兩種「田野」的交織

有不少的人文社會學科如考古學、人類學、社會學、人文地理學、民間文學、藝術學、民俗學、非物質文化遺產學等等，它們獲取研究資料的最重要手段之一便是田野工作（Field work）。在過去，我主要關注和實踐的只是考古學的田野，直到來高校教書並開始由純考古研究走向立體釋古後，才開始接觸到人類學、民俗學和非物質文化遺產學的田野工作，並在我的研究中逐漸形成兩種「田野」交織為用的局面。所謂兩種「田野」，是指以田野考古學為代表的調查發掘古代遺存的田野和以人類學、社會學、民俗學等為代表的調查採訪當前的活態社會的田野。兩種「田野」的最大區別是調查的對象一為靜態的過去時，一為活態的現在時。

考古學的田野工作形成了一門專門的分支學科，即田野考古學，它是考古學專業的學生最基礎的專門訓練之一。在學校時，老師們反覆強調，田野考古學是考古學專業學生的基本功，沒有經歷完整田野考古訓練的人，不可能成為合格的考古學工作者。我們牢記教導，在田野考古實習中認真學習和鑽研。當時的武大考古專業很重視田野考古，四年本科八個學期，竟然安排了兩個學期開展田野考古實習，分別安排在大三的上學期和大四的上學期。

我們當年第一次田野考古實習的地點在湖北黃陂鐵門坎遺址，是一處新石器時代晚期石家河文化遺址，指導老師陳冰白老師和徐承泰老師認真地教，我們也認真的學，經過近 5 個月整個學期的刻苦訓練，我們基本上掌握了田野調查、鑽探、探方發掘、遺物收集、遺跡辨認、文物室內整理以及田野發掘報告的撰寫等等田野考古學的完整過程。

考古學的田野工作在剝去現代的表土層後（也有直接顯露在地表上的古代遺存），我們面對的是古代的遺存。且它們都是寂靜無聲也不動彈的死的遺跡和遺物，考古學工作者要透過它們來瞭解復原古代社會的風貌。而人類學（也包括民俗學、非遺學等）的田野工作，是對當時社會的調查研究，因此這個調查研究對象是有聲有色的活態的社會存在。過去，我完整地經歷過考古學的田野工作流程，對人類學的田野工作只保持有限的關注。自從進入結合多學科諸如考古學、歷史學、人類學、民俗學等的立體釋古研究範式後，也包括給本科生和研究生開設《文化人類學》和《人類學經典選讀》等課程的需要，我更多地關注到了人類學的田野工作，同時指導每屆的本科生參與短期的田野調查工作並指導和評定學生們撰寫的田野調查報告成績。這些經歷都迫使我進一步瞭解和接觸人類學的田野工作，並在研究中形成兩種「田野」工作交互為用的局面。

例如在釋讀考古發現的遺跡遺物時，有些遺跡遺物僅依據它們自身或出土環境，很難判斷其功能用途或名稱，但若在人類學的田野工作中能發現類似物，依據類比，就能較好理解和解讀出土遺跡遺物了。這方面的例子很多，先舉陳星燦所總結的幾例。如理解先秦遺址中廣泛存在的灰坑的用途問題，陳星燦以他在哈佛燕京圖書館所見石璋如先生所著《晉綏紀行》為例，介紹了石璋如先生為解決殷墟發掘中大量發現的灰坑用途問題，考察了當時的山西和內蒙等多處藏糧食窖穴，試圖通過後者獲得對灰坑用途的深入理解〔註3〕。又如仰韶文化出土的眾多尖底瓶的用法，陳星燦利用北美印第安人民族學調查資料，同時還有異域的考古出土圖像等，來共同判定仰韶文化尖底瓶的使用方法〔註4〕。再如新石器時代遺址中廣泛出土的收割工具石刀、陶刀、蚌刀等的用法，通過對苗

〔註3〕陳星燦：《灰坑的民族考古學觀察——石璋如〈晉綏紀行〉的再發現》，《考古隨筆》二，文物出版社，2010 年，第 95～99 頁。

〔註4〕陳星燦：《尖底瓶的用法》、《再談尖底瓶的用法》，《考古隨筆》二，文物出版社，2010 年，第 45～50 頁。

族割稻穗方法的觀察，加上實驗考古，也獲得了較滿意的答案等等〔註5〕。我自己曾經在討論端午節俗的起源過程中，除了傳世文獻和考古實物，也大量利用了民俗學調查的活態資料〔註6〕，在研究良渚文化神徽的內涵時，也利用到了活態的民間文化和民間藝術品獨佔鰲頭、魁星點斗等等雕塑、擺件和瓷器〔註7〕。

考古學和人類學（民族學）兩種田野工作交互為用產生了一門分支學科〔註8〕或稱研究方法〔註9〕，那便是民族考古學。它首先出現於國外，中國從上世紀八十年代開始引入，經過廣泛的討論和實踐，逐漸完成了民族考古學的本土化建構。中國學者對於民族考古學研究方法的認識，也基本保持一致，即一致強調民族志資料的重要性，肯定民族志資料類比考古遺存以解決考古學問題的有用性等等〔註10〕。正是循著上述方法，筆者在解讀一些先秦文物時獲得了啟發和靈感並提出了新見解。

張正明先生提出的三重證據法和葉舒憲老師提出的四重證據法，都涉及到考古學和人類學的結合相互闡釋研究文史問題，其中前者是第二、三重證據，後者是指第三、四重證據。這自然也是要以考古學和人類學的田野工作交織相互為用為前提的。

四、談讀書與寫作

最近先後讀到兩篇訪談文字，都順帶說到讀書的方法，特別引起我的注意。一篇是戴一菲採訪蘇州大學吳企明教授，文中借吳先生之口回憶程千帆先生曾談到的「一本書主義」，即要搞通一本書，形成規範的研究方法、路數，為以後研究打下基礎。吳先生說對他影響很大云云〔註11〕。另一篇是南

〔註5〕陳星燦：《中國古代的收割工具——石刀、陶刀和蚌刀的用法初探——民族考古與實驗考古的一點心得》，《考古隨筆》二，文物出版社，2010 年，第 177～183 頁。

〔註6〕宋亦簫，劉琴：《端午節俗起源新探》，《中原文化研究》，2016 年第 2 期。

〔註7〕宋亦簫：《良渚文化神徽為「大禹騎龜」說》，《民族藝術》，2019 年第 4 期。

〔註8〕梁釗韜，張壽祺：《論「民族考古學」》，《社會科學戰線》，1983 年第 4 期。

〔註9〕丁乙：《民族志類比法的原則》，《中國文物報》，1989 年 2 月 17 日第 7 版。
丁乙，徐明：《關於民族考古學的對話》，《中國文物報》，1989 年 7 月 7 日第 7 版。

〔註10〕陳虹利，韋丹芳：《中國民族考古學研究回顧與反思》，《廣西民族大學學報》，2018 年第 2 期。

〔註11〕戴一菲：《文集校箋見篤實，詩畫融通出新裁——吳企明教授訪談錄》，《文藝研究》2020 年第 1 期。

京大學圖書館微信公眾號上發布的「上書房行走」欄目第八期:《走進張學鋒教授的書房》,這是南大圖書館精心採訪的「走進南大人的書房」系列文章中的一篇。張老師在這篇訪談中談到他在京都大學的讀書生活,他的讀書經驗是,求學階段一定要精讀幾種前人的著作,例如他精讀的第一本書是日本學者大川富士的《六朝江南的豪族社會》,精讀過程費時一年,書中引用的每一條史料都找出原書來核實,引用的每一篇文獻,必須找出來閱讀,出現的每一個人名、地名,必須對之瞭解,加上日語單詞、語法、慣用法,每一項做到無死角。雖然看起來只讀了一本書,但涉獵到的歷史文獻和前人著述卻不下百種〔註12〕。

我讀到這兩段文字時,深以為然。回想自己的讀書生涯,也是有這樣類似的經歷的。記憶最深的是十多年前讀蘇雪林的《屈原與〈九歌〉》〔註13〕,老實說,這本書初讀起來不好讀,但我又認為極其重要,因此就靜下心來慢讀細讀。書中所有出現的人名、神名、地名,不清楚的必去查證,尤其是大量的域外神話中的神名,我都找到有這些神名的中文譯本或原著,瞭解各位神的事蹟,將其英文名字和不同漢譯標注在書中空白處。書中提及各種中外文獻和著述,盡可能找到並閱讀相關部分。前前後後也讀了一年時間才讀完,隨著對相關背景知識越來越熟悉,才發現這本書並沒有剛開始那樣難讀,蘇先生又是大作家,文字雖然帶有當年她寫作時的時代烙印,有隔代感,但還是讓人看著優美舒適的。因此到後來我是越看越愛,有的地方反覆讀過多遍,後來因寫作論文要引用該書,多處更是被反覆查讀。

此外留下較深的精讀印象的有蘇秉琦先生的《中國文明起源新探》〔註14〕和英國人類學家弗雷澤的《金枝》〔註15〕,蘇著是他晚年的一部學術總結之作,可寫法通俗,並不深奧難懂,但涉及的考古學理論方法、相關文獻眾多,我也找到相關著述和論文作擴展閱讀,蘇公在書中也將自己一生的理論建樹作了系統總結,這自然是要圈圈點點,以示突出。凡有所領悟、思索和心得,我也喜歡記在相應頁面的空白處,當然這也是我閱讀所有自購書的特點。

據說弗雷澤的《金枝》原著文筆就很優美,徐育新等三位譯者的譯筆將

〔註12〕參見南京大學圖書館微信公號「上書房行走」欄目第八期:《走進張學鋒教授的書房》。

〔註13〕蘇雪林:《屈原與〈九歌〉》,武漢大學出版社,2007年。

〔註14〕蘇秉琦:《中國文明起源新探》,生活·讀書·新知三聯書店,2000年。

〔註15〕〔英〕J. G. 弗雷澤著,徐育新等譯:《金枝》,新世界出版社,2006年。

這種特點體現了出來，因此《金枝》是較為好讀的。我選購的是新世界出版社本，編輯還插配了相關圖片，書中大量引述世界範圍的相關資料，包括許多巫術、宗教和神話資料，第三版 12 卷本是有注明原始出處的，第四版 1 卷本為節省篇幅，都刪去了。我喜歡就相關神話資料找到相關文獻做一些知識補充，並將自己的相關思考或想法記錄於書頁空白處，注明日期。《金枝》對我的影響很大，也是我必然要給學生們推薦閱讀的精讀書之一。

除了閱讀研究領域的重要著作和新著，閱讀學術期刊的本領域的相關論文也必不可少，這一點季羨林先生早就指出過，用他的話說，就是「稍懂學術研究的人都會知道，學術上的新見解總是最先發表在雜誌上刊登的論文，進入學術專著，多半是比較晚的事情了。每一位學者都必須儘量多地儘量及時地閱讀中外有關的雜誌。在閱讀中，認為觀點正確，則心領神會。認為不正確，則自己必有自己的想法。閱讀既多，則融會貫通，逐漸形成了自己的新見解，發而為文，對自己這一門學問會有所推動。這就是『從雜誌縫裏找文章』」〔註16〕。

我總結了一下閱讀學術雜誌，或者說懂得「從雜誌縫裏找文章」的好處，至少有以下四點：1. 增長新知識；2. 啟發思考。可細分為①認為論文觀點正確，或可觸發思考，進一步深入該問題；②認為論文觀點不正確，必激發思考，得出自認為正確的觀點。3. 避免重複勞動。因為前人已研究的結論，你也贊同，就不必再做了。4. 在做學術綜述時，「足徵見聞之淵博」〔註17〕，且顯示你尊重前人勞動成果。

關於寫作，我想談一點跟寫作相關的故事。首先是什麼情況下才可以寫論文？我想先引用兩位前輩學者的原話回答這個問題，不過他們都用的是反句，即什麼情況下不能寫論文？一位是季羨林先生，他說「沒有新意，不要寫文章」〔註18〕。他特別說到，「論文的核心是講自己的看法、自己異於前人的新意，要發前人未發之覆。有這樣的文章，學術才能一步步、一代代向前發展」〔註19〕。另一位是楚學大家張正明先生，他的名言是：「若無新意，斷

〔註16〕 季羨林：《文章的題目》，《讀書治學寫作》，華藝出版社，2008 年，第 215 頁。
〔註17〕 轉引自謝泳：《當明引不當暗襲》，《趣味高於一切》，重慶出版社，2013 年，第 3 頁。
〔註18〕 季羨林：《沒有新意，不要寫文章》，《讀書治學寫作》，華藝出版社，2008 年，第 233～235 頁。
〔註19〕 季羨林：《沒有新意，不要寫文章》，《讀書治學寫作》，華藝出版社，2008 年，第 234 頁。

不作文」〔註20〕。我總結兩位先生的命意，便是只有有了「新意」，才有必要寫文章。這真是論文寫作的不刊之論。但是，「新意」又是從哪裏來的呢？季先生在他的《沒有新意，不要寫文章》中有表述，他說，有的可能是出於「靈感」，不過能有這樣的靈感，如牛頓看到蘋果落地悟出地心引力，一定是他很早就思考這類問題，一旦遇到相應時機，便豁然頓悟。還有就是「從雜誌縫裏找文章」和「讀書得間」，這都是通過對他人成果的學習而激發自己的思考而得到「新意」〔註21〕。我完全贊同季先生的分析，並且認為，這個「新意」，也是由胡適之先生的那句治學名言「大膽的假設，小心的求證」〔註22〕的「假設」而來。

當代也還有些學者，或許是還受到或多或少的過去的「左」的思想的干擾，認為「大膽的假設，小心的求證」不對，一切論點都只能從材料出，只能讓材料牽著自己的鼻子走云云。其實是沒有完全領會這十個字的真諦，因為這十個字的精神，並不反對論點從材料出，這正是「小心的求證」的過程，但在你有心求證之前，得先有「假設」這個目標和靶子在。

季先生對胡先生的「大膽的假設，小心的求證」就非常推崇，他譽之為學術研究的「十字訣」。並展開說，「無論是人文社會家，還是自然科學家，真想做學問，都離不開這十個字。在這裡，關鍵是『大膽』和『小心』。研究任何一個問題，必先有假設。否則就是抄襲舊論，拾人牙慧。這樣學問永遠不會有進步。要想創新，必有假設，而假設則是越大膽越好」〔註23〕。筆者慶幸在邁入學問之門之初，得到過老師們的「問學在出新」的提點，也看到了季、張先生的諄諄告誡，因此一開始就以此要求自己，做到了「若無新意，斷不作文」。現在，又在按照這個標準要求並指導自己的學生。我想，這就是學問的薪火相傳、繼往開來吧。

五、我對自己的古典文明研究的期許

古典學在西方主要是指研究古代地中海世界的歷史和文化，特別是指對

〔註20〕轉引自王准：《紀念我的恩師張正明先生》，賀雲翔主編：《長江文化論叢》第四輯，中國文史出版社，2006 年，第 305 頁。

〔註21〕季羨林：《沒有新意，不要寫文章》，《讀書治學寫作》，華藝出版社，2008 年，第 234～235 頁。

〔註22〕胡適：《治學方法》，《演講與時論》，北方文藝出版社，2013 年，第 40 頁。

〔註23〕季羨林：《胡適先生的學術成就和治學方法》，《讀書治學寫作》，華藝出版社，2008 年，第 201 頁。

古代希臘羅馬的研究，也稱古典文明研究。中國的古典學廣義上可指傳統中國的研究，狹義上有指東漢結束以前的古代中國研究〔註24〕，西方漢學界則稱此為「早期中國研究」〔註25〕，也有指是先秦中國研究〔註26〕。筆者所取時間範圍，同第三種。

中國的古典文明研究也秉承西方的古典學研究特色，採取多學科結合的研究方法，涉及到諸如歷史學、考古學、藝術學、語言學、文學、神話學、人類學、哲學等等學科，這同葉舒憲老師的文學人類學學派倡導的四重證據法以及筆者所實踐的藝術考古方法不謀而合。因此，我自己的研究方向，往大了說也可以說成是中國古典文明研究。

目前，我在古典文明研究的大題目下，主要是在早期東西文化交流研究、文明起源研究和藝術考古上著力。而且，我更多地會在這三個方向的交叉點上率先突破。例如，筆者入選 2019 年國家社科基金「冷門絕學」研究專項的課題，名為《早期外來文化與中華文明起源研究》，實際上就是結合了文明起源研究和早期東西文化交流研究的交叉選題。因為在筆者的研究過程中，發現中華文明並非在完全隔絕封閉的環境產生，在中華文明的萌芽和形成期，外來文化就已進入東亞大陸，並參與了中華文明起源的構建。本課題將利用考古學、種族人類學、古遺傳學、神話學等學科的材料和研究成果，在文化大小傳統論、文化文本 N 級編碼論、神話觀念決定論、玉文化先統一中國論等理論觀照下，利用四重證據法及相關學科的研究方法，試圖揭示中華文明起源的真實圖景，以彰顯東亞大陸的華夏先民，自古以來，就不是封閉狹隘的族群，他們在創建華夏文明的過程中，始終兼容並蓄，海納百川，有容乃大。該課題要解決的關鍵問題是剖析出中華文明起源階段及之前進入華夏文化圈的諸種外來文化及傳播途徑。相對於已有的研究成果，本課題的獨到學術價值和應用價值當是：為彌補學術界忽略早期外來文化與中華文明起源的密切關係，將著重揭示二者的關係問題，對中華文明起源問題當中的「文明」內涵和文明起源標誌，也將給予重新界定。本項目是利用考古學、歷史學、人類學和神話學等相關學科的一項綜合研究。這項研究，既是歷史學的「求

〔註24〕 吳銳：《中國古典學第一卷：中國西部文明研究‧清江篇》，海南出版社，2008年，第 1 頁。

〔註25〕 朱淵清：《早期中國研究叢書序》，〔美〕夏含夷：《遠方的時習——〈古代中國〉精選集》，上海古籍出版社，2008 年，第 1 頁。

〔註26〕 徐松岩主編：《古典學評論》第 1 輯，上海三聯書店，2015 年，第 1 頁。

真」，也是為今天的「一帶一路」經貿文化交流提供歷史的鏡鑒和文化的積澱。

此外，筆者近期所關注的藝術考古對象，也多半跟早期東西文化交流現象有關。例如我曾經探討過的西王母、玄武、戰國人物御龍帛畫等等，都是這樣。經過筆者的研究，發現西王母是以西亞神話中的大母神、金星神伊南娜（Inanna）為原型的，且伊南娜還影響到了諸多古文明區女神，在中國，除了西王母，也還影響了女媧、湘夫人、嫘祖、王母娘娘、織女、馬頭娘、媽祖、素女、泰山娘娘、觀音等一干女神的神格〔註27〕。玄武的龜蛇形象，其來源，不是北宮七宿的具象化表達，也不是圖騰制度的遺痕，也不只是因為鯀及其妻修己（鯀曾化龜，修己乃長蛇之意）的動物形象的結合，還因為是有著更幽遠的文化傳播和影響所致，如印度神話中就有蛇神舍沙（Shesha）環繞著龜神俱利摩（Kurma），龜神再背負著八頭大象支撐起整個世界的神話和形象，更遠的則是西亞神話人物水神哀亞（Ea）及其妻子唐克娜（Damkina）的龜蛇形象所帶來。後兩者正是鯀和修己的神話原型〔註28〕。戰國人物御龍帛畫在筆者的考證下，認為該「人物」既不是墓主人，也不是《九歌》中的河伯，而是《九歌》中的湘君。五星神中的土星神湘君，其駕乘工具是龍車，也被同是土星神的黃帝和域外眾多土星神所共有，因此，駕飛龍當是土星神的標準配置，各古代文明區土星神標配的雷同，是文化交流的結果。中外土星神駕飛龍的神話形象，還被先民安置到了星座神話中，這便是西方的獅子座（獅子是土星神的動物形象）立於長蛇座上方，構成「翼龍負獅」形象。而中國古代的軒轅星座和南宮七宿中的部分星官如柳、星、張、翼等，是一一對應於西方的獅子座和長蛇座的，軒轅為黃帝，為土星神，張宿則代表了中國古代神話中的文昌帝君或稱梓潼帝君，後者在神話中的化身普遍以張為姓，且他的前世正是一條大蛇，這樣下來，中國古代的星座神話中，也在相同的星空位置有一組「應龍負熊」（黃帝號有熊）神話形象的異化和變形（文獻證據：《天問》「焉有虯龍，負熊以遊？」）〔註29〕。這當然也不是巧合，而是早期中外文化交流的「草蛇灰線」。這幾個例子，解讀的雖是早期中國的一些文

〔註27〕宋亦簫：《西王母的原型及其在世界古文明區的傳衍》，《民族藝術》，2017 年第 2 期。

〔註28〕宋亦簫：《「玄武」龜蛇形象的神話解讀》，《神話研究集刊》，第二集，巴蜀書社，2020 年，第 57～69 頁。

〔註29〕宋亦簫：《戰國〈人物御龍帛畫〉為「湘君乘龍車」論》，《絲綢之路研究集刊》，第七輯，商務印書館，2021 年，第 71～79 頁。

物藝術品，但都牽涉到中外文化的交流問題。

筆者希望通過一件件、一樁樁藝術考古的個案研究，為早期東西文化交流研究和文明起源研究的大廈添磚加瓦，並最終立起我心目中的高樓來。

六、結語

一個學者的求學和成長過程，確實有很多偶然的因素或者說是外力的影響，在這個過程中，我們能抓住機遇並深入下去，發展出自己的學術興趣和天地，才是最重要的。何兆武先生曾說過：「歷史具有兩重性，必然與自由（偶然）」〔註30〕，即歷史的發展，既有非如此不可的客觀性，更有人類自由創造的主觀性。它是必然（客觀規律）與自由（主觀創造）二者的合力。人類的歷史是由一個個活生生的人創造的，作為每一個個體，在創造自己的歷史時，當然也是深具兩重性的。若我們能把握好「自由（主觀創造）」的這一面，則我們個人的學術成長史就會更健康豐贍，並打上自己鮮明的個性特色。

我自己由考古而擴及歷史學、人類學、民俗學和神話學，在文化大小傳統論、文化文本 N 級編碼論等理論觀照下，在四重證據法的方法論下，由一樁樁藝術考古的個案研究，到最終解決早期東西文化交流問題和中華文明起源問題，提出自己在這些方面的一得之見，這自然是我本人在當代學術大背景影響下的個體選擇和創造。

最後，我以「走好自己選擇的道路，在人生的下一個驛站，碰到的總是更好的自己」這句話作結，與學界諸君共勉。

本文原載於《民族藝術》2021 年第 5 期「學人治學」欄目。是應該刊主編許曉明老師的邀請所寫，感謝許老師給我這個總結求學治學之路的機會。想到文中內容也頗能與正文相參證，便附錄於此，聊博讀者諸君一哂。

〔註30〕何兆武：《對歷史學的反思──讀朱本源〈歷史理論與方法論發凡〉》，《史學理論研究》，2006 年第 4 期，第 20 頁。

後　記

　　初入學術之門時，我選擇的研究方向是早期東西文化交流考古，耕耘的時間雖不算太長，但那時候的時光，曾揮灑過的青春和汗水，變成了我不曾磨滅的閃光記憶。那時候打下的學術根柢，也一直影響著我後來的學術方向。跟過去相比，在任用資料時，已超出考古和歷史的學科界限，還廣泛利用到人類學、民族學、民俗學、神話學等的資料，但所探尋的基本問題，總還在早期東西文化交流和中外關係史之間，這自然是受到早期學術積澱的影響所致。

　　近年來，我將研究視野聚焦於中外早期藝術文物的歷史解讀上面來，按通行的說法，這屬於藝術考古或說是藝術史研究。不過我更關注的角度卻是這些藝術文物所蘊含的早期東西文化交流現象，我想利用多重證據，發掘出隱藏在它們身上還不為人知的涉外身世之謎。

　　由此，選入本書的文章都是以新解中外文物的歷史內涵始，而以發掘出這歷史內涵裏所存在的中外文化交流秘辛止。文章大體可分三組，前兩組主題集中，分別為崑崙神話歷史問題和鯀禹神話歷史問題，各有 5 篇論文展開討論，第三組內容較泛，只能說都是討論的先秦文物中的神話歷史問題，但其中將它們捏合在一起的還是有一根線，這便是早期東西文化和神話交流。

　　15 篇論文外加附錄都已在國內期刊發表，它們分別是《民族藝術》《神話研究集刊》《絲綢之路研究集刊》《荊楚學刊》《華夏文明》等，感謝許曉明、沙武田、楊驪等老師們當初的厚愛不棄，更要感謝他們慨允我這次結集出版。

　　需要做一點說明的是，現在的各章內容，當初都是獨立成篇，因為各篇之間內容有很強的關聯性，為了解釋前因或是照應，不免存在一些內容的重複，現在統合一處，有些內容我儘量做些刪減，但也難以做到一點都不重複，

不然也容易造成內容上的欠缺或不連貫。在此請讀者諸君多多包涵。

　　拙著原計劃就近在武漢或大陸其他出版單位出版，因涉及到經費和排版問題，加上疫情，給耽擱了下來。今年春季學期我收到臺灣花木蘭文化出版社一封信，他們希望我推薦在我這裡畢業的博士韓敏的博士論文到他們社出版，花木蘭文化出版社其實我早有耳聞，他們專注於學術出版已有些時日了，成績很不錯。出版方式也有優於大陸出版界之處，發行做得更好。因此，我想到也可以考慮將這本小書推薦給他們，因此自薦過去，很快就得到回音，他們同意出版，要我著手準備書稿，如是就有了這次我很滿意的合作。在這裡我要特別感謝一直跟我聯絡出版業務的楊嘉樂老師，她的認真和貼心都給我留下了深刻印象。在此祝願花木蘭文化出版社和編輯老師們前程似錦！

宋亦簫記於武昌桂子花園寓所
2021 年 8 月 2 日